KURBIEL/BARRAULT · VAGABOND

JANUSZ KURBIEL
JEAN MICHEL BARRAULT

VAGABOND

Segelabenteuer im Polarmeer

ORAC ﹘﹘﹘ PIETSCH

Copyright © by Éditions Maritimes et d'Outre-Mer, 1981
Die französische Originalausgabe ist erschienen bei
Éditions Maritimes et d'Outre-Mer, Paris,
unter dem Titel: »Vagabond & les Aventures Polaires d'Aujourd'Hui«.
Die Übersetzung ins Deutsche besorgte:

Hans-Wolfgang Roth

Bildnachweis

Janusz Kurbiel – Photo APN (Presseagentur Nowosti) – Jean-Claude et Claudine
Lescure – Japy-Hermès – Nautical Publishing Company Ltd (mit freundlicher Genehmigung von) – Maurice Uguen – Jacques Dalet – Gérard Dubos.

ISBN 3-87943-968-0

1. Auflage 1983.
Copyright © by Pietsch-Verlag, Postfach 1370, 7000 Stuttgart 1.
Eine Abteilung des Buch- und Verlagshauses Paul Pietsch GmbH & Co. KG.
Sämtliche Rechte der Verbreitung in deutscher Sprache – in jeglicher Form und
Technik – sind vorbehalten.
Satz und Druck: Carl Maurer, 7340 Geislingen (Steige)
Buchbinderische Verarbeitung: Verlagsbuchbinderei Karl Dieringer, 7000 Stuttgart
Printed in Germany

Inhalt

Einleitung

Feuer, Wasser, Eis, all das fasziniert. Auf der Suche nach sich selbst, beim Versuch, die Unendlichkeit des Universums zu erfassen, meditiert der Mensch in den Wüsten, überquert die Weltmeere und beobachtet die gewaltige Weite des Himmels. Er wagt sich auch in die Welt des Eises, die ihm jedoch feindlicher als jedes andere Medium gesinnt ist: Kälte, Blizzards, Nebel, das fast vollständige Fehlen von lebenswichtigen Ressourcen, das sich ständig bewegende Packeis, der Tag, der einen bis an den Rand der Erschöpfung bringt, oder die schier endlose Nacht, die einen mit Furcht erfüllt. Das Gefühl der Gefahr ist ein allgegenwärtiger Begleiter. Schon in frühen Zeiten haben kühne und willensstarke Männer versucht, sich einen Weg durch das Packeis auf von Eisbergen überragten Fahrrinnen zu den Polen zu bahnen. Viele haben dafür ihr Leben gelassen. Andere haben durchgehalten. Die Erforschung der Welt hat kein Ende, und in den Besten lodert das nie verlöschende Feuer der Abenteuerlust.

Die Erforschung der Arktis ist kein Unterfangen der Neuzeit. Mehr als 500 Expeditionen fanden allein zwischen 860 und 1939 statt. Der Versuch, eine Durchfahrt zwischen dem Atlantik und dem Pazifik nördlich von Amerika zu finden, hat viele Opfer gekostet. William Scoresby, ein junger Walfänger von 17 Jahren und schon Kommandant eines eigenen Schiffes, erreichte 1806

81° 30′ nördlicher Breite im Nordwesten Grönlands. So erfuhr die Welt, daß es westlich von Grönland weite, freie Wasserflächen gibt. Schon 1818 erforschte der Engländer John Ross die Baffinbai. Um auch dann noch weiterzukommen, als das Eis jegliches Vorankommen verhinderte, ließ er seine Schiffe auf das Packeis ziehen und motivierte seine Mannschaft durch Violinspiel. Weitere Expeditionen auf der Suche nach einer Nordwest-Passage wurden von Briten durchgeführt, zuerst von Franklin, dann von Parry. Letzterer überwinterte von 1819 bis 1820. Damit sich seine Matrosen während der langen Nacht ihre Moral bewahrten, ließ er sie jeden Tag eine Stunde Körperertüchtigung betreiben, gab eine Zeitung heraus, schrieb ein Theaterstück und ließ es aufführen. Weitere Versuche wurden von der Bering-Straße aus gestartet. Im Jahre 1831 erreichte James Ross, ein Neffe von John Ross, den magnetischen Nordpol. Dann ereignete sich 1831 das bisher größte Drama: Die *Erebus* und die *Terror,* die beiden Schiffe der von John Franklin geleiteten Expedition, froren im Eis fest. Alle 138 Mann kamen um. Zahlreiche Suchaktionen fanden nur noch Trümmer und Tote vor. Im Jahre 1852 wandte der französische Marineoffizier Joseph René Bellot zusammen mit dem Briten William Kennedy als erster Eskimotechniken an: Er benutzte Hundeschlitten als Fortbewegungsmittel, baute Iglus und kleidete sich in Rentierfell.

Im Jahre 1852 gelang es MacClure als erstem, zu Fuß eine Verbindung zwischen beiden Ozeanen herzustellen. Dann schließlich schaffte der Norweger Roald Amundsen innerhalb von drei Jahren, von 1903 bis 1906, die Durchfahrt auf dem Seeweg. Sein kleines Schiff, die *Gjöa,* hatte 47 Tonnen Wasserverdrängung und war mit einem 13-PS-Hilfsmotor ausgerüstet. Bemannt wurde es von Amundsen und seinen sechs Gefährten.

Parallel zur Suche nach der Nordwest-Passage wurden noch andere Eroberungen durchgeführt. Schon 1838 verwendete der Franzose Gaimard einen Fesselballon, um Spitzbergen zu überfliegen. Zwischen 1872 und 1874 entdeckte eine österreichisch-ungarische Expedition, die zwei Jahre im Treibeis festsaß, das Franz-Joseph-Land. In den Jahren von 1875 bis 1879 gelang es dem Finnen Nordenskjöld mit der *Vega,* erstmals die Nordost-Passage zu befahren. Die Russen, die einen wesentlichen Anteil an dieser Erstdurchfahrt hatten, unternahmen seit 1820 zahlreiche Expeditionen mit Forschern wie Wrangel, Makarow und von Toll.

Es war wohl das Wettrennen zum Pol, das den Unternehmungsgeist der kühnsten Forscher schürte. Der amerikanische Pressemagnat Gordon Bennett ließ eine Expedition mit einem Schoner, der *Jeannette,* durchführen. Die Grundidee war, sich mit dem Schiff so weit wie möglich durch das Eis dem Pol zu nähern. Die Expedition endete in einem Desaster, denn die *Jeannette* wurde vom Eis zerquetscht. Nur wenige überlebten. Dieses Unglück im Jahre 1881 hielt den Norweger Fritjof Nansen aber nicht davon ab, die Idee zwölf Jahre später wieder aufzugreifen. Nansen war ein außergewöhnlicher Mann. Im Jahre 1888 überquerte er als erster Grönland auf Skiern. Gewissenhaft ging er die Vorbereitungen an. Er ließ die *Fram* bauen, ein kleines, aber extra verstärktes Holzschiff mit einem bauchigen Rumpf, der einem überdimensionalen Holzschuh ähnelte. Das Schiff sollte somit auf das Eis gezogen und ohne Bruchgefahr überwintern können. Nansen plante, sich im Packeis einfrieren zu lassen und mit ihm bis zum Pol zu driften. Ab 1893 driftete die *Fram* dann auch 16 Monate und kam bis auf 350 Kilometer an den Pol heran. Nansen stieg auf Hundeschlitten um, erreichte aber sein Ziel nicht.

Die Zahl der Versuche nahm nun zu: Im Jahre 1897 flog der Schwede Salomon Andrée mit zwei Gefährten in einem Freiballon los und hoffte, vom Südwind zum Pol getragen zu werden. Doch es wurde ein totaler Mißerfolg. Nach dem Absturz ihres Ballons starben alle drei Expeditionsmitglieder vor Kälte und Hunger. Im Jahre 1900 mußte der Italiener Umberto Cagni, der mit Hundeschlitten losgezogen war, 500 Kilometer vor dem Pol umkehren.

Zur selben Zeit bereitete der Amerikaner Robert Peary seine Expedition systematischer vor. Mit seinem schwarzen Diener Matt Henson hielt er sich ab 1891 immer länger unter Eskimos auf und legte an verschiedenen Punkten Lebensmittellager an. 1906 erreichte er 87° 06′ nördlicher Breite und dann schließlich, immer noch in Begleitung von Henson und mit Hilfe von vier Eskimos, den Nordpol, an dem er das Sternenbanner aufpflanzte.

Andere Eroberungen, andere Erforschungen folgten: 1926 überflog der Italiener Nobile zusammen mit Amundsen den Nordpol in einem Luftschiff. Knud Rasmussen schaffte es 1931, mit einem Hundeschlitten von Grönland zur Bering-Straße zu gelangen. Der Engländer Wilkins fuhr mit seinem U-Boot, der *Nautilus*, unter dem Packeis. Nach mehreren Expeditionen in die Antarktis erforschte Kommandant Charcot die Küsten Grönlands mit der *Pourquoi pas* und strandete am 15. September 1936. Es gab nur einen Überlebenden.

Männer auf der Suche nach dem Endgültigen lassen sich von keinem Unglück entmutigen. Jedoch wird niemals etwas vollständig erforscht sein. Es gibt immer noch jungfräuliches Land, unbezwungene Gipfel – Erfolge, die noch nie erzielt wurden. Hier nun einige dieser Vorhaben aus der jüngsten Zeit, die – ganz oder auch nur in Anfängen – in diesem herrlichen und zugleich trostlosen Landstrich verwirklicht wurden, der nach Nansen »die Verquikkung von Tod und Schönheit« ist.

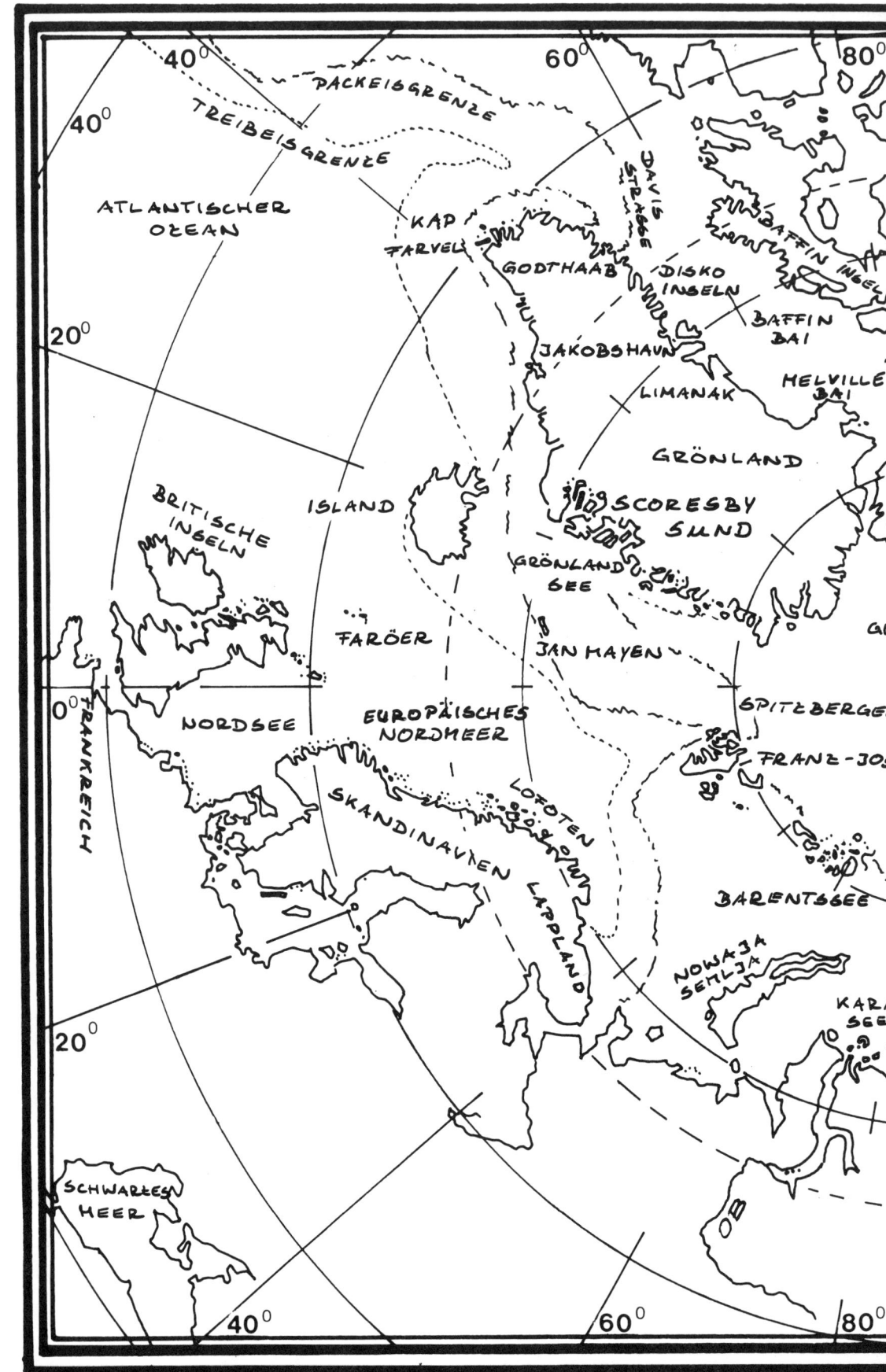

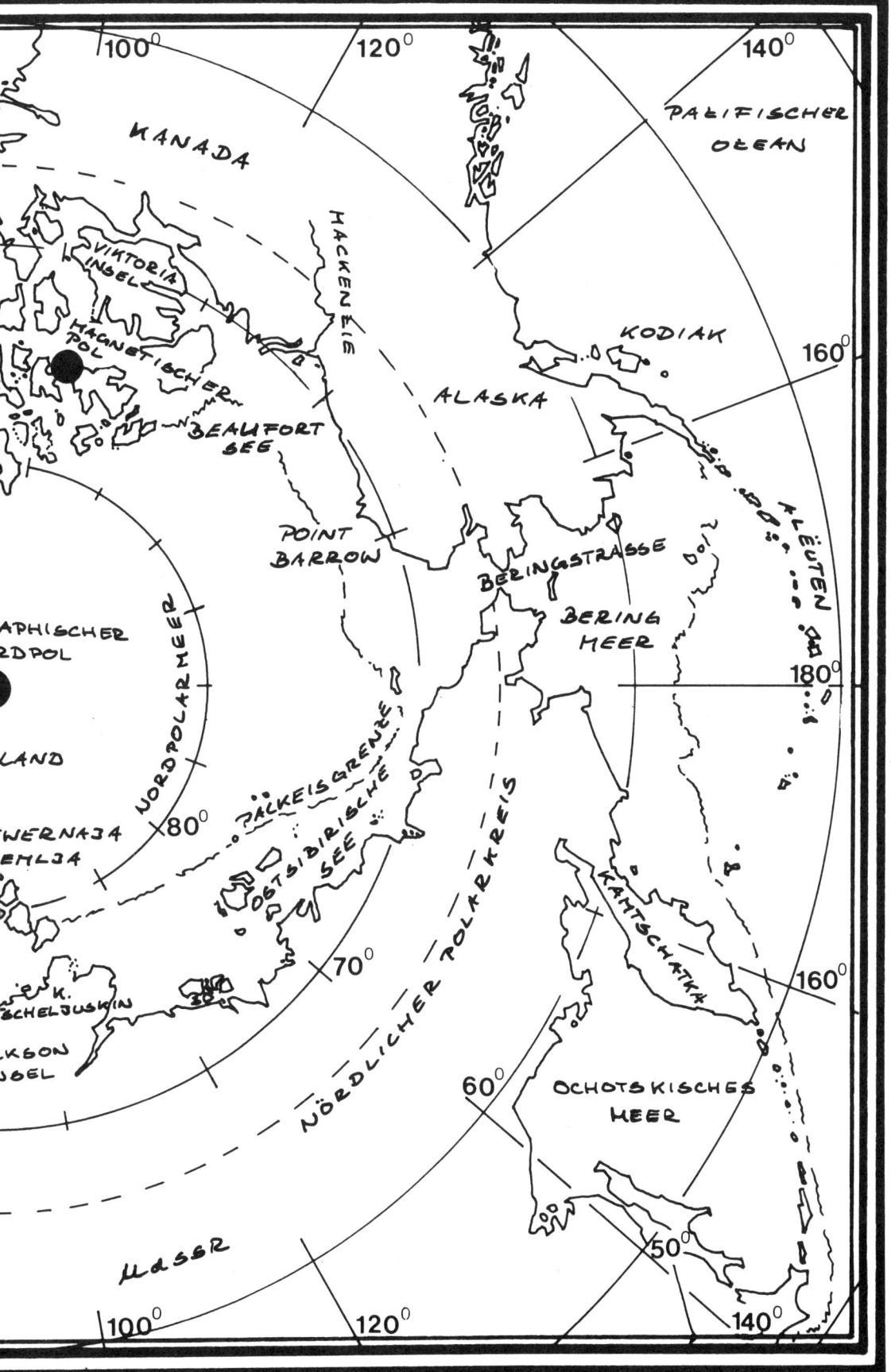

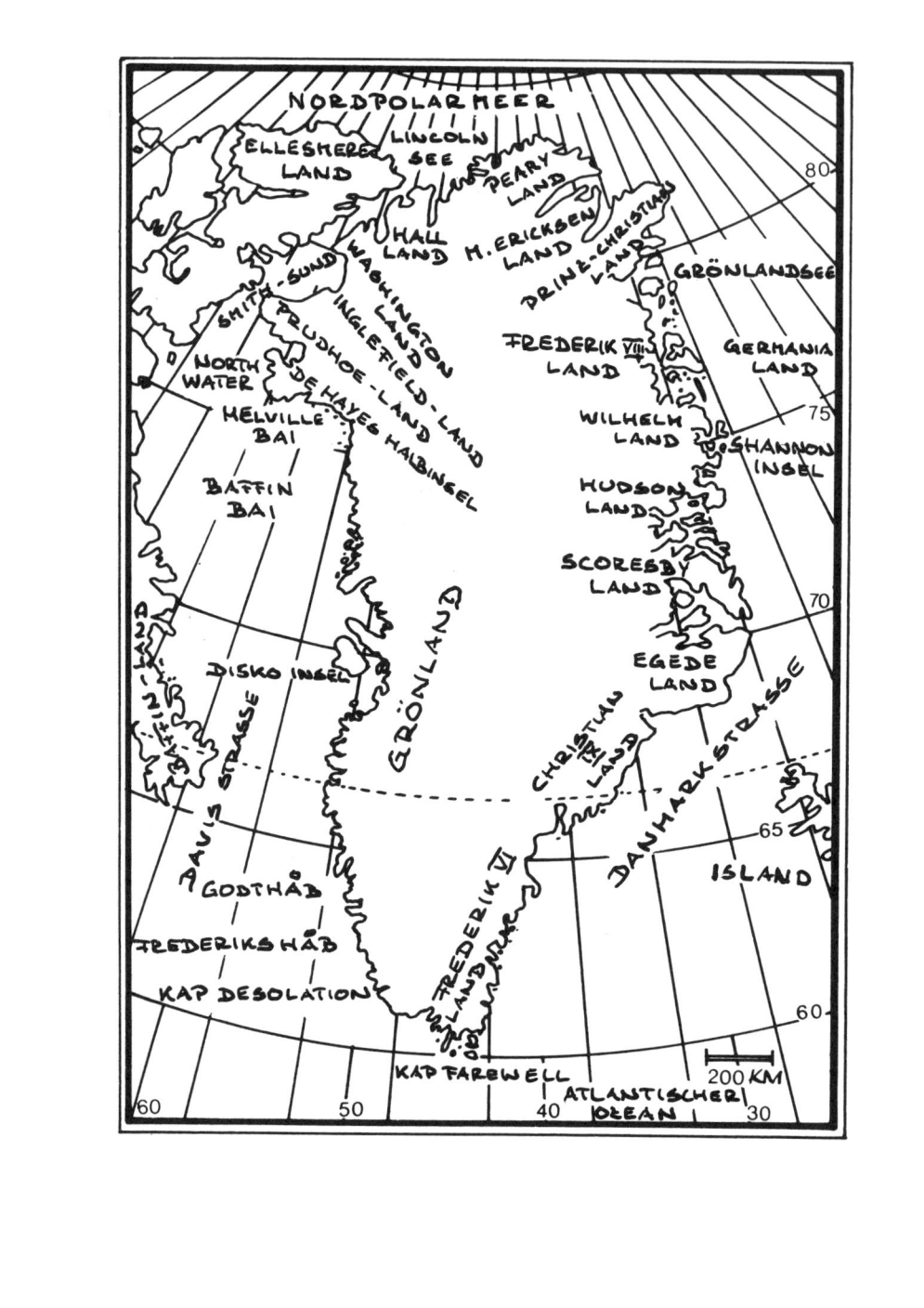

1 Immer weiter gen Norden

Alles begann mit Träumen – wie bei jedermann. Das ist normal. Etwas origineller war schon der Gegenstand dieser Träume. Anstatt mich in einer weiten Prärie mit Indianern auf Büffeljagd zu befinden, baute ich ein Iglu, jagte Seehunde oder trieb irgendwo im Norden in Begleitung von Eskimos die Schlittenhunde an.

Ich wuchs heran, aber meine Träume blieben. Die Vorstellung vom Eis und vom hohen Norden nahm von mir Besitz. Ich verschlang alle Bücher über Polarexpeditionen, die ich auftreiben konnte. Diese Bücher lehrten mich, daß es Mut und Ausdauer braucht, um dort zu überleben. Aber welchen Weg sollte ich wählen, um stark und mutig zu werden: ich, ein schmächtiger Junge, der von seiner Mutter verhätschelt wurde? Jugend kennt keine Kompromisse; Entscheidungen werden schnell getroffen. Die Kälte war das erste Hindernis, das es zu überwinden galt. Sobald es draußen zu frieren begann, schlief ich nur noch bei offenem Fenster, unter einer dünnen Decke. Dieses verrückte Ansinnen konnte natürlich bei meiner Mutter keinen Gefallen finden. Um weitermachen zu können, mußte ich die Tür zu meinem Zimmer abschließen. Das ging so mehrere Winter lang... Schon früh begann ich mich für Schiffe zu interessieren. Mein erstes Boot war eine kleine Jolle vom Typ Cadet. Verrückt vor Freude, daß ich endlich das Mittel zur Verwirklichung meiner Träume hatte, hackte ich am Ufer des Sees eine freie Stelle ins Eis, um dort mein Gefährt zu Wasser zu lassen. Die Lehrzeit begann…

Seither sind Jahre verstrichen, Jahre des Lernens und der Entdeckung der See. Tausende von Seemeilen wurden zurückgelegt, und meine Schiffe wechselten. Ich wollte mich einzig den Meereswissenschaften widmen, aber ich ging auf eine polytechnische Universität. Dies war die letzte Bitte meiner Mutter, der ich nachkam. Nach Frankreich kam ich zum erstenmal 1970. Ich entdeckte ein Land, Leute, einen Lebensstil, der sich völlig von dem unterschied, was ich kannte. Vor allem aber kam ich in Frankreich zu einer Schlußfolgerung, die sich durch das nachfolgende Geschehen bestätigen sollte: Wenn man hier arbeitet, kann man ein Schiff besitzen und überall hinfahren, wohin man will. Zu Ihrem Verständnis: Ich bin Pole… Besitzer eines Schiffes zu sein und herumzusegeln, das war damals für mich ein noch verrückterer Traum, als eine Reise zum Mond zu planen. Da ich frei sein wollte, entschloß ich mich, mein Studium und meine Arbeit in Polen so schnell wie möglich zu Ende zu bringen.

1972 kehrte ich dann nach Frankreich zurück. Wie glücklich war ich, die Atmosphäre dieses Landes, die ich nirgendwo anders verspürt hatte, wieder in mich aufnehmen zu können! Glückliche Tage verbrachte ich mit neuen Freunden auf dem Meer – bis zu jenem unglücklichen Tag nahe der Scilly-Inseln, wo wir dummerweise das Boot verloren, nachdem wir aufgelaufen waren. Ein Unglück, das zugleich auch ein entscheidender Wendepunkt in meinem Leben wurde. Monate vergingen. Der Schiffbruch, der Aufenthalt in einer englischen Familie, unser Rückflug nach Frankreich, die Nächte voller Diskussionen, meine Rückkehr nach Polen, all das wurde zu Erinnerungen. Jetzt rieselt vor den Fenstern meines Elternhauses in Polen langsam der Schnee. Alles ist mit einem weißen Puder überzogen. Ich liebe dieses Wetter, aber ich bin trotzdem traurig – traurig und glücklich zugleich. Ein Brief aus dem weit entfernten Frankreich hat mir Neuigkeiten gebracht: Ich kann Vorbereitungen treffen, um in Frankreich zu arbeiten. Ich bin glücklich, denn in mir werden meine alten Träume, die verdrängt waren, wieder wach. Werde ich Gelegenheit haben, sie zu verwirklichen? Ich hätte nie gedacht, daß Kindheitsträume so hartnäckig sein können. Aber ich bin auch traurig, weil ich mein Land verlasse. Ich lasse meine Familie und alle Jugenderinnerungen zurück.

Und dann bin ich eines schönen Sommertages in Frankreich. Fahnen wehen, Majorettes* tanzen anscheinend nur, um mich zu empfangen (es ist der 14. Juli 1973, Nationalfeiertag).

---

* vergleichbar den Tanzmariechen im Rheinland

14

Es gibt tausende Wege zu einem Schiff. Je nach Person, nach den Möglichkeiten und vor allem nach den Vorstellungen sind sie unterschiedlich. Mein Fall ist weder faszinierender noch aufregender Art, sondern einfach durch viel Arbeit und Schweiß gekennzeichnet. Als erstes muß ich Französisch lernen. Ich weiß schon, was das bedeutet, und bringe alles in eine Gleichung: Wenn ich für Englisch mehrere Jahre gebraucht habe, wieviele Jahre brauche ich dann für Französisch? Eines weiß ich sicher: Ich bin nicht sprachbegabt. Allein der Gedanke daran macht mich schon fertig.

So verstrichen zehn Monate nach dem Schema »Arbeiten, Schlafen, Arbeiten, Schlafen«. Meine Französischkenntnisse verbesserten sich zunehmend. Die in Zeitschriften abgebildeten Schiffe schienen mir wunderschön, die Realität war jedoch überhaupt nicht ermutigend. Zum damaligen Zeitpunkt gab es praktisch keine Werft, die ein so kleines Stahlboot baute, wie ich es mir vorstellte. So suchte ich denn nach einer Ausbauschale, weil diese Lösung mir noch am ehesten realisierbar erschien. Mein alter Wunschtraum, in die kalten Länder zu segeln – dort, wo das Eis täglich neue Gefahren heraufbeschwören kann –, und die genaue Berechnung der mir dafür zur Verfügung stehenden Mittel machten zwei wesentliche Kriterien zur Bedingung: die Wahl des Materials – Stahl – und die Länge des Bootes – unter zehn Meter. Allein Stahl entsprach meinen Vorstellungen: Elastizität bei der Aufnahme von Stößen und Widerstandsfähigkeit bei Bruchgefahr.

Was meine Vorbereitung auf das Segeln im Eis betraf, so hatte ich schon praktische Wintererfahrung auf großen Schiffen in der Ostsee gemacht. Dort hatte ich Gelegenheit, zu sehen und mir überhaupt bewußt zu werden, welch unvorstellbare Kraft Eismassen entwickeln können und wie sehr das Überleben von einer soliden Schiffsbauweise abhängt. Man kann zwar mit einem Boot aus jedem Material im Eis navigieren, doch ist dann das Risiko äußerst groß. Das Risiko, ins Polarmeer zu segeln, war schon hoch genug. Warum also ein weiteres auf sich nehmen? Metall erhöht die Sicherheit des Bootes wesentlich. Zwar unterbindet es nicht alle Gefahren, die in arktischen Gebieten bestehen und immer bestehen werden, aber es verringert sie zumindest.

Von den zwei Metallen, die im Bootsbau verwendet werden, Stahl und Aluminium, entschied ich mich für Stahl. Zunächst einmal ist er preiswerter und dann auch leichter zu reparieren: zwei wesentliche Aspekte für Sportsegler, die über wenig Geld verfügen und in weit entfernte Gebiete segeln wollen, wo die Versorgungsmöglichkeiten unzureichend sind und Reparaturarbeiten an einem Aluminiumrumpf nur selten ausgeführt werden können.

Die Länge des Bootes war vor allem eine Geldfrage.

Janusz Kurbiel

Joëlle Cochois

Jacques Lainé

Viele Jahre auf Booten unterschiedlicher Art und Größe haben mich gelehrt, daß das Problem des Wohnraums an Bord bei neun bis zehn Metern Länge gut lösbar ist (ich spreche hier für ein Paar). Man muß lediglich den Innenausbau nach seinem Geschmack und seinem seemännischen Gespür verändern. Dabei sollte man sich aber vor Augen halten, daß ein für die See konzipiertes Boot auch im Hafen bewohnbar ist, wohingegen ein zum Wohnen im Hafen gedachtes Boot auf See gefährlich sein kann.

Die damals nicht gerade zahlreichen französischen Werften bauten für mich geeignete Boote nicht unter einer Länge von elf bis zwölf Metern, und diese dann zu Preisen, die meine Möglichkeiten überschritten. Ich mußte also woanders auf Suche gehen... Aber wo? Mir schien, als ob ich in den Niederlanden, wo die Verwendung von Stahl im Kleinschiffbau ihren Ursprung hat, gute Aussichten haben würde, etwas Interessantes zu finden. Ich schrieb meinen in Holland lebenden Freund Hermann an und bat ihn, mir alle nur erhältlichen nautischen Zeitschriften zu schicken. Auf der Suche nach Anschriften las ich sie alle sorgfältig durch. Schon bald stand ich in regem Briefkontakt mit Werften, die ich um Pläne und detailliertere Informationen als in den Anzeigen bat. Nach und nach erhielt ich etwa vierzig Antworten, die einen ganzen Aktenordner füllten. So hatte ich eine angenehme Lektüre für meine Abende und Nächte. Die Holländer bauten tatsächlich kleine Segelboote aus Stahl – und dies zu Preisen, die mich im Vergleich zu den französischen ins Träumen geraten ließen. Aber man mußte auch die Kehrseite der Medaille sehen: zwei Wochen herumreisen, viele Besuche und Gespräche auf Werften, Zahlenmaterial und Überlegungen, ein Leben von der Hand in den Mund – und dies inmitten der ruhigen holländischen Landschaft. Doch der Ausflug bestätigte meine ersten Eindrücke bei der Studie der Pläne: Die Stahlverarbeitung in Holland war von erster Qualität. Man merkte unwillkürlich, daß Stahl Hollands traditionelles Schiffbaumaterial ist. Leider erschien mir jedoch das, was ich an Ort und Stelle zu sehen bekam, nicht auf mein Vorhaben anwendbar. Aber die kurze Reise vermittelte mir klare Vorstellungen und zeigte mir den Bau von Booten vor Ort. Dies sollte sich in Zukunft als wertvoll erweisen.

Mein Arbeitsvertrag in der Provinz lief aus. Das Geld, das ich hatte sparen können, war nicht gerade berauschend. Es würde kaum ausreichen, um mit dem Bau zu beginnen. Um an Geld zu kommen, mußte ich mir irgendwo anders Arbeit suchen. Ich entschied mich schnell und landete wie schon viele vor mir in Paris, um mein Glück zu versuchen...

Zwei Wochen später nimmt das Glück in Form eines Planungsbüros Gestalt an. Das freundliche Betriebsklima, die netten Kollegen und die guten Arbeitsbedingungen bestätigen mir, daß ich es prächtig getroffen habe.

18

Die Zeit verstreicht langsam.

Mittags etwas Essen, einen Kaffee im Bistro an der Ecke und natürlich das Durchblättern von nautischen Zeitschriften im Zeitungsladen. Das Leben wäre vielleicht – ich weiß nicht, wie lange – immer so weitergegangen, wenn ich nicht eines Tages in einer Zeitschrift auf die Zeichnung eines kleinen Stahlbootes gestoßen wäre, dessen Größe meinen Vorstellungen entsprach. Der Konstrukteur pries es zu einem vernünftigen Preis an.

Ein Telefongespräch mit dem Konstrukteur Gilbert Caroff, ein Zusammentreffen und stundenlange Gespräche, die mir viel Hoffnung und die Adresse der Werft einbringen, die in Kürze beginnen wird, das erste Boot der Serie auf Kiel zu legen. Vom Konstrukteur erhalte ich noch einige Pläne des Bootes und die Genehmigung, sie nach meinen persönlichen Vorstellungen abzuändern.

Die anschließenden Wochen sind ausgefüllt mit intensiver Arbeit. Abende und Nächte verbringe ich voller Angst im Büro (man hat mir erlaubt, länger zu bleiben). Dann »sehe« ich endlich mein Boot. Gleichzeitig muß ich meine zukünftige Route festlegen und dabei Tausende von Details für etwaige Änderungen miteinbeziehen. Auf See hat man nämlich keine Zeit für Improvisationen; vor allem nicht im Norden, und der Norden ruft mich noch immer.

Um die Theorie mit der Praxis in Einklang zu bringen, fahre ich mit einem Ordner voller Zeichnungen zur Werft. Die Detailfragen werfen keine großen Probleme auf, und so unterzeichnen wir im Dezember 1974 den Vertrag. Der Bau soll Ende März in Angriff genommen werden. Der Fertigungstermin für die Ausbauschale wird auf Juni 1975 festgesetzt.

Der regnerische Winter geht schnell vorüber, wird von Zeit zu Zeit durch Besuche auf der Werft unterbrochen. Briefe schreiben, Telefongespräche führen, die Besuche und dazu noch meine tägliche Arbeit – so verbringe ich die Zeit. Ich beginne schon, von Gebirgen zu träumen, die mit Eis bedeckt sind und sich bis ins Meer erstrecken, von riesigen Eisbergen und von Growlern, die sich im Wasser verstecken, als lauerten sie auf ein Schiff, um es in eine Falle zu locken.

Aber es gibt da noch die Realität des täglichen Lebens. Wenn es auch nicht so aussehen mag, der Weg ins Abenteuer führt immer noch über nur wenig oder gar nicht interessante Arbeit. Der Skipper muß zurücktreten und seinen Platz dem Verwaltungsmenschen und dem Arbeiter überlassen. Dies erklärt vielleicht auch, warum Menschen, die zu einem Abenteuer zwar fähig waren, es trotzdem nicht erleben, da sie einfach die Dinge nicht abwarten können, die ihrem Abenteuer vorausgehen. Manchmal sind aber auch jene, die dies schafften, vom Leben auf See enttäuscht oder überfordert, weil es sich dermaßen von ihrem alltäglichen Leben unterscheidet.

Joëlle ist in mein eintöniges Leben getreten. Sie hat noch nie einen Segeltörn mitgemacht und trotzdem den Mut, mir bei den Vorbereitungen und dem Bootsbau zu helfen.

Die Werft hat mit dem Bau begonnen. Das auf dem Kopf stehende Bootsgerippe mit seinen Spanten und Stringern ähnelt eher dem Skelett eines prähistorischen Tieres als einem Schiff. Mit jedem Wochenende wird die Fertigstellung sichtbarer. Dann kommt endlich der Tag, an dem wir die Maschine einbauen... und der große Augenblick ist da.

Im Morgengrauen verläßt das Boot auf einem Wagen seine Geburtsstätte. Gravitätisch senkt ein Kran es ins Wasser. Ich hole tief Luft: Es schwimmt. Heute ist der 31. Oktober 1975. Endlich!

Der Motor springt schon beim ersten Versuch an. Zum erstenmal halte ich die Pinne meines Bootes.

Idyllisch geht die Sonne am pastellgetönten Himmel von Ouistreham unter. Es ist ganz still, Joëlle läßt eine Flasche Champagner an unserem Buganker zerschellen. »Ich taufe dich auf den Namen *Vagobond*...«

Zwei Wochen später liegt das Ziel unserer ersten Reise, Paris, vor uns. Die Leute, die an der Brücke von Issy wohnen, empfangen uns herzlich. Unter ihnen werden wir den Winter verbringen, denn hier will ich den Innenausbau ausführen und *Vagabond* gründlich auf ihre erste Reise vorbereiten. Vor mir liegen sechs Monate; ich habe den 10. Juni als den großen Tag auserkoren. 1976 muß mein Grönland-Jahr sein oder, wenn wirklich alles schiefgeht, zumindest mein Island-Jahr. Jetzt habe ich ein Boot (oder eher einen leeren Rumpf); bleiben noch die Arbeiten am Innenausbau und die Suche nach der Ausrüstung. Ja, und dann muß eine Mannschaft aufgestellt werden.

Ich denke da an Jean, einen Medizinstudenten, mit dem ich auf dem alten Kutter der Glénans gesegelt bin. Er ist aktiv, lustig, weiß zu leben und ist ebenso in der Lage, eine Klavieretüde von Chopin zu spielen wie über Politik zu diskutieren. Er stimmt sofort zu. Und dann klopft ganz zufällig im Herbst 1975 Georges an meine Tür. Früher waren wir in vielen Jahren zusammen auf der Ostsee. Er ist leidenschaftlicher Mechaniker und Diplomingenieur mit dem Fachgebiet Dieselmotoren. Ich glaube, bei ihm ist unser kleiner Motor in den besten Händen. So sind wir also zu viert. Joëlle wird in Island oder Grönland zu uns stoßen. Georges, der sich im Augenblick in Polen aufhält, soll sich um die Segel kümmern und den Motor durchchecken. Jean ist mit der Bordapotheke und der Beschaffung von Lebensmitteln beauftragt. Joëlle und ich arbeiten wie die Wahnsinnigen am Boot.

20

Die Tage vergehen im Fluge: bis 18 Uhr im Büro und dann sofort zum Boot, sägen, kleben, anstreichen, hobeln und noch vieles mehr. Im Innern der *Vagabond* liegt die Temperatur zwischen zwei und drei Grad Celsius, was uns die Arbeit nicht gerade leicht macht.

Freunde und Bekannte unterbrechen oft unseren Arbeitsrhythmus. Sie sind neugierig und lassen uns keine Ruhe. Sie verstehen nicht, warum ich *Vagabond* so schnell fertigstellen will. Aus Aberglauben habe ich ihnen das Ziel meiner Reise verschwiegen. Als Antwort murmele ich etwas Unverständliches. Es wäre mir lieber gewesen, sie hätten sich nicht mit dem Zeigefinger an die Stirn getippt und mich dabei mit einem mitleidigen Blick angesehen.

Noch zwei Monate bis zum Auslaufen, und niemand will daran glauben. Ganz langsam aber trägt die Organisationsarbeit Früchte. Die Heizung, die Selbststeueranlage, zahllose Kartons, Plastikbehälter, die Nähmaschine, wasserdichte Uhren, das extra für uns gebackene Brot, Lebensmittel und andere für die Reise wichtige Dinge treffen aus aller Herren Länder ein. Wir stecken noch mitten in der Arbeit, da bekomme ich ein Telegramm, das mich umwirft: Georges erhält keinen Paß, um aus Polen ausreisen zu können. Das kategorische und unwiderrufliche »Nein« der Polizei bringt mich um ein wertvolles Besatzungsmitglied. Was tun? Nur zu zweit auf einem noch unerprobten Boot zu segeln, erscheint mir doch etwas zu gewagt. Mehrere Tage lasse ich mir das Problem durch den Kopf gehen, dann entschließe ich mich, Patrick den Vorschlag zu machen, mit uns zu kommen.

Ich hätte nie gedacht, daß im November die Temperatur an der Seine bis auf null Grad herabsinken könnte. Noch dazu bläst ein eisiger Wind durch alle Ritzen. Mit langsamer Fahrt nähert sich *Vagabond* dem Quai unter der Brücke von Issy. Ein bärtiger Mann in Hemdsärmeln greift nach meinen Festmacherleinen. Mit drei Sätzen erklärt er mir alles, was ich über die Nachbarschiffe wissen will, und verschwindet danach. Eines Abends zeigt er mir sein schon fast fertiggestelltes Boot, einen Traum mit Namen *Céléphaïs*. Seit fünf Jahren arbeitet er daran. Einige Tage später vertraut er mir an, daß er noch nie eine große Ozeanüberquerung mitgemacht hat.

In der Nacht treibt *Vagabond* ab und reißt ihre Nachbarn mit sich. Nur durch einen Zufall wird Patrick, der allein an Bord ist, geweckt. Bei starkem Regen kämpfte er gegen Strömung, Wind und *Vagabond* an, um das Boot wieder festzumachen. Schon allein durch diese Tat wird meine Entscheidung, ihn mit in die Mannschaft aufzunehmen, gerechtfertigt. Schon kurz nachdem er zugesagt hatte und wir zusammengearbeitet und -gelebt hatten, lernte ich ihn näher kennen und stellte fest, daß er viele Qualitäten besaß.

21

Anfang Juni hat die Zahl der Leute, die mit auf *Vagabond* arbeiten, sichtbar zugenommen: die Mannschaft, Freunde, Familienmitglieder und sogar Leute, die ich nicht kenne und die uns mit Rat und Tat zur Seite stehen wollen, was bei zunehmender Hitze hoch anzurechnen ist, auch wenn es manchmal nicht viel einbringt.

Im weit entfernten Polen liegen für uns die Segel bereit. Armer Georges! Da ich die Verhältnisse dort kenne, weiß ich, welche Mühe ihn ihre Beschaffung gekostet hat. Ich kann mir seine Enttäuschung vorstellen, daß er die Reise nach so vielen Monaten der Arbeit nicht mitmachen kann. Joëlle wird die Segel holen. Sie hat vier Tage Zeit, dreitausend Kilometer zurückzulegen und dabei mehrere Grenzen zu passieren. Insgeheim zittere ich vor Aufregung: Während dieser vier Tage hängt das Schicksal der Expedition an einem seidenen Faden. Als sie zurückkommt, hängt das Auto tief in den Federn; es ist voller Segel und Leinen. Ein weiteres Hindernis ist überwunden.

Ganz vorsichtig entfalten wir die steifen Segel; dann lassen wir unserer Freude freien Lauf und fühlen uns nach diesen Tagen der Unsicherheit wie glückliche Kinder.

Jetzt fehlt uns nur noch eine Arbeitsfock. Drei Tage noch bis zum Auslaufen – und wir finden niemand, der genügend Zeit hat, sie uns zuzuschneiden. Schließlich stoßen wir auf einen jungen Segelmacher, Michel Ralys, der Tag und Nacht arbeitet, um sie uns im letzten Augenblick zu bringen.

Dann wache ich morgens mit der Gewißheit auf, daß *Vagabond* heute aus Paris auslaufen wird. Und das Wunder geschieht. Die äußere Erscheinung des noch unfertigen Bootes läßt sich am besten mit dem Ausruf eines meiner Freunde wiedergeben: »O Gott!«

Aber schon nach einer Woche sieht *Vagabond* anders aus, denn in dieser Zeit wird in der Mallard-Werft in Triel ein neuer Farbanstrich aufgetragen. Die Schraube erhält noch einen Eisabweiser und einen Schutz gegen Fischernetze. Der Innenausbau wird immer mehr vervollständigt. Bald kann man ohne akrobatische Verrenkungen zu seiner Koje gelangen.

In Le Havre herrscht Bilderbuchwetter. Die letzten Vorbereitungen werden getroffen. Leider kann auch Jean nicht mit uns fahren, seine beruflichen Verpflichtungen lassen es nicht zu. Eine Trennung ist immer etwas Unerfreuliches. Was soll man sich nach so vielen Wochen gemeinsamer Arbeit sagen, wenn man das Projekt monatelang mitgetragen hat und dann nicht zusammen zu Ende bringen kann? Die Worte wollen nicht heraus, unsere Kehlen sind wie zugeschnürt. Kann ein Händedruck aussagekräftig genug sein?

So sind wir zu zweit – das heißt zwei plus ein: Patrick, ich und *Vagabond*. Das Boot ist bereit zum Auslaufen. Und wir? Wir brauchen noch eine Nacht

22

zum Grübeln. Einige Stunde mehr oder weniger ändern an unserer Lage nichts. Trotzdem verbringen wir eine wache Nacht mit Überlegungen über das so nahe Unbekannte.

Die aufgehende Sonne bringt auch Klarheit in meine müden und verwirrten Gedanken. Schließlich erscheinen mir meine ganzen Überlegungen unergiebig, da wir ja doch nichts an der Tatsache ändern können. Die See ist das beste Heilmittel. Draußen werden wir unsere Freude am Leben wiederfinden.

»Wollen wir, Patrick?«

»Ja, los geht's!«

Das erste Auslaufen eines Segelbootes ist ein geheimnisvolles Ritual. Emotionen. Herzklopfen. Ich bin eins mit *Vagabond* und so angespannt, daß ich jede Bewegung des Bootes wie meine eigene verspüre. Meine Nerven registrieren auch die kleinste Veränderung im Rhythmus der Seen. Das Rauschen der Gischt klingt wie Musik in meinen Ohren. *Vagobond* rollt in den Wellen, sucht ihren Weg, beschleunigt, neigt sich und gleitet dem weit, weit hinter dem Horizont liegenden Unbekannten entgegen. Steuere ich sie, oder sucht sie allein den Weg ins Ungewisse? Minuten, Stunden vergehen wie im Fluge. Ich scheine wie in einem Traum zu schweben. Aber die leicht geblähten Segel sagen mir, daß dies Realität ist. Jahre der Vorbereitung und des Bauens, schöne und schlimme Tage liegen hinter mir. Von jetzt ab wird alles viel klarer und einfacher sein; alles nur eines zum Ziel haben: in den Norden zu gelangen, wie wir es uns gewünscht haben, und dann zurückzukehren.

Ich gieße ein paar Tropfen Schnaps ins Meer. So wird, einem Aberglauben zufolge, Neptun mit uns anstoßen und uns Beistand leisten bei unserem großen Projekt: nach Grönland zu segeln.

Aber vorher muß noch der Kompaß kompensiert werden. Nachdem wir von Guernsey über Saint-Malo nach Brest gesegelt sind, finden wir endlich in Camaret den Spezialisten, der diesen auf einem Stahlboot heiklen Vorgang bewerkstelligen kann. Ein Trost: Durch die Verzögerung wird Joëlle viel früher zu uns stoßen.

Ins Logbuch zeichne ich den Umweg mit einer schönen Kurve ein. Die Tanks für Wasser und Diesel sind gefüllt. Wir machen klar Schiff.

Ich würde gerne gegen Mittag auslaufen. So habe ich genügend Zeit, das Boot noch einmal zu überprüfen, einige Dinge vorzubereiten und in Ordnung zu bringen und mich noch ein wenig auszuruhen.

Ein schwacher Nord-Nordwest ist uns nicht gerade eine Hilfe auf der von der in den Kanal zurückgedrängten Strömung aufgewühlten See. Eine gute Gelegenheit, festzustellen, ob unter Deck alles gut verstaut ist, denn das Boot benimmt sich wie ein bockendes Pferd. Die unterschiedlich großen Plastik-

VAGABOND

Stahlslup vom Typ Chatam
Doppelknickspanter mit rot-weißem Anstrich, Baujahr 1976
Konstrukteur: Gilbert Caroff
Werft: A.C.G.B.
Länge über alles: 9,55 m
Länge in der Wasserlinie: 7,80 m
Breite: 3,34 m
Tiefgang: 1,40 m
Wasserverdrängung bei Antritt der Reise: 8 Tonnen
Ballast: 1,25 Tonnen
Wassertanks: 250 Liter
Treibstofftanks: 200 Liter
Antrieb: Yanmar 12-PS-Dieselmotor
Arbeitsbesegelung: 60 m²

kisten, in denen alles verstaut ist, befinden sich auf gleicher Höhe. Aber nichts verrutscht, stößt gegeneinander oder macht sonst ein Geräusch. Unter Deck ist alles ruhig. Ich bin zufrieden.

Zwei Wochen, nachdem wir Camaret verlassen haben, brist der Wind endlich stark auf. Wir sehen es ganz realistisch: Das verzögerte Auslaufen, die widrigen Winde, unser langsames Vorankommen bringen uns von unserem Wunschziel Grönland ab. Wir wollen versuchen, wenigstens bis Island zu kommen.

Schnell erreicht der Wind eine solche Stärke, daß *Vagabond* vor Topp und Takel lenzen muß und lediglich von unserer automatischen Windfahnensteuerung auf Kurs gehalten wird. Die aus dem Atlantik kommende See baut sich regelrecht auf. Voller Ungeduld beobachte ich *Vagabond*. Dies ist ihr erster Sturm, ihre erste echte Taufe. Stunden später bin ich stolz auf sie. Nicht eine See ist ins Cockpit geschlagen. Die vordere Kajüte ist trocken. Sie ist ein gutes Mädchen. Nach sechzehn Stunden vor Topp und Takel können wir sie mit der Fock 2 schmücken.

Der Wind flaut ebenso schnell wieder ab, wie er aufgebrist ist. Diese für nordische Meere typischen Wetterveränderungen begleiten uns mehrere Wochen lang und werden uns vertraut. Der Sturm weicht einem dichten Nebel, der sich schwer über uns legt. Mir behagt das nicht. Offen gesagt, von allen gängigen atmosphärischen Erscheinungen (Sturm, Kälte, Eis) beunruhigt mich Nebel am meisten. Ich kann mich an Kälte, an Sturm oder an die Navigation im Eis gewöhnen, denn ich kann auch dann noch in begrenztem Maße agieren und reagieren. Bei diesen Witterungsverhältnissen fühle ich mich nicht so verloren und zum Warten verdammt wie im Nebel, in dem man ständig mit gespitzten Ohren auf der Hut sein muß. Wie lange kann man diese Anspannung wohl ertragen?

Sechs Tage und sechs Nächte bewegen wir uns in diesem watteartigen Nebel. Manchmal löst er sich etwas auf, und so kann ich ein- oder zweimal innerhalb von 24 Stunden die Sonne oder den Mond mit dem Sextanten schießen. Zwar kann man die Gestirne nie ganz klar sehen, aber es reicht zumindest aus, um unsere Fahrtgeschwindigkeit zu bestimmen. Wir können uns nämlich nur noch auf die Navigation nach den Gestirnen verlassen. Seit dem Sturm spinnt unser Kompaß vollkommen. Ich weiß nicht, warum. Er ist ganz von selbst ungenau geworden. Dabei hat er in den vergangenen zwei Wochen haargenau gearbeitet, ohne jemals andere Werte als die unserer Deviationstabelle anzuzeigen. Seit dieser Entdeckung aber beträgt seine Ablenkung um die 60°. Ein Rätsel. So muß ich denn wegen des Nebels und der Ungenauigkeit des Kompasses mit dem Sextanten »schlafen« und bei jedem erkennbaren Loch im Nebel mit ihm schnell ins Cockpit hinaus. Diese etwa zehnmal am Tag betriebene sportliche Leistung zeigt sichtbare Erfolge. Am zwanzigsten Tag taucht auf einmal Island vor uns auf, fünf Seemeilen von dem vorausberechneten Punkt entfernt.

Neptun will uns Beifall zollen und hat drei Stunden zuvor den Nebel verjagt. Gebirge erheben sich über dem Horizont – mit verschneiten Gipfeln und Gletschern, die bis ins Meer auslaufen. Im Licht der untergehenden Sonne zeichnet sich ihr Relief klar ab. Rote Wolken ziehen schnell über den Himmel. Joëlle, Patrick und ich stehen vorne im Boot, sind von der betörenden Schönheit dieses wilden Schauspiels wie paralysiert und betrachten die wenig einladende, aber prächtige und so sehnsüchtig erwartete Natur. Die Sonne geht unter, der Himmel wird grün, pastellgrün. Es ist das Grün der Arktis. Der Norden heißt uns willkommen. Dann zieht die Nacht herauf. Eine seltsame Nacht, voll scharfer Kontraste zwischen Himmel und Erde. Ich schlafe nicht, ich betrachte andächtig das leuchtende Meer. Ich sinne nach. Ich bin ganz allein mit meinem Boot; meine Träume werden Wahrheit. Nach so vielen mühevollen Jahren...

Mit neuen Freunden, die uns aufnehmen, fahren wir fast zwei Wochen über die Insel. Dann muß Joëlle aus Berufsgründen wieder nach Paris zurück. Patrick und ich bleiben noch. Die Jahreszeit ist schon recht vorangeschritten, als auch wir dieses seltsame und wundervolle Land verlassen.

Urplötzlich zieht schlechtes Wetter auf. Der Seegang nimmt mehr und mehr zu. Seit unserem Auslaufen sind 35 Stunden vergangen; *Vagabond* findet ihren Weg allein. Wir lenzen wieder einmal vor Topp und Takel und vertrauen uns der Selbststeueranlage an. Der Wind bläst mit neun Beaufort. Es ist kalt, aber ich bin ruhig. Nach Lee haben wir zum Driften ausreichend Raum, und lange wird der Sturm wohl nicht anhalten. Morgens läßt er dann auch ein wenig nach. Wir machen sechs Knoten. Die See schäumt, ist aufgewühlt und entfesselt. Wieder einmal bin ich mit *Vagabond* zufrieden. Sie bekommt keine Brecher über, ist kursstabil und liegt gut auf dem Ruder. Ich kann sie mit zwei Fingern steuern.

Im Vierstundentakt folgt Wache auf Wache. Die Zeit vergeht schnell. Wir lesen, gehen für fünf Minuten in die Plicht, um unsere Position zu bestimmen, hören Musik. Überrascht stelle ich fest, daß wir überhaupt nicht müde sind. Zweimal vier Stunden Schlaf in 24 Stunden sind ausreichend.

Während ich die Selbststeueranlage reguliere, werfe ich einen Routineblick auf die See. Hinter einer Welle springt auf einmal etwas Torpedoartiges hervor, dann folgt ein zweites, ein drittes und dann ist *Vagabond* umzingelt: Schwertwale! Sie bewegen sich schnell, nervös, voller Energie und Bedrohung. Patrick kommt ins Cockpit und wir starren sie fasziniert an. Ihre schwarz-weißen Körper gleiten auf uns zu. Zu zweit oder zu dritt kommen sie ganz nahe heran. Wir könnten sie anfassen. Dann drehen sie schnell wieder ab. Einige sind riesig, acht bis neun Meter lang. Ihre schwarze Haut ist rauh, der Kopf rund, die Schnauze spitz auslaufend. Sie werden von kleineren Walen begleitet, die dunkelgrau sind und einen braunen Streifen an der Seite haben. Sie umtanzen *Vagabond*. Lange begleiten sie uns bei unserer Fahrt. Dann verlieren sie sich und verschwinden wie Geister. Ich atme auf. Diese Tiere beunruhigen mich. Sie jagen wie Wolfshunde, sind gefräßig, intelligent, furchtlos und gefährlich. So ist es nicht verwunderlich, daß selbst andere Walarten vor diesen Tötungsmaschinen Angst haben.

Seit einigen Tagen folgt ein Tiefdruckgebiet dem anderen. Wir spüren den Herbst: im Norden die Jahreszeit, die fast ununterbrochen von Stürmen begleitet wird. Wir müssen mehr Fahrt machen, schneller nach Le Havre kommen. Zum Glück haben wir fast ständig achterlichen Wind und segeln mit der Fock 2 oder der Genua. Vor acht Tagen haben wir Island verlassen. Heute geht die Sonne seltsam unter: gelb, ein wenig kraftlos, mit ganz verwaschenen Farben. Kein Zweifel, die ersten Anzeichen eines neuen Sturmes. Das Barometer fällt. 32 Millibar in zwölf Stunden! Unter und über Deck ist alles vorbereitet und gut festgezurrt. Wir machen uns ein warmes Essen und füllen heißes Wasser in die Thermosflasche.

Vier Stunden später wird es gefährlich. Aus allen Richtungen kommen die Seen. Ich gehe ans Ruder, bekomme aber das Boot nicht in den Griff. Wir holen die Fock ein, luven an, und *Vagabond* fühlt sich ohne Segel sofort wohler. Sie liegt mit etwa 25° bis 30° Krängung in der See. Hart, unregelmäßig und mit unvorstellbarer Kraft schlagen die Wellen gegen den Rumpf. Zwei-, dreimal wird *Vagabond* mit solcher Gewalt herumgeschleudert, daß ich meinen Augen nicht traue. Wir können weder stehen noch sitzen, geschweige denn in unseren Kojen schlafen. Das Heulen des Sturms dringt uns durch Mark und Bein. Dem Himmel sei Dank dafür, daß der Rumpf aus Stahl ist.

Am Morgen kommt die Sonne hinter den Wolken hervor und bescheint eine See, die aussieht wie eine Bergkette, deren verschneite Gipfel auf uns herabzustürzen drohen. Ein erschreckender und zugleich faszinierender Anblick. Die See ist weiß. Man sieht keinen Horizont. Alles verschwimmt im Nebel der vom Sturm hochgeschleuderten Gischt. Von Zeit zu Zeit durchdringt ein Sonnenstrahl die sintflutartige Landschaft. *Vagabond* hat keinen Schaden erlitten. Alles ist an seinem Platz, und unter Deck ist alles ruhig. Nur der Sturm und die See geben Geräusche von sich. Weder Wasser noch Kondensat, das Boot ist vollkommen dicht.

Rechts oben: Der Vater unterrichtet den Sohn in der Handhabung des Kajaks.

Rechts unten: Wahre Eiskathedralen lösen sich von den Gletschern an der Westküste Grönlands und treiben in südliche Richtung bis Neufundland und manchmal auch noch weiter.

Die bei Tag und ruhiger See gut erkennbaren Growler können zu einer tödlichen Gefahr werden, wenn das Boot mit ihnen kollidiert.

Nach 34 Stunden vor Topp und Takel setzen wir wieder Segel, und *Vagabond* macht, zuweilen gleitend, gute Fahrt. Aber der Wind schralt ständig, und es bereitet Mühe, immer die Fock zu trimmen. Die Navigation mit dem Sextanten ist problemlos. Wie schon zuvor »schlafe« ich mit ihm und finde auch immer ein Wolkenloch, um mich zu orientieren. So können wir den Kurs ändern und unsere Position bestimmen (denn der Kompaß ist weiterhin unzuverlässig). Im sicheren Abstand von zweihundert Seemeilen umläuft *Vagabond* Irland und fährt in den Kanal ein. Nebel kommt auf und hält die vier folgenden Tage an. Da Astronavigation nicht möglich ist, arbeiten wir ständig mit Funkpeiler und Echolot. Mit einem letzten Windstoß kreuzen wir bei schlechter Sicht nahe Aurigny den Großschiffahrtsweg, auf dem *Vagabond* zwischen den Schiffen Slalom fährt. Dann liegt – sechzehn Tage nach dem Auslaufen von Island – Le Havre greifbar vor uns.

Zwar haben wir auf unserer ersten Fahrt mit *Vagabond* das erträumte Ziel Grönland nicht erreicht, aber dieser Versuch hat die Qualitäten des Bootes bestätigt und die Richtigkeit meiner Vorstellung von einem der Navigation im Norden angepaßten Material bewiesen.

Der ganze Winter wird zur Vorbereitung der Grönland-Expedition genutzt. Dieselmotor, Selbststeueranlage sowie Polarkleidung aus Kunstfaserpelz haben ihren Test unter schwierigsten Bedingungen schon bestanden. Allerdings muß die Ausrüstung von *Vagabond* noch in drei wesentlichen Punkten verbessert werden. Wir bauen einen elektronischen Fernkompaß vom Typ MCB 400 ein, dessen Nehmer sich im Topp, also nicht in der Nähe des Metallrumpfes, befindet. Ein Anzeigeinstrument liegt vor dem Rudergänger, ein weiteres am Kartentisch. Nur ein einwandfreies Funktionieren dieser Geräte wird eines unserer schwierigsten Probleme lösen: die Nähe des magnetischen Nordpols. Wie bekannt, navigiere ich nicht gerne im Nebel, und so ergänzt ein Decca-060-Radar unsere Navigationsinstrumente. Die für uns in Polen hergestellten Segel lassen zu wünschen übrig. Michel Ralys macht uns einen neuen Satz aus braunem Tuch, was unsere Sicherheit im Eis steigern wird. Zwar habe ich aus Kostengründen keine weitreichende Seefunkstation an Bord, aber zumindest ein kleines UKW-Gerät Marke Sailor für den Küstenfunkverkehr. Auch weiterhin auf Sicherheit bedacht, erstehen wir vierhundert Meter 20-mm-Ankerleine, die Henri Lancelin uns mit besonderer Sorgfalt spleißt, sowie zwei starke Scheinwerfer, die nachts im Eis unerläßlich sind.

Patrick verläßt uns, um mit einem eigenen Boot loszuziehen. Dafür stößt ein Filmemacher, Jacques, zu uns. Instinktiv spüre ich, daß *Vagabond* dieses Mal in Gebiete vorstoßen wird, in denen wir interessante Filme werden drehen können.

30

Der schnauzbärtige Jacques, spindeldürr und lang wie eine Bohnenstange, hat alle guten Eigenschaften, über die ein ausgezeichneter Filmemacher verfügen muß, obwohl er noch nie Hochseesegeln betrieben hat. Seine Aufgabe ist, sich um alles zu kümmern, was mit Vorbereitung und Drehen des Films zu tun hat. Er kämpft wie ein Löwe, um das nötige Material zusammenzubekommen. Nach vielen Mühen und Enttäusuchungen kommt dann der große Tag. Er geht mit einer beeindruckenden und platzraubenden Ausrüstung an Bord. Ich weiß nicht wie, aber es gelingt uns, auch dies noch in dem schon gut gefüllten nur 9,50 Meter langen Rumpf zu verstauen. Am 17. Juni 1977 holen wir dann den Anker auf. Schon beim Auslaufen aus dem Hafen werden wir vom Nebel überrascht, der auch während der Überfahrt im Kanal unser Begleiter ist. Dort veranstalten Nebelhörner ein regelrechtes Konzert. Meine Augen kleben auf dem Bildschirm des sich als sehr wertvoll erweisenden Radars.

Die weitere Fahrt verläuft ohne nennenswerte Ereignisse. Bei schwachem Wind und bedecktem Himmel nähern wir uns Tag für Tag unserem Ziel Grönland – bis zu dem Augenblick, wo ein gewaltiger Sturm aufkommt. Der Wind frischt auf, das Wasser trägt Schaumkronen. Die Seen werden von Mal zu Mal hohler, kommen immer schneller angerollt. Der Wind nimmt ständig zu. Kein Anzeichen eines Abflauens. Seine zunehmende Stärke macht uns Angst. Es hat keinen Sinn, unaufhörlich die Besegelung zu ändern oder ein Risiko einzugehen. Das wäre verlorene Zeit und unnötige Arbeit. Wir stecken also sofort zwei Reffs in die Fock 2 und holen das Großsegel nieder. Vor dem Wind treiben wir nach Norden, weil die sich jetzt aufbauende See uns dazu zwingt. Die Wellen sind sehr kurz, folgen dicht aufeinander und sind von einer seltsamen, obsidiangrünen Farbe. Das Tosen der See ist beängstigend, wenn sie donnernd gegen den Rumpf schlägt. Entfernt sich das Grollen, läßt es ein Gefühl von Unruhe und Furcht zurück. Die Windfahne der Steueranlage ist schon lange ausgekoppelt. Das Ruder wird immer schwergängiger. Die Wasseroberfläche ist voller Gischt. Ich sehe nach vorne, und langsam vermengt sich alles. *Vagabond* fährt auf einem Schaumteppich dahin.

Ich bin am Ruder und habe Angst. Nicht so sehr vor dem eigentlichen Sturm, nein, denn ich kenne meine kleine *Vagabond*. Ich weiß, sie ist sehr gut vorbereitet, und ich weiß, zu was sie in der Lage ist. Ich kenne jeden Bolzen und jeden Splint an Bord. Nein, das ist es nicht. Ich habe Angst vor Eis, vor den Growlern, die nur wenig aus dem Wasser ragen und jetzt ganz mit Schaum überzogen sein müssen. Der weiße Tod. Ein Schlag – und dann das Ende. Selbst der Stahlrumpf von *Vagabond* hielte das nicht aus. Bei dieser Geschwindigkeit würde auch ein Wunder nicht helfen können, denn das Boot

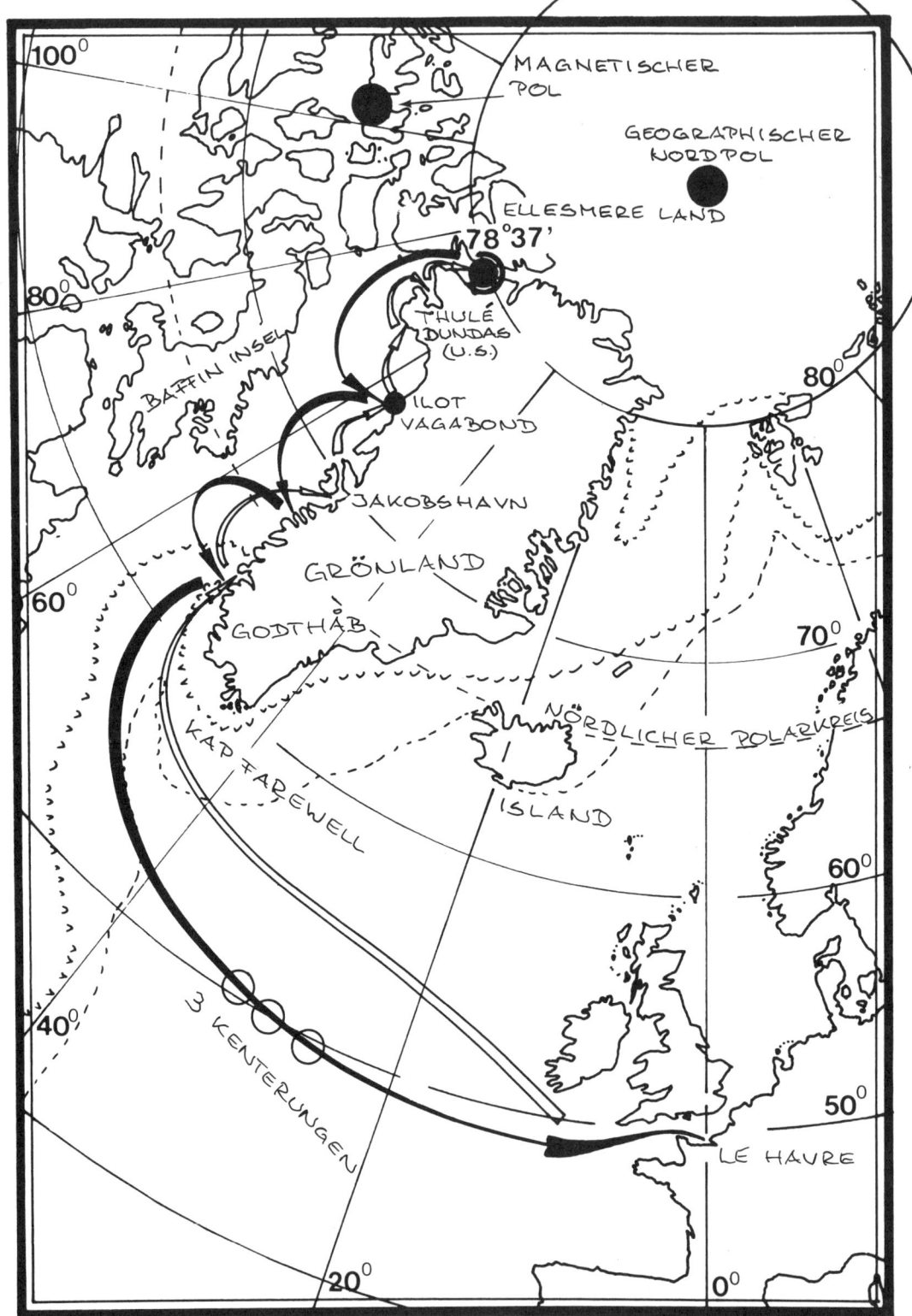

müßte sich in alle Einzelteile auflösen. Aber auf der von mir gewählten Route dürfte es eigentlich keine treibenden Eismassen geben.

Der Sturm heult. Aber das ist schon kein Heulen mehr, es ist eher wie das Schreien eines Wahnsinnigen. Rechtzeitig haben wir das Boot hermetisch abgeschottet und Schutzplatten aus Metall vor die Bullaugen geschraubt – als ob wir es geahnt hätten. Alle beweglichen Teile unter und über Deck sind festgezurrt. Wir warten. Die Angst wird zum Dauerzustand. Ein drückendes Gefühl legt sich über uns. Joëlle und Jacques, die Freiwache haben, können nicht schlafen. Es ist kalt. Mir fällt es immer schwerer, am Ruder zu stehen. Meine Augen tränen, der Wind durchdringt das Ölzeug und die Polarkleidung. Ich spüre meinen Blutkreislauf nicht mehr. Ich weiß nicht, ob ich überhaupt noch Finger habe. Anscheinend schon, denn das Boot reagiert auf mein Steuern. Ich werfe einen Blick auf das Außenthermometer: $+2°$ C. Demnach ist es gar nicht so kalt, nur der Sturm gibt das Gefühl, allmählich zu einem Eisblock zu werden. *Vagabond* macht Fahrt in Richtung Norden.

Mit Urgewalt schlägt eine See mit ohrenbetäubendem Krachen gegen das Boot. Rumms! Ich kann mir denken, was Joëlle und Jacques unter Deck, wie in einem Schneckenhaus verkrochen, glauben müssen: „Das war's, wir sind zusammengestoßen!«

»Alles in Ordnung!« schreie ich in den Niedergang. Die Tür öffnet sich einen Spalt und gibt Joëlles Gesicht frei: Sie lächelt. Wie ist sie nur dazu in der Lage?

»Möchtest du etwas Warmes?« Warm – was ist das? Ich habe schon vergessen, daß es noch etwas anderes gibt als das (kalte) Wasser, den (eisigen) Wind, das Toben der See und das Knarren der Takelage. Heißen Kakao, der in der Kehle brennt, der aufwärmt, der wieder fit macht. Eine unwirkliche Welt.

Ich sehe mich schnell um. Kann ich es wagen, unter Deck zu gehen? Ich will den Kakao nicht draußen trinken, will mich ein wenig ausruhen, etwas anderes sehen als Seen und Gischt, mich in Ruhe hinsetzen und den Becher mit beiden Händen halten – seine Wärme spüren.

Ich setze die Windfahne und befestige ihre Leinen am Ruder. Dann beobachte ich *Vagabonds* Reaktion. Im Normalfall steuert unsere Anlage problemlos bis Windstärke 8, wenn wir ohne Segel treiben. Aber der Sturm ist schon weit stärker, und ich befürchte, daß sich die Windfahne mit einer starken Bö davonmacht. Nein, sie hält! Ich gehe zwar ein großes Risiko ein, aber mein Wunsch nach einem Becher heißen Kakao unter Deck ist stärker als meine Unruhe. Ich öffne schnell die Tür, rusche hindurch und schließe sie fest hinter mir. Was für ein Gefühl der Sicherheit, welche Ruhe! Joëlle und Jacques, beide in Unterwäsche, liegen wie Paschas auf den Kojen.

Ich schütte den heißen Kakao in mich hinein, nehme zu große Schlucke und verbrenne mich. Die mir selbst gemachten Versprechungen, langsam zu trinken, verblassen vor meinen Ängsten. In diesem abgeschlossenen Raum arbeitet meine Phantasie noch stärker als an Deck. Ich stelle meinen Becher in das Spülbecken, richte mich auf und werfe noch einen Blick aus dem Bullauge.

Achteraus, nur wenige Meter hinter *Vagabond*, türmt sich eine Wasserwand auf! Wie ein Wunder starre ich sie an. Mein Instinkt hatte doch recht. Im Zusammensinken greife ich nach zwei Kladden. »Achtung!« *Vagabond* wird nach vorn geworfen, fällt hart vom Kamm dieser Monstersee, luvt an und bleibt dann mit Schlagseite liegen. Attacke. Alles, was nicht fest oder verstaut ist, fliegt nach Backbord. Jacques und Joëlle wischen sich lachend verspritzten Kakao aus dem Gesicht. Zum Glück war er nicht mehr heiß. Ich eile ins Cockpit, ans Ruder. Die Windfahne ist verschwunden. Zwei Relingstützen an Backbord sind um 30° geknickt. Das Cockpit ist leer, die dort befestigten Kanister mit Diesel sind nicht mehr da. Ich sehe nach oben: Der Mast hält. Aber alles, was sich im Masttopp befand, ist weg, die Peilantenne, das Topplicht, der Scheinwerfer. Der Baum ist noch an Ort und Stelle. Die Fock killt. Die Sicht beträgt nur wenige Meter. Hagel peitscht horizontal. Alles ist weiß. Die Temperatur fällt unter Null. Unter dem Beschuß der einschlagenden Hagelkörner klingt *Vagabond* wie eine Trommel. Ich wage nicht, achteraus nach den Seen zu sehen; ich würde meinen Augen doch nicht trauen. Joëlle und Jacques kommen ins Cockpit; ihre Finger werden vor Kälte steif und gefühllos.

Es ist Wahnsinn, weiter Fahrt zu machen: schlechte Sicht, sicher Eis im Wasser – warum also etwas riskieren? Die Seen werden immer länger, und ich kann *Vagabond* treiben lassen. Wir werden warten. Nach Eis können wir über Radar Ausschau halten. Die Abdrift ist nicht besonders hoch, wir werden also im Notfall genügend Zeit haben, den Motor anzuwerfen.

Dem Sturm folgt ein leichter Südwind – und Nebel, der ständige Begleiter des Nordens. Wir spüren, daß die Küste nicht mehr weit entfernt ist. Unsere unter Berücksichtigung von Strömung und Drift mehrmals errechnete Position liegt auf der Karte zwanzig Seemeilen vor der Einfahrt zum Godthåb-Fjord. Aber auch das ist nur eine Vermutung, denn schon seit Tagen ist Astronavigation nicht möglich. Aber der Reservefunkpeiler bestätigt unsere Position mit sehr starken Signalen. Auf dem Radarschirm sind zwei Schiffe zu sehen. Auch noch nach einer Stunde haben diese Schiffe ihre Position nicht verändert. Vielleicht Fischer? Wenn wir bei einem längsseits gingen, könnten sie uns die genaue Position geben, und wir wären die Sorge los. Auf denn! Geringfügig ändern wir den Kurs. Fünf, drei, zwei Seemeilen – und ohne Vorwarnung oder langsame Aufhellung fahren wir aus dem Nebel heraus. Der Übergang vom Grau-in-Grau zum hellen Sonnenlicht ist so kraß, daß wir im ersten Augenblick überhaupt nichts wahrnehmen. Dann, genau vor uns, ein riesiger Eisberg – unser »Schiff« auf dem Radarschirm. Seitlich von uns ein weiterer, und weit vor uns eine ganze Flotte weißer Segel aus Eis. Über den Horizont zieht sich von rechts nach links eine schneebedeckte Bergkette: Grönland.

Und plötzlich werde ich mir bewußt, das *Vagabond* weit, sehr weit in den hohen Norden vorgestoßen ist.

Die Einfahrt zum Godthåb-Fjord wird von einem Eisberg blockiert, um den viele kleinere Eisstücke schwimmen. Wir tasten uns möglichst nahe an die Felswände heran, um unseren ersten Eisberg vorsichtig in ein paar Metern Entfernung zu umfahren. Die in den Himmel ragenden Maste der auf einer Insel gelegenen Funkstation verraten uns die Anwesenheit von Menschen: das erste menschliche Leben seit 35 Tagen. Weit voraus sind Häuser sichtbar. Das Fernglas geht ständig von Hand zu Hand. Nach so vielen Tagen auf See sind wir glücklich, Anzeichen der Zivilisation zu sehen.

Kleine Fischerboote, die aus den Kanälen zwischen den Inseln kommen, fahren in den Hafen zurück. Die Holzboote sind sechs bis zwölf Meter lang und bis zur Wasserlinie mit Metallplatten geschützt. Alle sind mit Radar ausgerüstet. Stämmige Seeleute mit brauner Hautfarbe und Schlitzaugen empfangen uns breit lachend. Ich hatte vor, nur zwei oder drei Tage in Godthåb, der Hauptstadt Grönlands, zu verbringen. Aber unsere Kontakte mit den Grönländern werfen alle Pläne um. Joëlle hat in Paris ein paar Worte der Eskimosprache gelernt. Die ersten Sätze kommen noch ängstlich aus ihrem Mund. Aber nach ein paar weiteren führt dieser erste Kontakt schnell zu gegenseitiger Sympathie und Wertschätzung. Doch wir wollen unsere Fahrt in den Norden fortsetzen. Wir springen regelrecht von Dorf zu Dorf und gelangen schließlich nördlich von Upernavik in die Nähe der Melvillebai.

Die Eisverhältnisse in der Melvillebai ändern sich von Jahr zu Jahr so stark, daß man selbst im Mai, wenn das Eis schmilzt, nicht auf eisfreies Wasser hoffen darf. Da ich mir selbst keine Enttäuschung bereiten wollte, habe ich mir bei der Vorbereitung der Expedition mein Ziel etwa in Höhe von Kraulshavn gesetzt: um 74° nördlicher Breite. Bei genügend Zeit und günstigen Eisverhältnissen wollen wir jedoch versuchen, noch weiter nördlich in die geheimnisvolle Gegend von Ultima Thule vorzustoßen, wo die 1813 von J. Ross entdeckten Polareskimostämme leben. Heute zählen sie etwa sechshun-

Ein alter Eskimo demonstriert das »Eskimotieren« (einen Kajak durchkentern lassen und in die aufrechte Lage zurückbringen). Sein wasserdichter Anorak besteht aus Seehundfell und ist mit ganz kurzen Stichen zusammengenäht.

dert Menschen, die sich auf drei große Dörfer verteilen: Savigaivik, Thule (Qânâq) und Siorapaluk, das nördlichste Dorf der Welt. Dies war natürlich nur ein Traum, der sich aber zu meiner größten Überraschung – und ich glaube, zur Überraschung von jedermann – verwirklichen läßt. Denn in diesem Jahr sind die Eisverhältnisse äußerst günstig. Auch Neptun ist uns wohlgesonnen. Wir setzen nur ganz selten Segel und lassen *Vagabond* von unserem kleinen Motor vorantreiben.

Im Norden Grönlands sind wir auf echte Inuit gestoßen, die Nachkommen des »letzten Königs von Thule«. Ein Bild in einem Buch vermittelt den Eindruck, als ob Kutikitok uns betrachtet. Ich hebe den Kopf und sehe ihn in der Kajüte von *Vagabond*. Der Held so vieler Polarexpeditionen ist unter uns. Er lächelt wie jedermann hier. Neben ihm steht ein jüngerer Mann, Paul Sikemsen, der auch an mehreren Expeditionen teilgenommen hat: zwei Generationen von Menschen, die ein Stück Geschichte der Polarexpeditionen geschrieben haben. Wie die Sherpas im Himalaya nehmen auch die dem Pol am nächsten wohnenden Polareskimos an jeder Expedition in den Norden teil, denn der Norden und das Eis sind ihr Reich, ihr Leben und ihr Tod.

Seit mehreren Tagen ist es so nebelig, daß wir nicht mit dem Beiboot nach Thule fahren können. Nur mit Radar können wir dem Verlauf der Küste folgen. In dieser Zeit sehen wir Kutikitok oft. Wir hören seinen Gesang und seine Geschichten. Joëlle macht Notizen, Jacques filmt. Die Zeit verstreicht.

Eines Abends erregt Lärm draußen unsere Aufmerksamkeit. Wir gehen hinaus. Eine kleine Motorbarkasse schaukelt längsseits, an Bord befinden sich drei Mann, zwei Europäer und ein Eskimo. Ihre feuchte Kleidung sagt uns, daß sie von weit gefahren sind. »Wir kommen aus Siorapaluk«, erzählen sie uns, »und *Vagabond* lag auf unserem Weg nach Thule.« Zuweilen schlägt das Schicksal hart zu, zuweilen aber wirkt es auch so sanft, daß man es nicht spürt. Jetzt ist es mit einem Boot in der Person von Peter Peary zu uns gekommen.

Am 6. April 1909 erreichte Robert Peary in Begleitung seines Dieners Matthew Hensen und vier aus der Gegend von Thule stammender Eskimos – Otak, Equinngua, Siglu und Oukep – den Nordpol. Kann man sich eine schönere Krönung für einen Polarforscher vorstellen, der sein ganzes Leben einem einzigen Ziel, der Erreichung des Nordpols, gewidmet hat? Er hat es geschafft – als erster.

Peter Peary nun, der Enkel von Robert Peary und Vorsteher des Dorfes Siorapaluk, erzählt uns die Geschichte seines Großvaters. Was für ein Glück, daß wir ihn getroffen haben! Er weiß alles über das Leben in der Arktis und ist der erste in Grönland, der uns ohne Scheu sagt: »Ich bin einer der letzten Eskimos – und stolz darauf.«

38

So schnell, wie er gekommen ist, verläßt er uns wieder. Er kehrt zurück in sein geliebtes Dorf, in das er uns einlädt: Siorapaluk, ein Streifen Sand, der an einem Gebirge klebt, das einen tiefen, in einem Gletscher endenden Fjord umgibt. Unaufhörlich treibt vom Tidenstrom bewegtes Eis in den Fjord: kein sicherer Ankerplatz für uns. Nur wenige Meter vom Land entfernt fällt der Meeresboden schon auf 25 bis 30 Meter Tiefe ab. Von allen Seiten drängt Eis in den Meeresarm. Auf dem Sandstreifen liegen etwa fünfzehn Hütten verstreut, die rund sechzig Menschen beherbergen. Abseits eine Schule, ein Geschäft – das ist alles. Hier, wo der Winter neun Monate im Jahr dauert, leben die Menschen in totaler Einsamkeit einzig und allein von Fischfang und der Jagd auf Seehund, Walroß, Narwal, Grönlandwal, Vögel und Lachs. Hier findet man noch echte Natur, die wie das Polareskimovolk von der dänischen Regierung geschützt wird. Touristen haben hier keinen Zutritt, es sei denn, sie besitzen eine Sondergenehmigung aus Kopenhagen.

Als Peter Vagabond sich der Küste nähern sieht, springt er in ein Boot und kommt uns entgegen. Er rät uns, achtzugeben, denn der Wind kann hier oft bösartig aufbrisen. Grundeisberge können am Rumpf entlangschrammen, denn an dieser Stelle ist es nicht besonders tief. Das fängt ja gut an! Da ich vermeiden will, daß Vagabond sich selbständig macht, während wir an Land sind, nehmen wir den größten unserer vier Anker, einen Britany von 25 Kilo. Peter kennt besser als wir die geheimnisvollen Tiefen seines Fjords und führt uns zum besten Ankerplatz, den er weiß. »Volle Kraft voraus und Anker klar!« Dann gibt er Befehl, den Anker so schnell wie möglich fallen zu lassen, und steckt die ganze Ankerleine. Nach etwa hundert Metern belegt er sie gut am Vorschiffspoller und wartet, bis sie steifkommt. Erst nachdem er sieht, daß der Anker gut greift, schaltet er den Motor ab. Danke, Peter, wir sind beruhigt.

Wie jeden Montagmittag versammelt sich am nächsten Tag das ganze Dorf am Strand, um gemeinsam Tee zu trinken und Fleisch zu essen. Es ist wunderbares Wetter und sehr warm: 5° C in der Sonne. Um uns herum flanieren Menschen, essen, trinken, rauchen und plappern.

Der dem Dorf vorgelagerte Sandstrand ist frei von Kieseln. In leichter Neigung läuft er einige Meter aufs Meer zu und fällt dann ziemlich schnell auf 25 bis 30 Meter ab. Ich laufe am Strand auf und ab, denke nach. Man könnte hier ein Boot aus dem Wasser ziehen. Zwar nicht Vagabond, die einen Kiel hat, wenn auch nur einen kleinen. Wenn man nun aber ein Boot ohne Kiel baut, ob man das an Land ziehen könnte…? Das müßte doch einfach sein! Aber je länger ich darüber nachdenke, desto schwieriger erscheint es mir. Warum ein Schwertboot? Auch die gegenwärtig gebauten Schwertboote

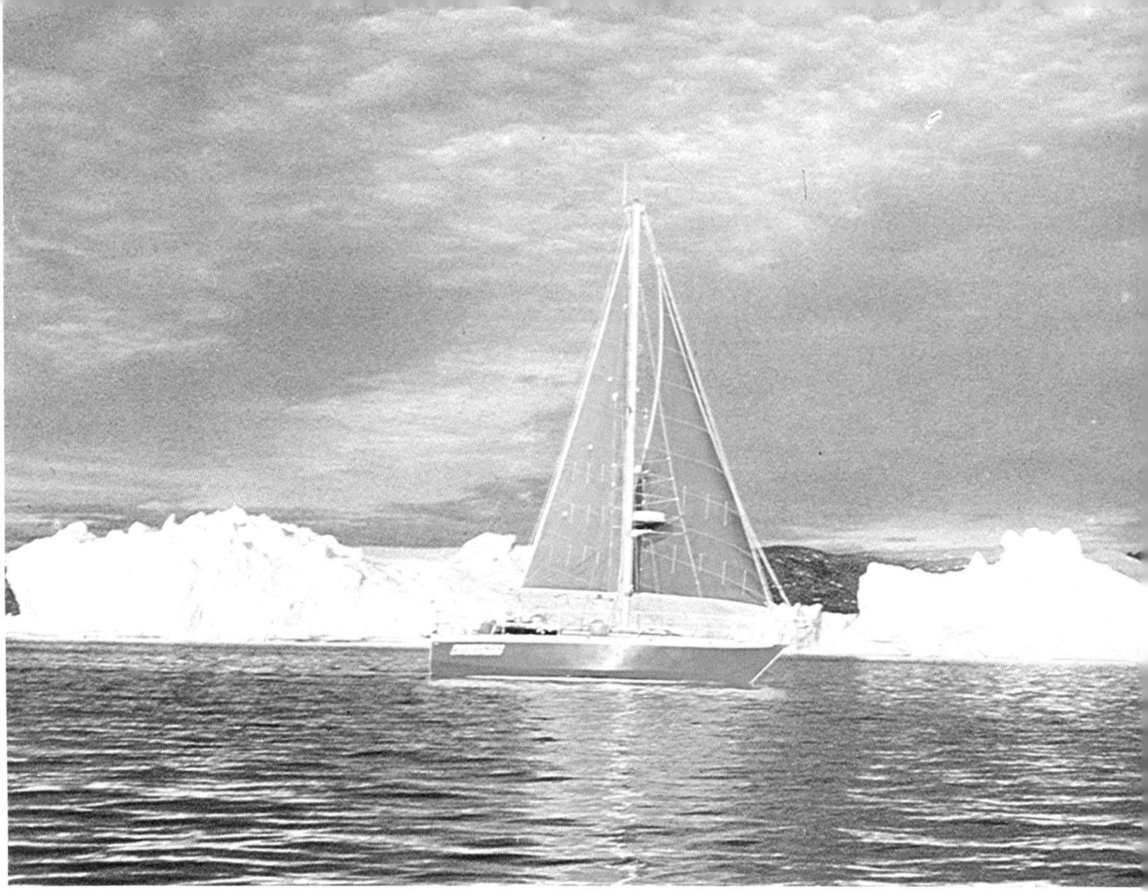

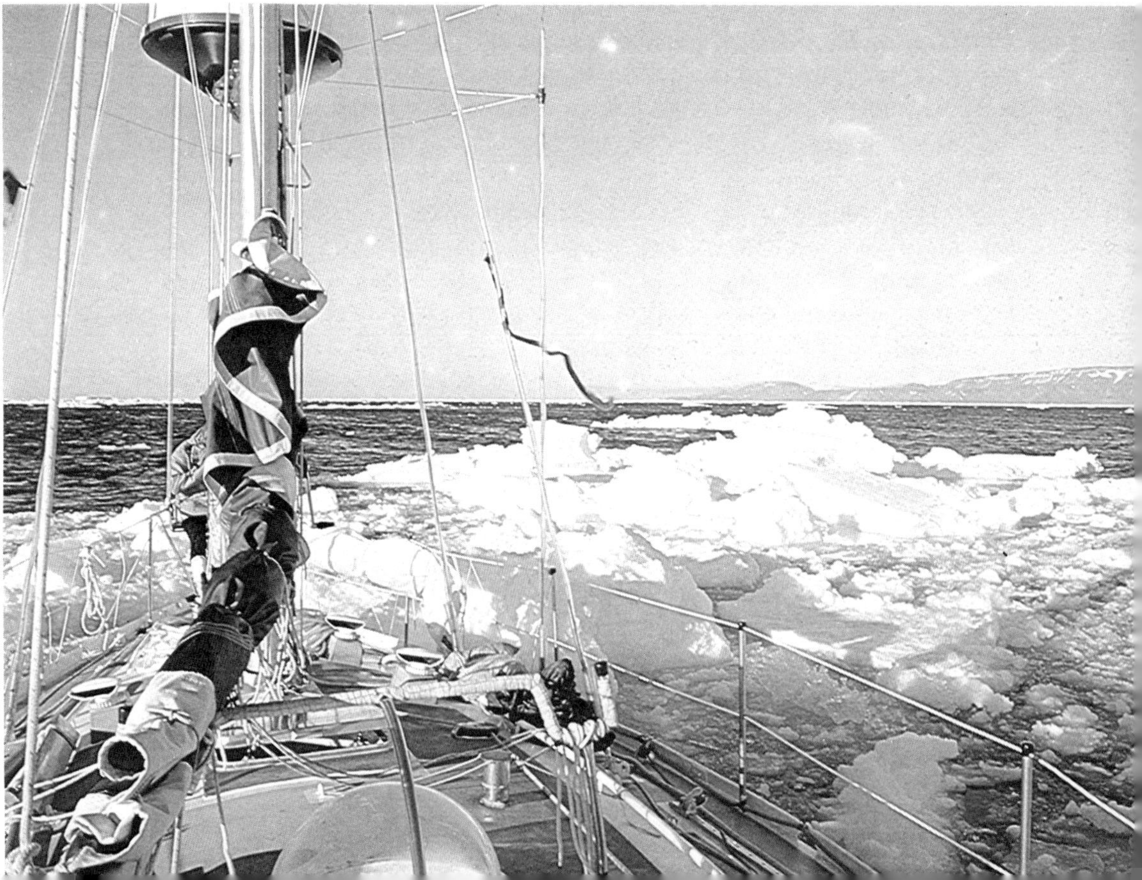

Abbildung links: *Vagabond* segelt entlang einer Barriere aus gestrandeten Eisbergen, die wegen ihrer Instabilität besonders gefährlich sind.

Es schneit; bald wird man das Boot nicht mehr erkennen können.

Abbildung links: Der Rumpf nimmt bei der Durchquerung dieses Eisbreifeldes keinen Schaden, aber die Schraube bekommt einige harte Schläge ab.

Wegen der großen Tiefen kann man nur selten ankern. Die übliche Methode besteht darin, Festmacher zum Land auszubringen.

Dieser »kleine« Eisbrocken wiegt mehrere Tonnen.

Vagabond wird vor Anker vom Eis eingeschlossen. Die Ankerkette ist im Eis festgefroren. Wir brauchen Stunden, bis wir das Boot wieder freibekommen.

haben keinen ganz flachen Boden. Auf feinem Sand würden sie sicherlich einsinken. Welche Lösungsmöglichkeiten sollte man weiter verfolgen? Vielleicht einen Kimmkieler mit Flachboden. Aber wer würde so etwas bauen, ohne sich lächerlich zu machen?

Hier auf dem Strand von Siorapaluk wird die Idee von *Vagabond II* geboren. Um meinen Traum noch weiter zu verwirklichen, will ich mit ihr bei den Polareskimos überwintern. Ankunft im Hochsommer, das Boot an Land ziehen und den ganzen Winter bei den Eskimos leben, mit ihnen jagen und von ihnen die für das arktische Leben wesentlichen, ureigensten Dinge lernen.

Es scheint mir unerläßlich, das Boot an Land zu ziehen. Sich im Packeis festfrieren zu lassen, mag zwar mutig sein, aber dieser Gedanke kommt einem eher hinter dem Schreibtisch in einem weichen und warmen Sessel als hier. Ich kenne das Packeis und seine unkontrollierbare, zerstörerische Kraft. Ich will kein Risiko eingehen. Dagegen reizt mich aber die Vorstellung sehr, mit diesen Menschen, den letzten Jägern der Arktis, einen Winter zu verbringen.

Peter Peary ist einverstanden. Er sieht keinen Grund, warum wir nicht bei seinem Volk leben könnten. Ich weiß nicht, warum er uns sein Einverständnis gibt, obwohl er doch andere Anträge zurückgewiesen hat. Aber ich fühle mich stolz und glücklich.

Nicht weit von hier, bei etwa 78°30′ nördlicher Breite, versperrt schweres Packeis, das von Pfanneneis zurückgehalten wird, den Weg zum Nordpol. Von einzelnen Ausnahmen abgesehen, verbarrikadiert dieser Eisstau, der alle Eismassen aus dem Kanebecken sammelt, die Verbindung zwischen dem kanadischen Ellesmere-Land und Grönland. Diejenigen, die sich für die polare Entdeckungsgeschichte interessieren, werden die folgenden Namen kennen: Foulkes Fjord, Foulkes Port, Littletown Island, Kap Alexander – alles Synonyme für Dramen, Tragödien, Zeugnisse des Mutes und grenzenloser Entbehrungen.

Ich bin den Orten meiner Kindheitsträume sehr nahe gekommen. Ich halte *Vagabond* in zwei bis vier Seemeilen Entfernung zum Land. Die See ist ganz glatt, kein Windhauch ist zu verspüren, wie ein Spiegel liegt das Meer da, aus dem ab und zu Growler und Eisschollen ragen. Im Zickzack suchen wir unseren Weg. Nicht eine Wolke ist am Himmel. Trotz Sonne steigt die Temperatur kaum über 0° C. Das Paradies.

Dank dieser günstigen Bedingungen werden wir unser nur wenige Seemeilen entferntes Ziel erreichen. Ich habe volles Vertrauen in die Mannschaft und das Boot, aber trotzdem verspüre ich Angst, eine ständige, undefinierbare Beunruhigung, die nicht weichen will. Sie hat sich eingestellt, nachdem wir Kap Farewell umfahren haben. Wie eine unaufhörlich blinkende Kontroll-

44

leuchte veranlaßt sie mich bei der kleinsten Gelegenheit, eine Überprüfung unseres Materials vorzunehmen, um jederzeit bereit zu sein. Ich bestehe darauf, daß auch die anderen so verfahren. Jeder von uns weiß, was er in einem Gefahrenfall zu tun hat. Später verstehe ich dann, daß diese Beunruhigung den Polarforscher nie verläßt. Es ist die Angst vor der Arktis; eine Angst, die einem hilft, die Augen offenzuhalten.

Wir nähern uns Kap Alexander. Noch zwei Seemeilen Fahrt unter Radar. Es mag seltsam erscheinen, daß wir trotz guten Wetters unser Radar einsetzen. Aber die Arktis ist trügerisch. Die geringe Luftfeuchtigkeit (im Norden beläuft sie sich auf 42 bis 45%) bewirkt, daß die sichtbaren Dinge täuschend weit entfernt scheinen.

Der Motor läuft problemlos. Ich bereite gerade die notwendigen Karten vor, merke mir die Lage der die Einfahrt versperrenden Felsen, als Jacques mich aufgeregt an Deck ruft. Er hält mir das Fernglas hin... Mir stehen die Haare zu Berge. Hinter uns kommen, vom schnell auffrischenden Wind getrieben, Packeisschollen direkt auf uns zu. Was für ein Wind! Unter seiner Stärke krängt *Vagabond* wie im Sturm um 30° bis 40°. Ihr Steven stampft in den mit dem Wind anrollenden Wellen. Sehr schnell brist es auf Stärke 7 bis 8 auf. Wir driften landwärts. Nur mit Motorkraft können wir den Steven gegen den Wind halten. Unter Fock 2 und dreifach gerefftem Großsegel sowie mit Hilfe des Motors versuchen wir, das Kap zu runden. Es muß gelingen, denn jetzt könnten wir nicht mehr wenden. Hinter uns schließt sich das Packeis. Wir müssen schnelle, sehr schnelle Fahrt machen, da das vom Sturm getriebene Packeis die Fahrrinne nach Kap Alexander blockieren wird. Bei diesem Sturm wäre ein Kreuzen im Packeis heller Wahnsinn. Bleibt also nur noch das Land. Aber seit Siorapaluk hat sich die Landschaft überhaupt nicht verändert: entweder Gletscher oder Steilhänge stoßen ins Meer. Wir müssen um jeden Preis das Kap runden. Die Segel werden halten, dessen bin ich mir sicher, auch der Motor wird nicht stehenbleiben. Flach auf dem Bauch liegend, fahren wir slalomartig um die immer zahlreicher werdenden Growler, stoßen immer häufiger gegen überspülte Eisstücke, aber wir nähern uns dem Kap. Bei diesem Sturm ist es sehr kalt. Wir sind durchnäßt. Aber wir beobachten unvermindert das Kap und die sich rasch schließende Fahrrinne. Wellen brechen sich am Steilhang des Kaps, einem Felsen von achthundert Meter Höhe. Jedesmal, wenn die Schraube aus dem Wasser kommt, heult der Motor auf. In hundert Meter Entfernung – so nahe wie möglich – umfahren wir das Kap. Dann ist die Fahrrinne hinter uns vom Packeis geschlossen. Wir können nicht zurück und müssen weiter nördlich einen Schutzhafen suchen. Drei Stunden später erreichen wir Foulkes Port.

August SONTAG
Gestorben im Dezember 1860
im Alter von 29 Jahren

Eine schlichte Steinplatte bezeichnet den Ort, an dem der amerikanische
Astronom sowie der stellvertretende Leiter der Expedition, Dr. Isaac Israel
Hayes, begraben sind. Daneben drei namenlose Gräber.

In den Jahren 1860 bis 1861 hatten diese Männer hier zehn Monate
überwintert. Sie waren von der Idee besessen, den Nordpol auf dem Seeweg
zu erreichen.

In Foulkes Port gibt es keine Ankermöglichkeit im eigentlichen Sinne. Die
sechzig Meter breite und einen Kilometer lange Bucht ist sehr tief und an drei
Seiten durch steil ins Meer abfallende Felswände gegen Wind geschützt.
Allein nach Südwesten ist sie offen, aber von da kommt der Wind nur selten.
Ein kleiner Kieselstrand, auf dem man landen kann, gibt hinter sich einen
flachen Landstrich frei. Der Gezeitenunterschied beträgt etwa drei Meter.

Vagabond ist in Sicherheit. Unsere dicke Ankerleine führt als Festmacher
vom Steven zu einem großen Felsblock auf dem Strand. Der größte unserer
vier Anker hält in 25 Meter Tiefe das Heck mitten in der Bucht. Schnell jagen
die Wolken über die Berggipfel. Und obwohl wir im sicheren Schutz der Bucht
liegen, verlieren wir beinahe unser Boot.

Wir sind seit zwei Tagen am Kap. Die Anzeige auf dem Barometer ist
beständig. Wie hier fast immer, ist der Himmel dunkelblau und wolkenlos.
Die Luftfeuchtigkeit bleibt gering. Aber in der Nacht (eine Frage der
Auslegung, denn es ist 24 Stunden hell) kommt plötzlich stark Wind auf.
Unter den Fallböen von der Bergkette krängt *Vagabond* unwahrscheinlich
stark. Hätten wir sie nicht zusätzlich vor Heckanker gelegt, wäre sie schon
gegen die Felswände geworfen worden. Der Wind frischt so stark auf, daß man
sich an Deck nicht auf den Beinen halten kann. Um sich vorwärts zu bewegen,
muß man auf allen vieren kriechen und dabei den Kopf tief zwischen die
Schultern ziehen, da die Augen unter dem Druck des Windes sonst zu stark
schmerzen. So etwas habe ich noch nie erlebt. Unmöglich, an Land zu gehen
und zusätzliche Festmacher anzubringen. Die Vorleine und der Heckanker
müssen ausreichen. Aber wie lange? An Steuerbord liegen zwischen uns und
den Felsen nur noch vier bis fünf Meter Wasser. Der vordere Festmacher
spannt sich und wird dann wieder locker. Mal sind die Felsen ganz nahe, mal
sind sie weiter weg.

Mit unverminderter Stärke wütet der Sturm 24 Stunden lang. Die ganze Zeit
über warten wir auf ein Abflauen, damit wir an Land Zusatzleinen ausbringen

können. Wenn uns das Boot hier verlorengeht, müssen wir überwintern. Da wir keinen Funk haben, würde nie jemand erfahren, was geschehen ist.

Unsere Lage ist wenig erfreulich. Aber dann ändert sich das Windgeräusch. Es weht zwar stärker, aber mit Unterbrechungen. Wir nutzen diese erste Atempause und ziehen uns im Beiboot an unserer Vorleine an Land. Dort bringen wir zwei weitere Festmacher in unterschiedlichen Winkeln zum Boot aus. Der Bug kann jetzt nicht mehr ausbrechen. Nur das Heck schlägt noch aus, wird aber von der Elastizität der Ankerleine zurückgehalten. Der Anblick von *Vagabond* vom Land her läßt mich erstarren. Ein genaues Ausmachen des Bootes ist unmöglich. Mir scheint, als ob das Wasser rundum raucht und sich oberhalb der Saling verflüchtigt. *Vagabond* krängt in einem seltsamen Winkel. Alle zwei bis drei Minuten bekommt sie eine so starke Bö ab, daß sie richtiggehend aus dem Wasser hüpft.

Der Sturm hält ohne Unterbrechung drei Tage und drei Nächte an, in denen es unmöglich ist, auch nur ein Auge zuzumachen. Dann legt er sich so plötzlich, wie er gekommen war. *Vagabond* ist gerettet.

Seit zwei Stunden fahren wir durch immer dichter werdende Eisfelder. Hier ist alles vorhanden: Pfanneneis, Growler und Eisberge in freier Auswahl. Unter der Wucht von sieben Tonnen Stahl, die mit fünf Knoten vorangetrieben werden, bricht das Eisfeld langsam auf, und wir kommen zwei bis drei Meter vorwärts. Dann beginnen wir wieder von vorn. Schnell den Rückwärtsgang einlegen, da die kleine, vom Boot geschaffene Fahrrinne sich schon zu schließen beginnt, und wieder volle Fahrt voraus. Manchmal will das Eis nicht weichen, und wir müssen uns einen anderen Weg suchen. Das ist ebenso faszinierend wie gefährlich. Schon *ein* Eisstück würde ausreichen, um die Schraube zu beschädigen. Wenn wir jetzt eine Motorpanne haben... Nur noch einige Seemeilen weiter, immer gen Norden, im Licht der untergehenden Sonne, dann sind wir am Ende unserer Möglichkeiten: Eine unregelmäßig geformte Eisbarriere versperrt uns die Durchfahrt zwischen Grönland und dem Ellesmere-Land. Mehrere Seemeilen fahren wir an dieser Barriere entlang und suchen einen Durchlaß. Vergeblich. Kleinere Kanäle führen zwar ins Eis hinein, enden aber nach wenigen Metern als Sackgasse. Dann schließlich einer, der breiter ist als die anderen, ein gezackter Riß im Eis. Wenn ich hier ein etwas festeres Eisstück finde, an dem ich *Vagabond* für ein paar Minuten festmachen kann, könnte ich mir das Boot von außen ansehen. Außerdem möchte ich ganz allein mit dem Eis Zwiesprache halten. Endlich erreichen wir das Ende der Fahrrinne. *Vagabond* legt an. Nadelartig liegt der Schnee auf dem Eis. Im Sonnenlicht funkelt er wie Diamanten – für mich die teuersten Diamanten der Welt. Ich nehme eine Handvoll und küsse ihn.

Hier, zwischen dem Ellesmere-Land und Grönland, auf 78°37' nördlicher Breite, dem höchsten Punkt, den je ein kleines Segelboot erreicht hat, verspreche ich mir, wiederzukommen.

Grönland mit seinen jetzt schneebedeckten Bergen, mit seinen Stürmen und dem ewigen Nordlicht liegt weit hinter uns. In wenigen Tagen wird die See zufrieren. Dann beginnt der lange, sonnenlose Winter.

Auch auf dem Atlantik verspüren wir den Wetterwechsel. Die Sonne scheint selten, die Nächte werden immer länger, aber es ist vor allem der Wind, der uns keinen Augenblick Ruhe gönnt. Nur die scheinbar hohe Temperatur hat etwas Gutes. Es ist 7° C warm. Nach Wochen im Kühlhaus glauben wir uns in den Tropen!

An Bord ist alles für die Überfahrt durchgecheckt, verschlossen, verstaut und festgezurrt. *Vagabond* scheint nichts fürchten zu brauchen. Und dennoch…

Seit zwei Tagen werden wir von Süden langsam von einem Tiefdruckgebiet überholt. Der ständig auffrischende Wind erreicht schließlich Stärke 8, manchmal 9. Doch von ihm ist keine Gefahr zu erwarten. Mehr Sorgen bereitet mir der Seegang. In den letzten zwei Tagen ist die See bedrohlich hoch geworden. Die Kämme der sehr regelmäßigen Roller brechen auf einer Länge von fünfzig bis hundert Metern. Es herrscht ein Höllenlärm. Seit 24 Stunden sitze ich am Ruder. *Vagabond* läuft wieder einmal ab, zuerst unter Fock mit dem ersten Reff, dann vor Topp und Takel. Es ist äußerst schwierig, die Seen genau rechtwinklig anzusteuern, denn immer öfter fahre ich plötzlich auf zwei aus unterschiedlichen Richtungen kommende Wellen zu. Das Boot macht ziemlich schnelle Fahrt: 4,5 bis 5 Knoten, die sich auf die Manövrierfähigkeit günstig auswirken. Von Zeit zu Zeit beobachte ich – mal an Steuerbord, mal an Backbord, aber immer in sicherer Entfernung – zwei gegeneinander anrollende Brecher, die dann in einer Gischtfontäne ihr Ende finden. Die kommende Nacht macht mir angst und bange. Es wird noch schlimmer werden, denn Sturm und Seegang nehmen weiter zu. Ich bin todmüde, aber weder Joëlle noch Jacques sind erfahren genug, um bei dieser See Ruder zu gehen. Ein falscher Ausschlag und…

Wie habe ich bloß diese schier endlos scheinende Nacht verbracht? Ich weiß es nicht. Meine tränenden Augen hängen am Verklicker, um ständig die Windrichtung zu beobachten. Um mich herum tost die See. Ich werde eins mit dem Ruder. Von Zeit zu Zeit öffnet sich die Tür zum Niedergang, und ich sehe Joëlle, die immer lächelt und mir etwas zu essen oder zu trinken reicht.

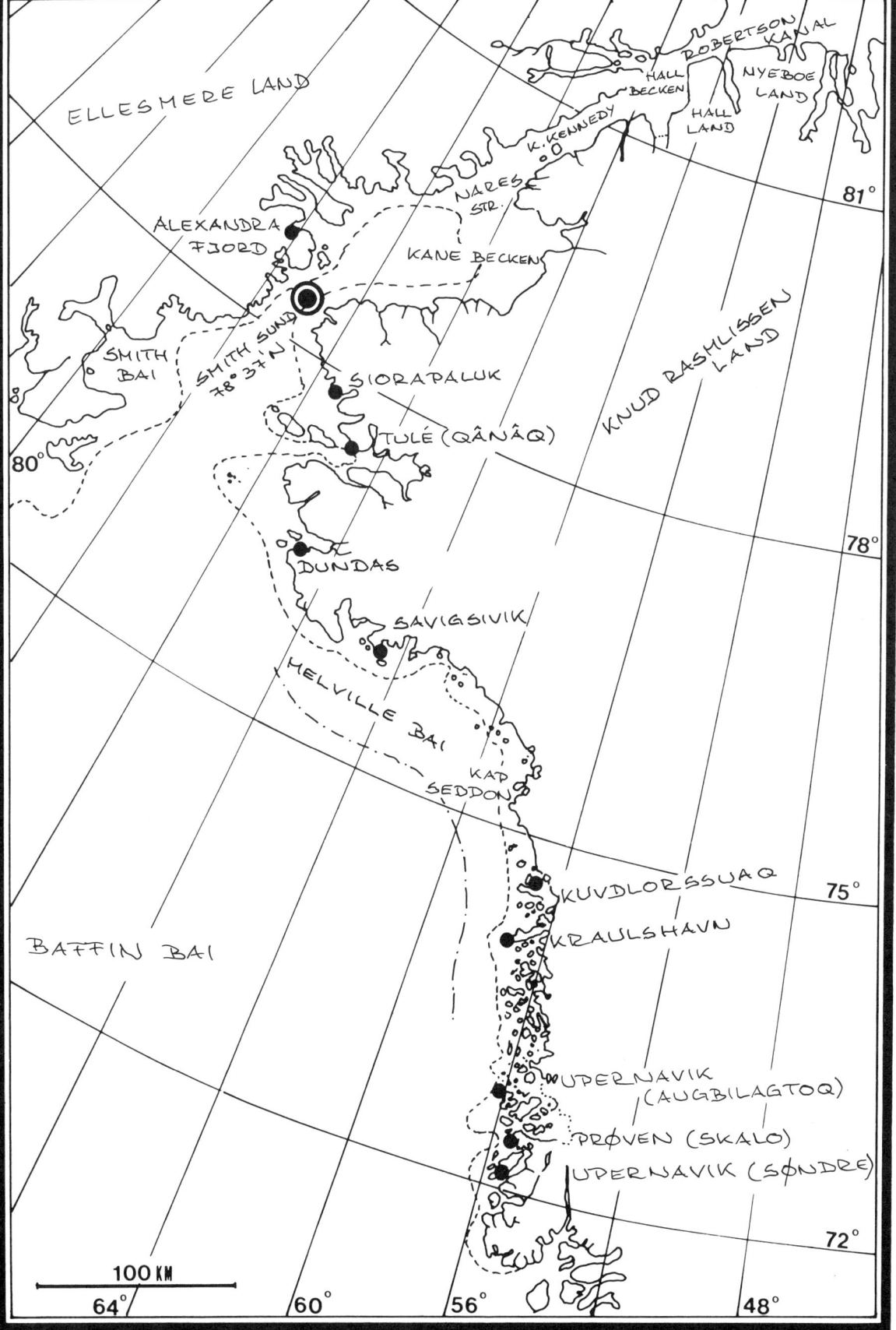

ELLESMERE LAND

ROBERTSON KANAL

HALL
BECKEN

NYEBOE
LAND

K. KENNEDY

HALL
LAND

NARES
STR.

81°

ALEXANDRA
FJORD

KANE BECKEN

KNUD RASMUSSEN LAND

SMITH
BAI

SMITH SUND
78° 37' N

SIORAPALUK

80°

TULÉ (QÂNÂQ)

78°

DUNDAS

SAVIGSIVIK

MELVILLE BAI

KAP
SEDDON

KUVDLORSSUAQ

75°

BAFFIN BAI

KRAULSHAVN

UPERNAVIK
(AUGBILAGTOQ)

PRØVEN (SKALO)

UPERNAVIK (SØNDRE)

72°

100 KM

64°

60°

56°

48°

Das erste Morgenlicht zeigt mir eine bizarre Landschaft. Alles ist weiß: die Kämme, die Täler, die Hänge dieser Seen. In der Nacht hat der Seegang noch zugenommen. Seine Form macht mir Angst: Die Hänge sind fast vertikal. Alles nur mögliche ist bereits getan, um das Schlimmste zu verhindern. Zum Schutz des Rudergängers haben wir im Cockpit Strecktaue gespannt. So ist es unmöglich, daß er nach Lee geworfen wird, denn sein Gurtzeug ist ganz kurz und ohne Spiel in diese Taue eingehakt. In einigen Metern Entfernung explodiert an Steuerbord ein Brecher. Ganz kurz konnte ich die entfesselte Kraft sehen, mit der das weiße, schäumende Wasser vom Kamm gestürzt ist, statt den Hang herabzulaufen wie bei einer gewöhnlichen Welle. Wenn wir uns an dieser Stelle befunden hätten . . .

Ich habe dies kaum zu Ende gedacht, als mich ein seltsames Gefühl befällt. *Vagabond* liegt genau rechtwinklig zur Welle, da explodiert rund um uns etwas mit einer ungeheuren Wucht, hebt uns hoch und wirft uns um. Ich versuche noch, mit dem Ruder gegenzuhalten, aber das reagiert nicht. Es greift ins Leere. Ich hole Luft und werde im selben Augenblick mit Wasser überschüttet. Eine Ewigkeit später sehe ich den Mast wieder aus dem Wasser auftauchen. Alles scheint in Ordnung bis auf das Radar, dessen Antenne am Mast einem Springbrunnen ähnelt. Und unter Deck? Ich öffne die Tür, und als erstes sehe ich Joëlle in Unterwäsche. Mit einem seltsamen Blick sitzt sie auf der Koje. Man könnte fast sagen, sie stünde unter Betäubungsmitteleinfluß. »Ich schlief gerade, als ich auf der anderen Seite der Kajüte erwachte, und zwar an der Decke. Nicht so ganz lustig, was? Davon abgesehen ist alles in Ordnung. Wir haben kaum Wasser in der Kajüte.«

Ich bin bis auf die Haut naß und zittere vor Erregung und Kälte. Was tun? Wir sind jetzt schon einmal gekentert. Und bei dieser peitschenden See kann es uns noch einmal passieren, wieder und wieder, bis zum Ende. Vielleicht müssen wir die Seen anders nehmen, mit dreifach gereiftem Großsegel und einfach gereffter Fock. Zusammen mit Jacques machen wir das Großsegel fertig, das dritte Reff ist schon eingesteckt. Während ich steuere, versucht Jacques, es wieder zu setzen. Vergebliche Mühe. Es ist unmöglich, anzuluven. Der Sturm ist auch zu stark, um es vor dem Wind zu setzen, es würde sich in den Wanten verfangen. Ein anderer Ausweg muß gesucht werden. Vielleicht mit dem Motor? Mit Motorunterstützung könnten wir für einige Sekunden anluven – Zeit genug, das Großsegel zu setzen. So müßte es gehen.

»Achtung, Jacques!«

Wieder dieses Gefühl des Davonfliegens. Das Ruder gehorcht nicht. Vor meinen Augen spielt sich das ganze Geschehen wie in Zeitlupe ab. Ich sehe, wie Jacques mit ganzer Kraft nach dem Großbaum greift, aber sein Körper ist parallel zum Deck. Seltsam, daß er in dieser Lage bleiben kann, seine Beine strampeln in der Luft. Ich sehe, wie er ins Wasser eintaucht, mit dem Kopf zuerst – dann sehe ich nichts mehr. Jetzt bin ich dran. Überall Wasser. Und plötzlich Licht, die Freude am Luftholen. Der Mast hält. Jacques klammert sich immer noch an den Baum. Die Spiere ist krumm wie ein Bogen und die Baumstütze verbogen! Das ist noch gar nichts... Unter Deck watet Joëlle in Wasser, das mit mehreren Litern Diesel vermischt ist. Weiß der Teufel, wo der herkommt. Mit Ausnahme zweier Lampen ist alles an seinem Platz. Eine Gabel wurde gegen den Radarschirm geschleudert.

Was jetzt tun, um das Boot aus dieser Lage zu bringen? Ich bin abgekämpft. Zwei Kenterungen reichen mir. Lenzen vor Topp und Takel birgt Nachteile. Beiliegen ist vielleicht besser. Wie dem auch sei, ich habe keine Wahl. Ich drücke das Ruder hart nach Luv und mache es fest. Jetzt müssen wir erst einmal unter Deck Ordnung schaffen. Jacques und ich gehen hinunter und schließen das Luk fest hinter uns. Eine nach Diesel riechende Flüssigkeit läuft an den Schotten herab. Alles ist damit überzogen. Hier unter Deck ist das Sturmgeräusch gedämpft. Wir fühlen uns sicherer. Also an die Arbeit! Mit Schwämmen versuchen wir, den Diesel aufzunehmen. Es stinkt bestialisch, denn alle Lüfter sind hermetisch abgedichtet. Und wir wollen jetzt auch nichts öffnen, selbst nicht das Oberlicht. Wir arbeiten schon eine Zeitlang unter Deck, als sich das Boot plötzlich langsam überlegt. Von draußen dringt kein Geräusch herein, aber drinnen gibt es einen Höllenlärm. Alles, was wir so schön aufgeräumt haben, gerät in Bewegung. Die 25-Liter-Kanister mit Diesel – jeder einzelne war fest verzurrt – fliegen von allen Seiten auf uns zu. Die Konservendosen sind nicht so gefährlich. Flach auf dem Boden liegend sehe ich, wie Joëlle und Jacques mit den Händen ihre Köpfe vor diesem Bombardement schützen. Durch den Türschlitz spritzt Wasser in die Kajüte. *Vagabond* schwimmt kieloben im Wasser. Wird sie sich wieder aufrichten? Wir sehen uns im Halbdunkel an, da wirft uns eine heftige Drehbewegung auf die andere Seite. Wieder ergießt sich Diesel auf alles in der Kajüte, auch über uns. Es tröpfelt an uns herab. Wie wir später feststellen, wurde der Einfüllschlauch des Dieseltanks während der zweiten Kenterung beschädigt, wodurch etwa zwanzig Liter Treibstoff in die Bilge fließen konnten.

Drei Kenterungen in einem Zeitraum von zwei Stunden: zweimal beim Lenzen vor Topp und Takel, einmal beim Beiliegen. Welcher Ausweg bleibt uns noch? Schnelle Flucht? Ich gehe ins Cockpit – und traue meinen Augen nicht: Der Mast pendelt nach allen Seiten und wird nur noch von den Stagen festgehalten. Die Ober- und die vier Unterwanten hängen schlaff. Die Radarantenne ist wie ein Korkenzieher verdreht. Die Fock ist verschwunden.

Die Einfahrt in den
Hafen von Uppernavik
ist durch mehrere ge-
strandete Eisberge ver-
sperrt. Also bleibt nur
Warten, daß das Eis
wieder in Bewegung
gerät . . .

. . . was Stunden
dauern kann.

Von den Mastbacken keine Spur. Ein schneller Blick zum Mast sagt mir, warum: Die Saling ist mit der Befestigung der Unterwanten heruntergekommen und hat den Mast gelockert. Wäre nicht alles so großzügig dimensioniert gewesen, hätten wir jetzt den Mast schon verloren. Eine Stunde später steht er wieder so, wie es sich gehört. Zum Glück haben wir an jedem Want unten Kreuzgelenke: Wir brauchen sie bloß abnehmen und die Spannschrauben anzuziehen. Eigentlich ganz einfach, nur jetzt bei dieser See... Und jeden Augenblick kann der über unseren Köpfen hängende Mast fallen . . .

Wir schaffen es, die Fock mit einem Reff zu setzen. *Vagabond* zittert und schüttelt sich. Auf jeder See surft sie zig Meter weit. Ein Geisterschiff, das nur vom Willen derer beseelt ist, die es retten wollen. 24 Stunden später beginnt der Sturm nachzulassen.

An diesem Herbsttag denke ich, während wir uns dem schon sichtbaren Land nähern, an einen der Männer, denen wir es verdanken, daß wir diese Fahrt sicher bestanden haben. Ich denke an Gilbert Caroff, den Konstrukteur des Bootes. Ich wünsche mir, er wüßte, daß wir gesund und wohlauf sind und daß sich *Vagabond* unserem Zuhause nähert.

EINIGE MONATE SPÄTER

Die Vorstellung von meinen zukünftigen Expeditionen nimmt konkrete Formen an: Ich möchte längere wissenschaftliche Forschungsreisen in den hohen Norden unternehmen. Zu diesem Zweck benötige ich aber ein speziell für das Segeln in der Arktis konzipiertes und gebautes Boot.

Schweren Herzens trenne ich mich von *Vagabond*. Die sehr sympathische Familie Gillard kauft sie. Schon demnächst wollen sie auf ihr einen Törn in den Süden unternehmen.

Der Konstrukteur meiner alten *Vagabond* macht sich sofort an die neue Arbeit. Das zukünftige Boot soll die Summe unserer Erfahrungen beinhalten und mit den besten technologischen Errungenschaften bestückt sein.

Mit dem Bau wird die Brument-Werft beauftragt, die in der Nähe von Pontoise liegt. Maurice Brument, mit keltischen Gesichtszügen und von gedrungener Gestalt, ist Spezialist für die industrielle Verarbeitung von rostfreiem Stahl und Normalstahl. Darüber hinaus baut er seit mehreren Jahren Boote (aus normalem Baustahl, rostfreiem Stahl und Aluminium). Seine berühmte »Vulcain«-Serie hat die Stückzahl von 75 Booten schon überschritten – und das in drei Jahren!

VAGABOND 'EUX

Ketsch aus E 36.3-Stahl (Schiffbaustahl)
Doppelknickspanter mit Plattboden und rot-weißem Anstrich
Entwurf: Janusz Kurbiel
Konstrukteur: Gilbert Caroff
Werft: Ets. Brument
Organisation: Joëlle Cochois
Antrieb: zwei Yanmar 30-PS-Dieselmotoren
Arbeitsbesegelung: 110 m²

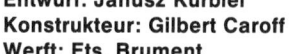

Ballast: 6 Tonnen
Wasser: 1000 Liter
Treibstoff: 3000 Liter
Länge über alles: 12,90 m
Länge in der Wasserlinie: 10,72 m
Breite: 4,30 m
Tiefgang: 1,10 bzw. 2,40 m
Wasserverdrängung bei Reiseantritt: 20 Tonnen
Stromversorgung: 1 Dieselgenerator Yanmar mit 3,5 kW

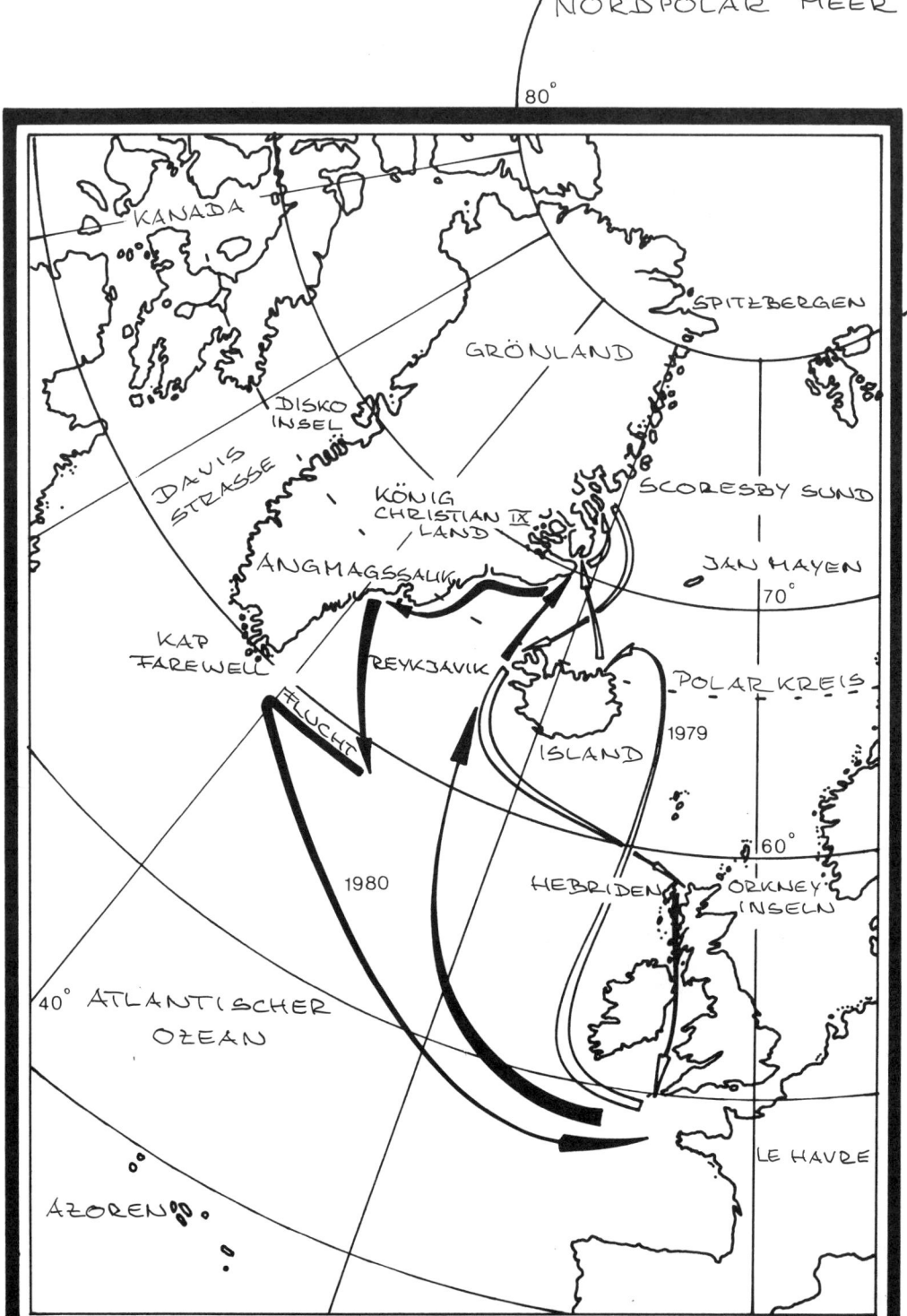

Er liebt die Boote, die er baut. So scheint es jedenfalls, denn die zahlreichen Schwierigkeiten, die bei der Sonderanfertigung von *Vagabond II* auftreten werden, entmutigen ihn nicht. Er begeistert sich sofort für das Projekt und beginnt mit dem Bau. Parallel dazu befasse ich mich mit der Detailarbeit für die kommenden Expeditionen. Einige Monate später verläßt ein besonderes Boot die Werft. Es ist genauso, wie ich es haben wollte. Der Stahlrumpf hat genügend Widerstandsfähigkeit, um dem Druck des Eises standzuhalten. Der Vordersteven ist einem kleinen Eisbrecher abgeschaut. Mittschiffs ist der Rumpf besonders breit und kann so große Mengen Treibstoff, Lebensmittel, Wasser und Geräte fassen. Damit können wir auch eine längere Überwinterung bestehen. Um das Leben an Bord unter extremen Bedingungen und über lange Zeit erträglich zu machen, verfügt jedes Mannschaftsmitglied über eine eigene Kajüte. Auf Wärme- und Schallisolierung wurde besonderer Wert gelegt. Drei Heizungsmöglichkeiten, eine mit Luftumwälzung, zwei weitere mit Diesel (tropfenweise), halten im Wohnbereich selbst unter extremsten klimatischen Bedingungen eine angenehme Temperatur aufrecht.

Darüber hinaus verfügt *Vagabond II* über alle Sicherheitsvorkehrungen, die wir während der vorangegangenen Expeditionen schon für unerläßlich erachtet haben: ein rot angestrichener Rumpf und braune Segel, die im Eis von weitem (und von oben) gut sichtbar sind, Radar, elektronischer Kompaß, kurze, aber solide Maste mit robusten Wanten. Neben einem VHF-Sprechfunkgerät für den Küstenverkehr ist *Vagabond II* noch mit einem Sendeempfänger mit großer Reichweite ausgerüstet. Ein zusätzliches Sende- und Empfangsgerät erlaubt ein Einschalten in das maritime Amateurfunknetz. Alle wichtigen Geräte sind in zweifacher Ausführung vorhanden: dazu kommen noch die Ersatzteile. Was die Bekleidung betrifft, so haben die bereits verwendeten Faserpelze von Helly Hansen ihre Einsatzfähigkeit in der Arktis schon unter Beweis gestellt.

Im Sommer 1979 wird eine Versuchsfahrt unternommen. Das schließlich auf den Namen *Vagabond'eux** getaufte Boot wird während einer Expedition an die Ostküste Grönlands bis an die Grenzen seiner Möglichkeiten gebracht. Diese Küste ist viel gefährlicher und wird auch häufiger von Eis bedroht als die Westküste. Die Navigation in diesen Gewässern erweist sich als äußerst schwierig. Die hydrographischen Angaben sind sehr unvollständig. Wir

---

* Anmerkung des Übersetzers:
  Vagabond'eux ist ein Wortspiel aus dem Namen *Vagabond* und dem französischen Wort für die Zahl zwei: *deux*.

betreiben im Vega-Sund hydrographische Studien und taufen Inseln, Halbinseln und Buchten, die noch nie benannt wurden, auf französische Namen. Trotz der Vorzüge von *Vagabond'eux* stellt uns das Eis vor große Probleme: Nachdem wir einmal festfroren, sind Schrauben und Ruder verbogen.

Diese harte Versuchsfahrt gibt uns neue Aufschlüsse. Den Winter über lassen wir bei Maurice Brument einige Verbesserungen ausführen.

1980 kehren wir wieder zur Ostküste Grönlands zurück; und zwar südlich des Gebietes, in dem wir im Vorjahr festgefroren sind. Unter Ausnutzung der außergewöhnlich günstigen klimatischen Bedingungen können wir mit Hilfe unserer neuen elektronischen Ausrüstung (Nagrafax-Wetterkartenschreiber, Omega- und Loran-C-Navigationssysteme) die Küste von Blosseville-Land kartographieren und vermessen. Wir sind die ersten, die dies tun, da es keinem anderen Boot bisher gelungen ist.

Wer hätte gedacht, daß wir im 20. Jahrhundert noch unbekannte Inseln entdecken und in unberührte Fjorde und Buchten einfahren werden?

1981 läuft *Vagabond'eux* zu einer langen Fahrt in die kanadische Arktis aus.

Das Abenteuer beginnt erst . . .

DIE AUSRÜSTUNG DER VAGABOND'EUX

Rumpf und Deck: hoch widerstandsfähiger Schiffbaustahl E 36.3

Innenausstattung und segeltechnische Ausrüstung

Schotten	Ciba Geigy (Prochal)
Furnierholz	Ets. Marotte
Sperrholz.........	Ets. Marotte
Auslegeware......	Rhône Poulenc (Flotex)
Stoffe	Rhône Poulenc
Isolation.........	Saint-Gobain und Ets. Maillard
Klebstoffe	Prochal
Schrauben und Bolzen	Céfilac
Matratzen und Polster	Malatex
Eisenwaren	Célinox
Einbaumotor	Fenwick (Yanmar)
Außenbordmotor ..	Yamaha
Stromaggregat	Fenwick
Antriebsschrauben und -wellen	Maucour
Farben	International Celomer
Rutschfester Belag.	Saint James France
Masten...........	Nirvana
Segel	Voilerie Ralys
Stehendes Gut.....	Voilerie Ralys (Draht von Berger)
Rollfock	Proengin
Tauwerk..........	Henri Lancelin
Anker	Plastimo
Beschläge und Winschen........	Barbarossa, Goiot, Guyon-Simoneau, Célinox, Plastimo, Winchard, Walder
Hydraulische Steuerung	Seimi
Sicherheits-ausrüstung	Plastimo, Zodiac
Pantryausstattung .	Plastimo, Monte-Carlo
Heizung	Reflex, Seimi
Beiboot	Zodiac
Selbststeueranlage	Atoms
Chronometer und Uhren	Rolex
Stromversorgung/ Lichtmaschinen ...	Motorola
Akku-Ladegerät ...	France Sailing
Solarzellen	Motorola
Schaltbrett........	Energy

Elektronik

VHF-Seefunkgerät .	SD Marine
Kurzwellen-Seefunkgerät	C.R.M.
Echolot..........	B.E.N.
Log	B.E.N.
Speedometer	B.E.N.
Anemometer	B.E.N.
Echograph........	C.R.M.
Elektronischer Kompaß	M.C.B.
Kompaßsteuerung .	Atoms
Automatischer Funkpeiler	C.R.M.
Radar	C.R.M.
Wetterkarten-schreiber	C.R.M. Nagra France
Omega-Navigationssystem	C.R.M. Sercel
Loran-C-Navigationssystem	Amcom
Radar-Detektor....	Inforel
Tonbandgerät	Nagra France
Amateurfunk-ausrüstung	L'Onde Maritime, Vareduc Cominex
Fotoausrüstung....	Minolta
Funkboje	Energy

Kleidung

Ölzeug	Helly Hansen
Polarkleidung	Helly Hansen
Überlebenskombi ..	Helly Hansen
Spezial-polarkleidung	Helly Hansen
Lederstiefel.......	Botalo
Gummistiefel und Schuhe	Aigle
Unterwäsche......	Alain Borel/Valette
Proviant	Gloria, La Pie qui chante, Le pain Turner, Pikarome, Sopad, Wander, Sanys, Tupperware

IWAN PAPANIN

In Polen hatte früher jede Schulklasse ihren Helden. In der ersten Klasse war dies ein eifriger Bergmann, Pstrowski, der eine unvorstellbare Menge Steinkohle gefördert hatte. Die dritte Klasse hatte einen Wissenschaftler mit Namen Miczurin zum Helden, dem das Volk der UdSSR eine Steigerung des Weizenertrages verdankt. Die zweite Klasse feierte mit Papanin die große Geschichte und den Ruhm der sowjetischen Polarerforschung.

Jeder Junge und jedes Mädchen mußte die großen Taten ihres mutigen Helden auswendig lernen, seine wesentlichen Charakterzüge kennen und sich seine Qualitäten zu eigen machen. Jede Handlungsweise der Schüler mußte dem jeweiligen Helden würdig sein.

»Papanin, unser Held,
Papanin, unser Idol,
Papanin, Vorbild unseres Lebens,
hundert Jahre soll Pananin leben!« sangen die Kinder.

Der kleine Junge verstand nichts von dieser pompösen, ideologischen Sprache, die aus dem Osten kam. Was er immer wieder sah, was er in seinem Schülergedächtnis behielt, das waren die weiten, eisbedeckten Polarmeere, das sich ständig bewegende Packeis, das Nordlicht am Himmel der Polarnacht. Das war für ihn das Abenteuer!

Der kleine Junge hieß Janusz Kurbiel und war einer von vielen anderen Schülern in der zweiten Klasse einer polnischen Schule zu Beginn der 50er Jahre.

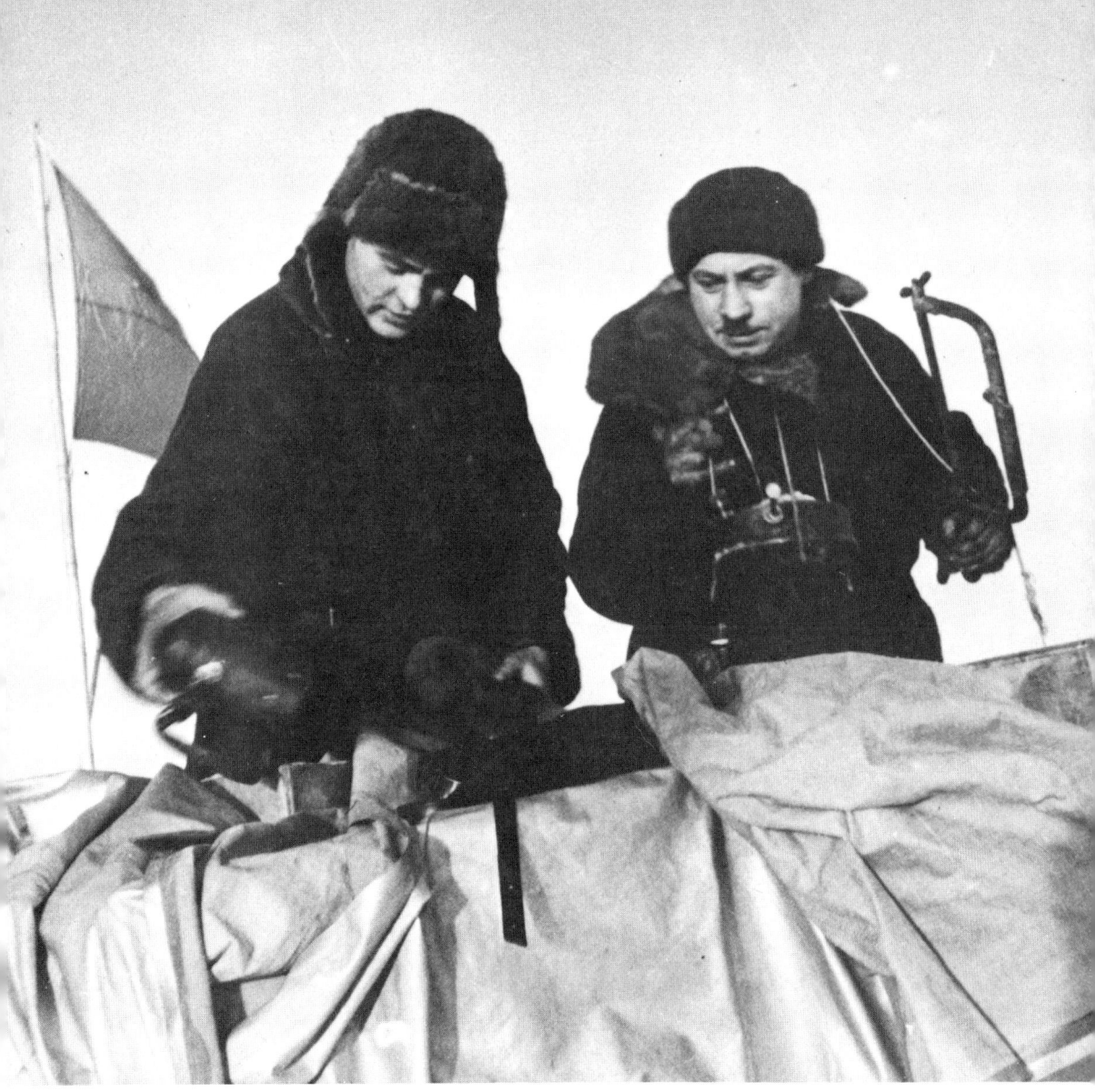

Iwan Papanin (rechts), Held der Sowjetunion (mit einem seiner Gefährten bei der Drift)

2 Die freiwilligen Schiffbrüchigen

Während H. W. Tilman die Berge des Himalaya erklimmt, bereitet einer seiner Zeitgenossen ein anderes Abenteuer vor. Der aus einer Seemannsfamilie stammende Iwan Dimitriewitsch Papanin, geboren im Jahre 1895 in Sewastopol, wird nach der Oktoberrevolution und dem Abschluß seiner Studien Angestellter der sowjetischen Post. Er ist nicht sonderlich groß, 1,61 m, und von gedrungener, beleibter Gestalt. Seine energischen, mit einem kleinen Schnurrbart geschmückten Gesichtszüge spiegeln Optimismus und Willenskraft wider. Im Jahre 1931 ist Iwan Papanin erst Leiter der Poststelle auf dem Eisbrecher *Malyguine,* dann auf der Basis auf dem Franz-Joseph-Land. In dieser Zeit entdeckt er die Arktis. Der hohe Norden und das Eis faszinieren ihn. Mit einem anderen Besatzungsmitglied der Basis, Eugène Fedorow, beginnt Papanin, sein großes Vorhaben zu planen.

Zur selben Zeit, 1932, gelingt es dem Eisbrecher *Sibiriakow,* die Nordost-Passage in einem Anlauf zu durchfahren. An Bord befinden sich unter anderem ein junger Geologe, Pierre Schirschow, und ein ausgezeichneter Funker, Ernest Krenkel.

Im Jahre 1935 unterbreitet Papanin dann den sowjetischen Behörden seinen Plan: Er will ein kleines Lager auf dem Packeis in Nähe des Nordpols errichten und sich dann mit dem Packeis treiben lassen. Die Idee ist nicht neu. Sie wurde bereits 1881, während des Internationalen Polarjahres, aufgeworfen. Ihre Verwirklichung ist jedoch etwas anderes. Mit voller Unterstützung der Regierung stellt Papanin seine Mannschaft zusammen: Er selbst als Expeditionsleiter, dann Fedorow, Schirschow und Krenkel. Alle sind im besten Mannesalter, zwischen dreißig und vierzig Jahre alt, sind ausgesprochene Fachleute und haben bereits Erfahrungen auf Expeditionen in den hohen Breiten gesammelt.

Die Vorbereitungen werden in Moskau getroffen. Alles muß bis ins kleinste Detail vorausgeplant werden. Das beginnt bei den Funkgeräten und endet beim wissenschaftlichen Gerät. Darüber hinaus muß Effizienz mit Gewichtsersparnis kombiniert werden. Es ist nämlich vorgesehen, daß die vier Männer von einem Flugzeug abgesetzt werden, was dem Gewicht ihrer Ausrüstung Grenzen setzt. Im Normalfall benötigt eine Basis von dieser Größe in der Arktis zweihundert Tonnen Gerät. Papanin muß mit einer Gesamtlast von neun Tonnen auskommen. Diese Vorlaufphase wird äußerst sorgfältig durchgeführt, was dann auch einer der Schlüssel zum Erfolg sein wird. Damals gab es noch keine Synthetikstoffe, und doch wiegt das Zelt, das die vier Männer beherbergen soll, nicht mehr als 52 Kilo. Es ist 2,50 m breit, 3,70 m lang und 2 m hoch. Das Zelt besteht aus vier Schichten, die Zwischenräume sind mit Eiderdaunen gefüllt. Der aufblasbare Zeltboden hat eine Dicke von 15 cm. An jeder Seite des Zeltes sind je zwei Schlafzellen übereinandergelagert. Die Forscher schlafen in Säcken aus Wolfspelz. Die Unterwäsche ist aus Merinoschafwolle gewirkt, ihre Hosen und Jacken sind aus Rentierfell. Über die Lederstiefel können Filzstiefel gezogen werden, was sich als sehr nützlich erweist.

Das Ernährungswissenschaftliche Institut der UdSSR hat die beste Ernährungsweise für die Mannschaft ermittelt. Im wesentlichen besteht ihre Verpflegung aus dehydrierten Lebensmitteln. Die Ration für zehn Tage und vier Mann wird in einem Metallkanister von 44 Kilo Gewicht eingeschweißt. Es gibt reichhaltige Auswahl: von Borschtsch bis Kaviar, von geräuchertem Fisch bis zu Wurst, von Fleischbällchen bis zu Erdbeeren. Auf zwei Spirituskochern können diese Lebensmittel zubereitet werden. Während des Sommers ist die Süßwasserversorgung problemlos; ganz anderes im Winter, wenn dazu Schnee geschmolzen werden muß.

Trotz der zahlreichen Beobachtungsvorhaben kann das hierfür notwendige wissenschaftliche Gerät auf ein Gewicht von einer halben Tonne begrenzt werden. Zur Ausrüstung zählen darüber hinaus noch Schlitten, zwei Ruderboote, Kanus und Schlauchboote, Zelte, Werkzeug, eine Apotheke, Spiele, eine kleine Bibliothek, die nicht nur Werke von Lenin, Stalin, Tolstoi und

Gorki, sondern auch Bücher von Dickens, Stendhal, Shakespeare und Balzac enthält.

Der Funkverbindung wird lebenswichtige Bedeutung beigemessen. Die Versorgung mit Strom wird über einen Windmotor, der im Bedarfsfall mit einem Stromaggregat gekoppelt werden kann – der Treibstoff ist jedoch begrenzt –, oder mittels Muskelkraft gewährleistet. Bei letzterem handelt es sich um eine Art Fahrrad – ein Vorläufer jenes Modells, das die amerikanische Infanterie im Zweiten Weltkrieg benutzen wird.

Nachdem sämtliche Gerätschaften zusammengestellt sind, machen die vier Männer während des Winters die Probe aufs Exempel. In der Nähe von Moskau errichten sie mitten im Schnee ihr Zelt, installieren ihre Funkantenne und leben so eine Woche, um Lebensmittel und Material zu testen.

Im Norden Rußlands liegt mitten im Nordpolarmeer das Franz-Joseph-Land, eine Ansammmlung von etwa hundert Einzelinseln, die sich auf ein Gebiet von 400 km Länge und 200 km Breite verteilen. Eine dieser Inseln ist die Rudolph-Insel, der nördlichste Landstrich der Erde, nur etwa 900 km vom Pol entfernt. Diese Insel soll der Expedition als erstes Basislager dienen. Ein flaches Eisplateau in der Inselmitte bietet sich als natürliche Landepiste an. Schon im Herbst 1936 wird das Gerät dorthin transportiert und die Basis aufgebaut. Sie besteht aus zwei Häusern, einer Reparaturwerkstatt, einem Waschhaus, einer Funkstation, zwei Gerätedepots, einem Lager für Lebensmittel, Betriebsstoff, Traktoren und sogar einem Hühnerstall.

Von der Rudolph-Insel aus startet die Expedition im Frühjahr 1937. Vier viermotorige Flugzeuge können in zwanzig Kilometer Entfernung zum Pol auf dem Eis landen und die vier Männer und den Hund Joyeux*, der ihnen als Gefährte dienen soll, absetzen. Am 21. Mai errichten sie ihr Wohnzelt sowie die Zelte für die Wetterstation, den Theodoliten (zur Positionsbestimmung), das Funkgerät usw. Am nächsten Tag erfährt Ernest Krenkel, daß er Vater eines strammen Jungen geworden ist.

Das Packeis, auf dem sich die vier Männer einrichten, hat eine Dicke von 3,10 Metern. Bis zum 6. Juni bringen die Flugzeuge immer neues Material; ihre Besatzungen helfen beim Aufbau der sowjetischen Nordpolbasis. Dann starten die Maschinen zum letztenmal. Papanin und seine Gefährten sind

---

* Anmerkung des Übersetzers:
  Das Wort »Joyeux« bedeutet im Französischen soviel wie »lustig, fröhlich, vergnügt«. Es ist anzunehmen, daß der russ. Name des Hundes die gleiche Bedeutung hat und vom Autor ins Frz. übersetzt wurde. Zur Vereinfachung wird im folgenden der frz. Name weiterverwendet. Das gleiche gilt für die z. T. frz. Vornamen der Expeditionsmitglieder.

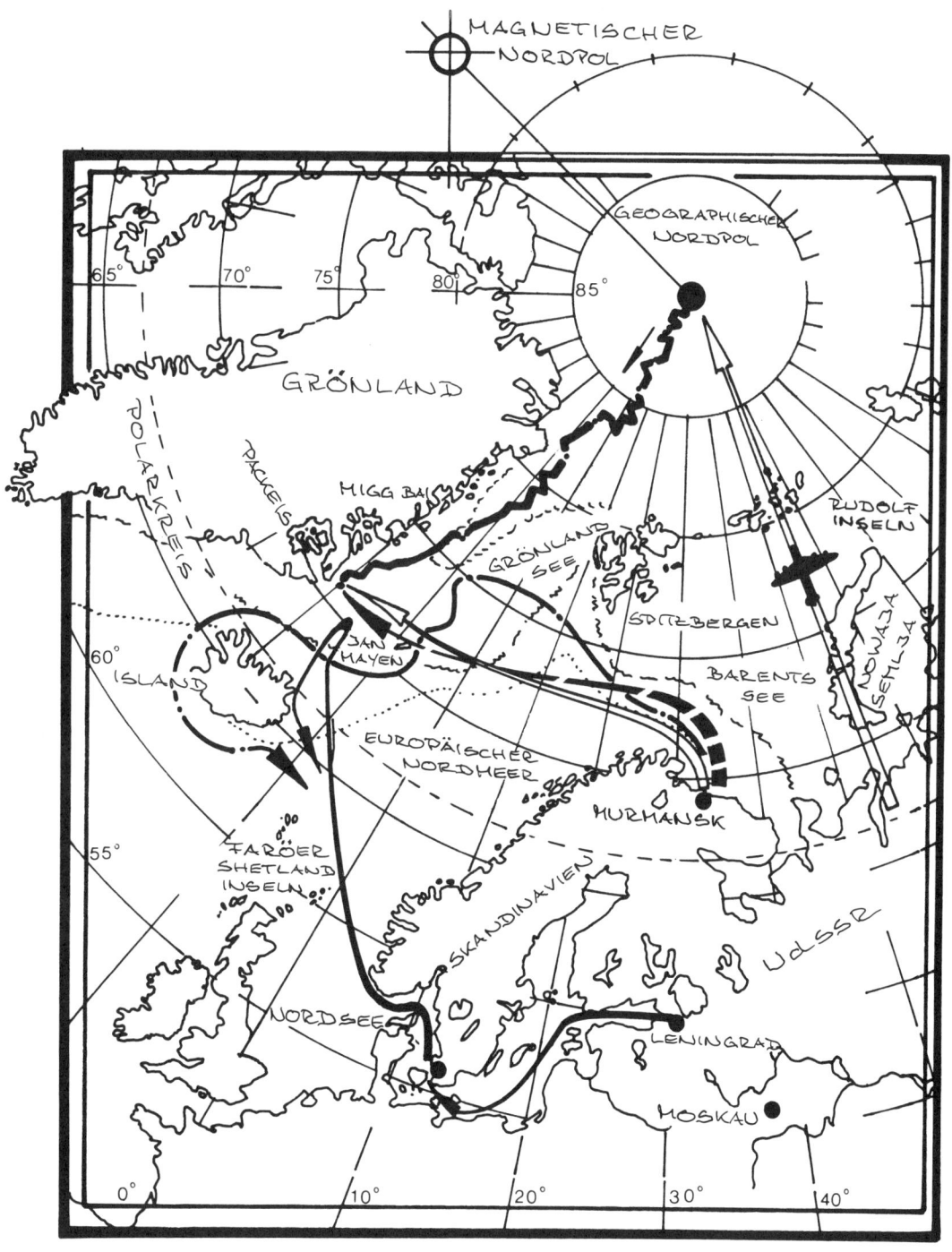

MAGNETISCHER NORDPOL

GEOGRAPHISCHER NORDPOL

GRÖNLAND

POLARKREIS

PACKEIS

HIGG BAI

GRÖNLAND SEE

RUDOLF INSELN

NOWAJA SEMLJA

SPITZBERGEN

JAN MAYEN

BARENTS SEE

ISLAND

EUROPÄISCHER NORDMEER

MURMANSK

FARÖER SHETLAND INSELN

SKANDINAVIEN

UdSSR

NORDSEE

LENINGRAD

MOSKAU

65° 70° 75° 80° 85° 60° 55°

0° 10° 20° 30° 40°

〰〰〰•─► PAPANINS DRIFTROUTE AUF DEM PACKEIS
▷▷═► TAÏMIR
▰▰►═► MURMAN
◄█►═► JERMAK
•─•─•─► MURMANEZ

allein auf dem Eis, der Drift und der Funktionsfähigkeit ihres Funkgerätes ausgeliefert. So werden sie neun Monate verbringen. Die wissenschaftlichen Aktivitäten während der Expedition sind vielfältig. Den arktischen Sommer und Winter über stellen sie meteorologische Beobachtungen an, die sie viermal täglich der Basis auf der Rudolph-Insel übermitteln. Dank dieser Daten können die Wissenschaftler ihre Theorien überprüfen. Täglich wird auch die Drift des Packeises gemessen. Andere Messungen bringen neue Erkenntnisse über die Tiefe und die Bodenbeschaffenheit des Polarmeeres, über Richtung und Geschwindigkeit der Strömungen, über die Wassertemperatur sowie über die Meeresbiologie. Die Existenz pflanzlichen und tierischen Lebens in den Polarbreiten wird bewiesen. Aber ist das Leben dieser vier Männer im Eis trotz ihrer bedeutenden wissenschaftlichen Arbeit nicht langweilig?

Zunächst einmal erforschen sie ihre nähere Umgebung. Trotz schlechten Wetters unternehmen sie auf Skiern kleinere Expeditionen. Als sich das Wetter dann bessert, organisieren sie ihre Lebensmitteldepots um. Sie graben Höhlen ins Eis, bauen sich so natürliche »Kühlschränke« und legen an mehreren Orten kleinere Lebensmittellager an, falls ein Brechen des Packeises sie voneinander oder von ihren Einrichtungen trennen sollte. Denn dies ist eine ihrer Hauptsorgen. Während sie mit einer Geschwindigkeit von sechs bis sieben Kilometern driften, entsteht ein großer Riß im Eis. Sie beobachten den Riß, der sich zu vergrößern scheint. Weitere Risse entstehen unter den Lebensmittellagern. Wasser dringt ein. Die Lebensmittel müssen umgelagert und das Gerät gerettet werden.

Mit dem Funk gibt es keine Probleme. Krenkel ist ein erfahrener Funker mit außergewöhnlichen Fähigkeiten. Er kann nicht nur während der gesamten Dauer der Expedition die Funkverbindung aufrechthalten, sondern es gelingt ihm auch, Kontakt mit Funkamateuren auf so weit entlegenen Plätzen wie den Hawaii-Inseln, Frankreich und sogar Südaustralien aufzunehmen. Für die Funkamateure gibt es kein schöneres Erfolgserlebnis, als Kontakt zu der driftenden Station herzustellen. Der Schachmeister Lasker schlägt den Forschern sogar eine Schachpartie über Funk vor, aber die Männer um Papanin finden dafür keine Zeit.

Dann startet am 18. Juni der Pilot Tschakow zu einem Rekordflug über den Pol. Die ganze Nacht und den ganzen Tag über sitzt Krenkel am Funkgerät, spricht mit dem Piloten und übermittelt ihm Wetterdaten. Die Männer hoffen, daß das Flugzeug einen Sack mit Zeitungen und Post abwerfen kann, aber der Himmel ist bedeckt. Sie hören zwar das Motorengeräusch, können die Maschine aber nicht sehen. Am nächsten Tag hat Tschakow mit seiner Landung eine Flugverbindung zwischen Moskau und Vancouver hergestellt.

66

Während Papanin und seine Gefährten sich noch begeistert über diesen Flugrekord freuen, veranstaltet der Hund ein Fest auf seine Art. Joyeux ist ein lebhaftes Tier, das aus unerfindlichen Gründen losbellen kann. Dieses Mal jedoch ist sein Betragen unverzeihlich. Der Hund hat den Schweinebraten stibitzt, den Papanin aus dem »Kühlschrank« geholt hatte, und ihn aufgefressen. Zur Strafe muß er nun drei Tage fasten.

Schon fast einen Monat lebt die Mannschaft jetzt auf dem Packeis. Die Männer haben überhaupt nicht gemerkt, wie schnell die Zeit vergangen ist, so beschäftigt sind sie. Zwischen den Umbauarbeiten am Lager, den Bedürfnissen des täglichen Lebens und vor allem den wissenschaftlichen Forschungen haben sie keine Minute Zeit. Ihr Tag ist durchschnittlich vierzehn bis sechzehn Stunden lang. Die restliche Zeit liegen sie in ihren Schlafsäcken und versuchen zu schlafen, sofern der Sturm dies nicht verhindert. Dies ist am 25. Juni der Fall. Der Sturm heult mit Urgewalt. Über seinem Anprall zittert das Zelt und gibt einen unerträglichen Lärm von sich. Im Schneesturm entstehen Verwehungen.

Als besonders mühsam und zeitraubend erweist sich die wissenschaftliche Erfassung hydrologischer Daten. Durch ein in das Eis gehacktes Loch werden Apparaturen und ein Planktonnetz an einem langen Kabel herabgelassen. In einer Tiefe von 4000 m stößt es auf Grund. Dann folgt eine harte Arbeit, denn das Kabel muß mit einer Winde wieder hochgezogen werden. Zwar wechseln sie sich jeweils zu zweit ab, aber sie benötigen dennoch mehrere Stunden für diese Arbeit, die sie trotz der Kälte ins Schwitzen bringt. Manchmal wird die Arbeit an der Winde noch zusätzlich erschwert, ja ein Ding der Unmöglichkeit, wenn das durch die Driftgeschwindigkeit nachgezogene Kabel sich im Eis verfängt. Pierre Schirschow sitzt anschließend 24 Stunden hintereinander im unzureichenden Schutz eines Zeltes vor seinen Apparaten, um Messungen vorzunehmen sowie um seine Wasser-, Plankton- und Algenproben zu erfassen, zu etikettieren und zu klassifizieren.

Die Temperaturen bleiben den Sommer über annehmbar: $-2°$ C draußen und zwischen 4 bis 8° C im Zelt.

Iwan Papanin, Ernest Krenkel, Eugène Fedorow und Pierre Schirschow werden bei ihrem Unterfangen und ihrer Arbeit von ihrem glühenden Patriotismus unterstützt. Folgendes Telegramm senden sie an Stalin: »Verehrter Meister und Führer, unser größtes Glück wird es sein, wenn jeder auf seinem Gebiet Ihre großen Ideen in die Tat umsetzen kann und dafür Ihre Anerkennung finden wird.« Am 28. Juni, einem stürmischen und regenreichen Tag, ist Papanin tief bewegt, als er seine Ernennung zum Helden der Sowjetunion erfährt. Seinen Gefährten wird der Lenin-Orden verliehen.

Auch in dem Bericht über seine Expedition bringt Papanin seine Zuneigung zu seinem Land und dem Bolschewismus zum Ausdruck. Ein Porträt Stalins hängt im Zelt. Mit Ergebenheit hören die Männer über Funk die Reden zur Wahl des Obersten Sowjet: »Mit Hilfe dieser Ansprachen konnten wir unsere wissenschaftliche Arbeit intensivieren. Wir freuten uns darüber, der Partei und der Regierung mitteilen zu können, daß wir unsere Pflicht als Patrioten erfüllt haben.« Sie gründen sogar eine Außenstelle der Partei und ändern trotz der vielfältigen Arbeit ihren Tagesablauf, »damit zwei Stunden täglich dem politischen Gespräch vorbehalten bleiben«.

Aber sie haben auch materielle Sorgen: In der steigenden Sommerwärme schmilzt das Eis. Das Wasser fließt zu kleinen Bächen zusammen und bildet Seen. Vorteilhaft daran ist, daß in einem in das Eis gehackten Schacht reichlich Süßwasser gesammelt werden kann. Von Nachteil ist allerdings, daß man sich jetzt nicht mehr so frei bewegen kann und man täglich das eine oder andere Zelt abbauen muß, um es an einer trockenen Stelle wieder aufzubauen. Mal fällt Regen, mal Schnee, der sich auf den Zelten und dem Boden sammelt, ja die Forscher richtiggehend überschwemmt.

Ein kleines Malheur ist passiert. Spiritus ist in eine schlecht verlötete Büchse mit Zwieback geflossen, der jetzt einen ekligen Geschmack hat. Da der Vorrat an Zwieback begrenzt ist, muß er trotzdem gegessen werden. Joyeux treibt weiterhin seine Späße. Will man ihm das Halsband mit der Leine überstreifen, bläht er den Hals. Sobald ihm seine Herren dann den Rücken zukehren, befreit er sich, läuft, vom Geruch des Fleisches angezogen, zum »Kühlschrank« und gräbt die besten Stücke aus. Die Tracht Prügel, die er dann bezieht, macht ihn klüger — zumindest für ein paar Tage.

Am 17. Juli wird Grund erst in 4395 m Tiefe festgestellt. Vier Stunden Arbeit bei feucht-kaltem Wind sind notwendig, um das Kabel wieder hochzuhieven. Am nächsten Tag fegt ein Schneesturm über ihre Zelte hinweg, macht die Wege unkenntlich. Schneeverwehungen entstehen. Gleichzeitig baut sich eine wunderschön anzusehende, aber auch beunruhigende Eismauer auf. Das Eis beginnt sich zu schließen.

Am 20. Juli rasieren und waschen sie sich. Zum erstenmal seit einem Monat wechseln sie ihre Kleidung; Sauberkeit und Hygiene kommen bei ihnen zu kurz. Etwa einmal im Monat waschen sie sich am ganzen Körper; die Hände fast nie. Auch die Zähne putzen sie sich äußerst selten. Man muß allerdings sagen, daß die äußeren Umstände auch wenig dazu einladen.

Das Packeis driftet schnell mit ihnen weiter nach Südosten. Zuweilen treibt sie ein widriger Sturm wieder etwas zurück. Immer mehr Schnee schmilzt. Das

Wasser reicht den Männern bis zu den Knien. Zur Fortbewegung müssen sie das Schlauchboot benutzen. Um zumindest einen einigermaßen trockenen Platz zu haben, beladen sie die Schlitten, bauen Wälle und verstärken die Zelte.

Das schlechte Wetter erreicht bald die Grenze des noch Erträglichen. Aber es hat auch eine gute Seite, denn der Sturm treibt den Windmotor an, mit dem die Batterien aufgeladen werden, die die Funkverbindung gewährleisten. Krenkel verbringt seine Nächte am Funkgerät, setzt Sprüche ab und nimmt Glückwünsche und Ermutigungen entgegen, die nicht nur aus Rußland, sondern aus der ganzen Welt bei ihnen eingehen. Jeden Tag werden Wetterbeobachtungen, Standortbestimmungen und die wichtigsten Ergebnisse ihrer wissenschaftlichen Arbeit durchgegeben. So sind ihre Erkenntnisse auch bei einem Unfall nicht verloren. Darüber hinaus muß Ernest seinen Gesprächspartnern oft lange Artikel diktieren, die die auf dem Eis driftenden Männer an verschiedene Zeitungen, etwa an die *Prawda* oder den *Roten Stern,* senden. Dazu kommen noch Antworten auf die zahlreichen Fragen der Journalisten, die ihre Meinung zu den unterschiedlichsten Themen wissen wollen, angefangen bei ihren Lieblingsfilmen und -büchern über ihre Ansichten zur Leibeserziehung bis hin zu den Späßen von Joyeux.

Die vier Männer bemühen sich, die Neugierde ihrer Gesprächspartner zu befriedigen, obwohl sie andere Sorgen haben. Die immer höher werdende Schneeschicht zwingt sie zu ständigen Räumarbeiten, zu langwierigen Suchen nach Schlitten und Werkzeugen. Der niedrige Schneehügel, auf dem ein kleines Lager angelegt war, bricht in sich zusammen. Dadurch kippt der Ersatzmotor und ergießt seinen Tankinhalt über die Butter und die Lebensmittelbehälter. Proviant und Gerätschaft müssen ausgegraben und an einen anderen Ort gebracht werden.

Bis auf fünf Sturmvögel und zwei Lummen, die das Lager überflogen, haben die vier Männer nichts von einer arktischen Tierwelt gesehen. Dann bekommen sie Anfang August seltenen Besuch: eine Bärin mit zwei Jungtieren. Papanin schleicht sich mit dem Gewehr an sie heran, schießt, verfehlt sie aber. Schade, denn Frischfleisch wäre ein willkommener Leckerbissen gewesen. Dann entdeckt der Expeditionsleiter, daß die durchs Eis dringende Sonne den Inhalt des »Kühlschranks« verdorben hat. Das Fleisch hat einen widerlichen Geruch. Die am stärksten verdorbenen Stücke sind für den Hund ein Leckerbissen, bei den noch eßbaren versucht der Koch, den Geruch mit Pfeffer, Knoblauch und Zwiebeln zu überdecken. Eine neue, mögliche Bereicherung des Speisezettels taucht auf: ein Seehund von etwa zweihundert Kilo Gewicht, Papanin, ein passionierter Jäger, verfolgt ihn, beobachtet und schießt – wieder daneben. Nachdem er das Tier schließlich erlegen konnte, rutscht es ihm durch ein Loch im Packeis davon.

Ein weiteres Mißgeschick geschieht. Ein Teil des Alkohols, der für wissenschaftliche Zwecke bestimmt war, ist aus Versehen auf der Rudolph-Insel vergessen worden. Um die Forschungen fortsetzen zu können und die interessantesten Spezies zu konservieren, müssen sie den nötigen Alkohol selbst destillieren. Mehrmals klagen die Expeditionsmitglieder, vor allem aber Papanin, über Kopfschmerzen, Schwindelgefühl und Erbrechen. Schirschow versucht, die Beschwerden so gut es geht zu lindern, kann sich aber deren Ursache nicht erklären. Eine Vergiftungserscheinung oder die Verbrennungsgase der Petroleumlampen im Zelt? Am 9. August erfährt Schirschow, daß er eine Tochter bekommen hat. Am selben Tag ist die Driftgeschwindigkeit so hoch, daß es praktisch unmöglich wird, die Sonde mit dem Kabel hochzuhieven.

Am 10. August hat Papanin Küchendienst, wie bereits die meiste Zeit zuvor. Er kocht zwar nicht besonders gut, aber dadurch erspart er den sehr beschäftigten Wissenschaftlern Zeit. Plötzlich fängt der Spirituskocher im Zelt Feuer. Eine Zerstörung des Zeltes käme dem Ende der Expedition gleich. Iwan Papanin zögert keinen Augenblick, umwickelt seine Hände mit Stoff und bugsiert den in Flammen stehenden Kocher nach draußen, auch wenn er sich dabei Verbrennungen zuzieht. Dann geht der Zwieback aus. Papanin muß den Küchenvorrat anbrechen. Am 12. August beträgt die Driftgeschwindigkeit sechzehn Seemeilen pro Tag. Die Arbeit an der Winde

ist so mühsam, daß sie diesem Folterinstrument den Beinamen »die Schmerzensreiche« geben.

Der Pilot Lewanewski will den Entfernungsrekord für Flugzeuge verbessern. Krenkel hält Verbindung zu ihm. Das Flugzeug überfliegt den Nordpol; dann ist Funkstille. Krenkel sitzt mehrere Tage lang fast ununterbrochen am Funkgerät. Aber ohne Erfolg; die Maschine bleibt samt Mannschaft für immer verschollen.

Ohne ihre wissenschaftliche Arbeit zu unterbrechen, arbeiten die vier Männer zwei Wochen an einer Landepiste, auf der bei einer Suchaktion nach Lewanewski Flugzeug zwischenlanden könnten. Sie markieren das Gebiet, entfernen Eisblöcke und ebnen die zukünftige Piste. Dann beginnen sie wieder von vorne, wenn ein Sturm ihre Wimpel fortgeweht oder ihre Arbeit zerstört hat. Aber dieser enorme Aufwand ist vergebens. Eine Schlechtwetterfront zieht herauf und bringt Schneestürme, Starkwind, Nebel und Kälte mit. Es ist erst Ende August – und trotzdem schon Herbst. In der Küche ist es zu kalt, um noch mit bloßen Händen kochen zu können: Die Haut friert an Eisenteilen fest.

Die Packeisscholle, auf der sich die vier Männer einrichten, ist 3,10 m dick. Links das Wohnzelt; die anderen Zelte beherbergen die Funkstation, die Wetterstation und den Theodoliten. Ab dem 6. Juni 1937 sind sie allein auf dem Eis und für neun lange Monate der Drift ausgeliefert.

Die als Laboratorien genutzten Zelte aus Seide müssen ständig geflickt werden. Die Sonne bringt den Stoff zum Schmelzen; der Wind zerreißt ihn. Der Leinenstoff, aus dem das Wohnzelt besteht, erweist sich als solide und haltbar.

Im September wird auch der Nebel dichter. Jegliche Ortsveränderung wird zum Risiko; die Gefahr sich zu verirren ist groß. Die Feuchtigkeit verursacht bei den vier Männern rheumatische Schmerzen. Per Funk konsultieren sie den Arzt auf der Rudolph-Insel, der ihnen folgendes rät: »Jeden Abend ein heißes Bad nehmen, dann zehn Minuten später mit Salbe einreiben. Hände jeden Morgen mit Alkohol waschen.« Die Männer auf dem Packeis antworten ihm sofort: »Haben weder heißes Wasser noch Badewanne, noch Salben. Und Alkohol verabreichen wir uns lieber durch den Mund.«

Der Winter nähert sich. Schon Anfang September läßt Papanin Hütten aus Schneeziegeln bauen. Als erstes entsteht eine Küche, die so groß ist, daß sie auch darin essen können. Mit den dabei gewonnenen Erfahrungen bauen sie nach und nach ein richtiges Dorf aus großen Iglus. Ein Gang führt von der Küche zum Wohnzelt. Die Temperatur sinkt weiter. Im Zelt sind es jetzt $-4°$ C. Will man sich zum Schlafen hinlegen, bedarf es einiger Umstände. Die Männer entkleiden sich nur teilweise, um eine Abkühlung zu vermeiden, kriechen dann in ihren Sack aus Wolfsfell, in dem sie sich mit angezogenen Beinen kauern, um so viel Wärme wie nur möglich zu bewahren.

Die Tage werden immer kürzer, das Licht wird fahl und trüb. Da kein Wind weht, kann der Windmotor nicht benutzt werden. Die Batterien sind leer; der Strom für das Absetzen der meteorologischen Funksprüche muß mit Muskelkraft erzeugt werden. Doch mit zunehmendem Frost schließt sich wenigstens das Packeis wieder. Nachdem der Nebel sich aufgelöst hat, inspizieren sie ihre Umgebung – vor allem den Riß, der nur 120 m von ihrem Zelt entfernt ist. Aber ihre Packeisscholle scheint zu halten. Sie haben sich ein gutes Gefährt für ihre Drift nach Süden ausgesucht.

Unter diesen Lebensumständen sind auch kleinste Dinge von größter Bedeutung – wie zum Beispiel eine Sperrholzplatte zur Isolierung des Küchenbodens, in das Eis geschlagene Anrichten zum Abstellen von Töpfen, auch Holzlöffel, in die jeder seine Initialen geritzt hat, oder ein Regal für die wissenschaftlichen Bücher und Reagenzgläser. Als am 25. September die Außentemperatur auf $-26°$ C fällt, hält auch dies sie nicht von ihren Beobachtungen ab. Im Zelt ist es zum Glück wärmer. Zwei ständig brennende Petroleumlampen bringen die Innentemperatur auf $+12°$ C, ja manchmal bis auf $+14°$ C. Allerdings sind die Lampen qualitativ schlecht, gehen häufig kaputt, qualmen und rußen. Ein weiterer Nachteil des Zeltes ist, daß auf

72

diesem kleinen Raum nicht nur die vier Schlafsäcke, die vier Männer und ihre persönlichen Sachen untergebracht werden müssen, sondern auch das Funkgerät, ein Teil der Lebensmittel, die Chronometer, ein Schrank mit Glasbehältern und Reagenzgläsern, die meteorologischen Geräte, Bücher und ein Schachbrett, an dem oft gespielt wird. Will man von einer Stelle im Zelt zur anderen gehen, muß man Umwege machen, über Gerätschaften hinwegsteigen oder sich durch die zum Trocknen aufgehängten Kleidungsstücke wie Unterwäsche, Strümpfe und Hemden einen Weg bahnen. Den einzigen Komfort stellen die Rentierfelle dar, die teppichartig auf dem Kautschukboden des Zeltes ausgebreitet sind.

Anfang Oktober verringert sich die Fläche ihrer Eisinsel in beunruhigender Weise. Der Abstand zu den nächstgelegenen Eisschollen beträgt erst dreihundert bis vierhundert Meter, dann fünfhundert Meter. Am 4. Oktober beginnt der Winter: Die freiwilligen Schiffbrüchigen auf dem Eis sehen die Sonne zum letztenmal. Jetzt müssen sie in ständiger Nacht leben. Es wird immer kälter. Die sehr niedrigen Temperaturen erschweren die Versorgung mit Trinkwasser. Das Sommertauwetter hatte noch große Überschwemmungen verursacht, jetzt brauchen sie einen halben Tag, bis sie genug Schnee geschmolzen haben, um einen Eimer Wasser zu erhalten. Auch der Abwasch bereitet Probleme. Wischen sie das Geschirr nicht schnell genug trocken, gefriert das Wasser darauf. Die einzige Lösung: Töpfe, Teller und Holzlöffel werden kaum abgewaschen. Es genügt ihnen völlig, alles trocken abzuwischen; Pierre, der anspruchsvoller ist, reibt das Geschirr mit etwas Schnee ab.

Kälte und Müdigkeit erschweren das Aufstehen, und es bedarf schon eines heldenhaften Mutes, aus dem Schlafsack zu klettern. Papanin verhält auf einen Trick: Er legt ein Stück Schokolade auf den Schlafsack des Langschläfers. Erhebt sich dieser nicht innerhalb von fünf Minuten, ist der Preis verloren... Auch unter diesen harten Bedingungen geht die Arbeit weiter, werden die wissenschaftlichen Beobachtungen mit der gleichen Gewissenhaftigkeit ausgeführt. »In gewisser Weise sind wir sogar überlastet«, schreibt Papanin.

Am 14. Oktober erkrankt der Expeditionsleiter an einer Grippe – bei minus 32° C. Schirschow wird wieder als Arzt herangezogen; er rät Papanin »zu schwitzen«. Der Wind weht so stark, daß ein Verlassen des Zeltes unmöglich ist. Die Männer beabsichtigen, eine Art Tunnel zu graben, mit dem sich der Wechsel von einem Zelt zum anderen leichter gestalten würde.

Die Driftgeschwindigkeit nimmt zu. Seitdem sie sich auf dem Packeis befinden, haben sie mehr als dreihundert Seemeilen zurückgelegt. Am 17. Oktober läßt der Sturm nach, jedoch ist alles unter einer dicken Schnee-

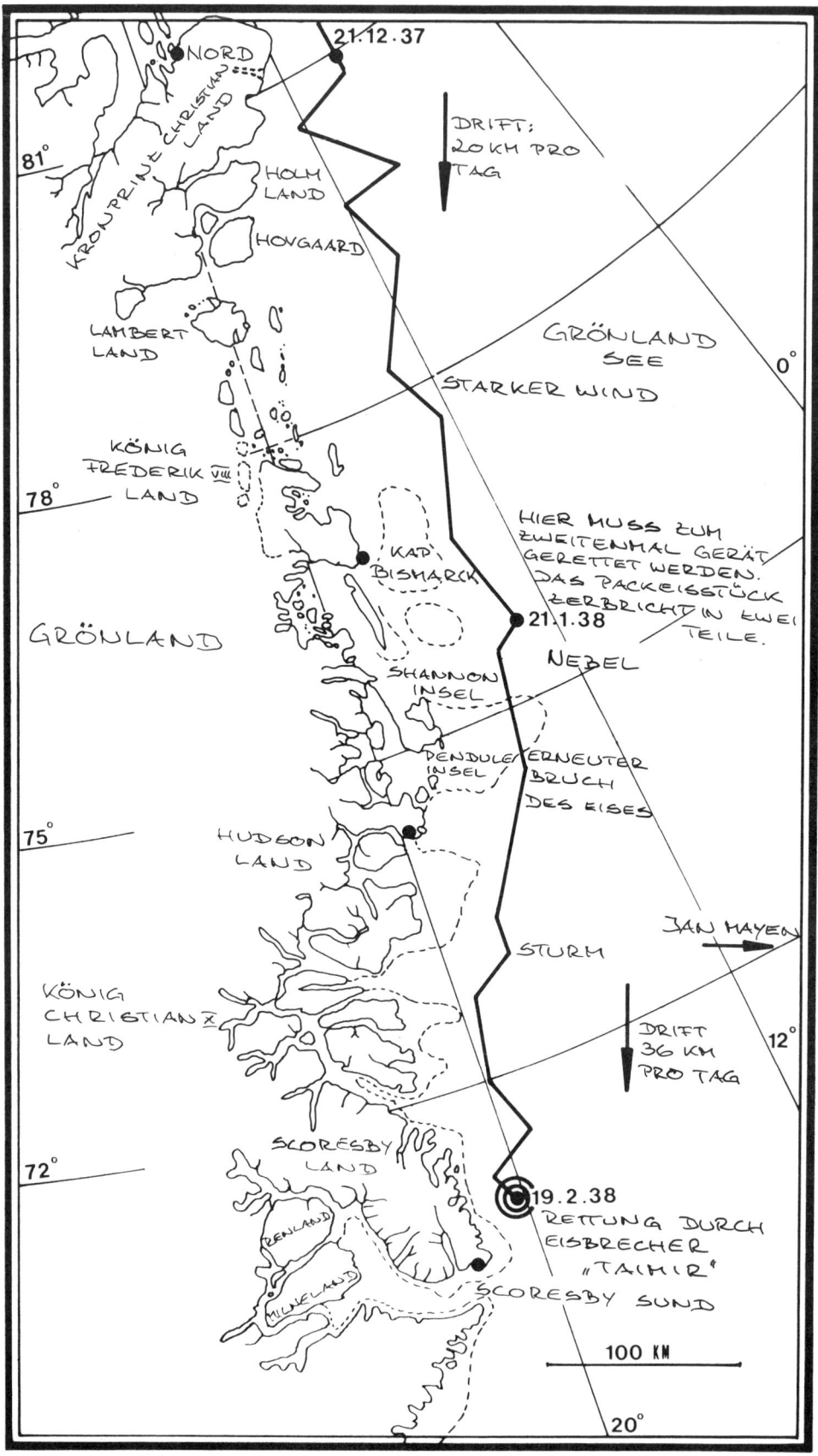

decke begraben. Die Mannschaft braucht viele Stunden, um Zelteingänge, Lebensmittel- oder Gerätelager freizulegen und die Boote und Schlitten wiederzufinden. Glücklicherweise ist gerade Vollmond. Es bleibt hell genug, daß Papanin einen Spaziergang auf dem Packeis machen kann.

Dann wirft der Windmotor Probleme auf, die dringend behoben werden müssen, da sie nur mit seiner Hilfe Kontakt zur restlichen Welt aufrechterhalten können. Eine Inspektion zeigt, daß das Ebonit, aus dem die Walze besteht, zerbrochen ist. Ersatz steht nicht zur Verfügung. Damit trotzdem eine Reparatur ausgeführt werden kann, läßt Papanin eine Schallplatte des Phonographen schmelzen und repariert mit diesem neuen Werkstoff, den er »Pathéphonit«* nennt, den Windmotor. Ab und zu wird ihr Eisfloß von einem kräftigen Schlag erschüttert: Zwei Packeisstücke sind zusammengestoßen. In der Dunkelheit können die Männer die sich nähernden Eisschollen nicht sehen.

Anfang November erstellen sie Magnetkarten. Bis zu diesem Tag war es unmöglich, die genauen Abweichungen zu messen. Die Wissenschaftler mußten sich mit Hypothesen und Vermutungen zufriedengeben. Eugène Fedorow, dem diese Aufgabe übertragen ist, stellt fest, daß die Mißweisung, die noch am Nordpol 40° West betrug, nunmehr auf einer Höhe von 84° nördlicher Breite lediglich 25° beträgt.

Der 6. und 7. November sind die Feiertage der Russischen Oktoberrevolution. An diesen Tagen findet ein reger Austausch von Funksprüchen voller Glückwünsche und Lobpreisungen statt, aber auch ein Festessen. Die Männer rasieren und waschen sich. Dann bereiten sie sich ein Festmahl aus geräuchertem Schinken, Käse, Kaviar und einem Kuchen, gefolgt von Kondensmilch und Pralinen. Als Abschluß stellt der Expeditionsleiter einen Krug Schnaps auf den Tisch. Die Erforscher sprechen Toasts aus und verfolgen im Rundfunk die Rede von Woroschilow und die Militärparade in Moskau. Auch sie veranstalten auf dem Packeis eine Parade. Papanin steigt auf einen Eisblock und hält unter den Beifallsbezeugungen seiner Gefährten eine Ansprache. Dann kehrt der graue Alltag zurück. Ihr kleines Universum wird von starken Schlägen geschüttelt. Berstendes Eis kracht und knirscht. Bei einer Temperatur von −32° C brechen die vier Männer auf, um den beunruhigenden Riß zu

---

* Anmerkung des Übersetzers:
»Pathéphonit« ist ein Wortspiel, das sich zusammensetzt aus dem Namen der Erfinder der noch heute verwendeten Schallplatte, Emile und Charles *Pathé,* dem griechischen Wort für Schall, Ton usw., *phon,* und der griechisch-lateinischen Endung ...*it* für männliche Substantive, die Minerale und Gesteine bezeichnen.

begutachten. Es ist so kalt, daß sie sich lange die gefrorenen Wangen mit Schnee reiben müssen, damit diese wieder durchblutet werden.

Der 21. November bringt ein kleines Jubiläum: Sie befinden sich seit genau sechs Monaten auf dem Eis. Über Radio Moskau sprechen sie mit ihren Frauen. Der russische Jazzmusiker Leonid Utessow erfüllt ihren Wunsch und gibt ihnen zu Ehren ein Konzert.

Dem Packeis wird immer härter zugesetzt. Ihre Insel dreht sich um sich selbst und wird ständig erschüttert. Die Drift hat sie in die Nähe der Nordostküste Grönlands gebracht, die als Hindernis eine Anhäufung der Eismassen, eine Art Eisstau und Kollisionen verursacht. Große Eisberge richten sich auf – eine phantastische Landschaft.

Auch während einer Neumondnacht beobachten sie den Riß im Eis. Auf dem Rückweg verirren sich Papanin und sein Gefährte, weil sie sich nach einem falschen Bezugspunkt richteten. Die beiden Männer irren lange in der Dunkelheit herum, bis sie zufällig gegen eines der Zelte stoßen. Um zukünftig derartige unangenehme Erlebnisse zu vermeiden, spannen sie ein Seil zwischen dem Wohnzelt und der hydrologischen Station. Gehen sie jetzt hinaus, halten sie sich immer an diesem Seil fest, das sie »Trolleybus« nennen.

Ein schlecht verlöteter Kanister ist innen feucht geworden. Sein Inhalt ist nur noch ein Eisblock aus vermischten Lebensmitteln, den man mit dem Hammer bearbeiten muß.

Kälte, Feuchtigkeit, wenig abwechslungsreiche Nahrung und Müdigkeit rufen Gesundheitsprobleme hervor. Der unermüdliche Funker klagt über Herzschmerzen. Alle leiden an rheumatischen Erkrankungen. »Unsere physische Widerstandskraft ist erheblich gesunken«, gesteht Papanin sich ein. Mitte Dezember hat ihre kleine Eisinsel die Form eines Dreiecks mit vier Kilometern Seitenlänge. Die Küste Grönlands liegt in zweihundert Kilometern Entfernung, und sie treiben mit einer Geschwindigkeit von zwanzig Kilometern pro Tag weiter in südliche Richtung. Der Meeresboden ist angestiegen. Sie haben nur noch 215 Meter Wasser unter ihrem Packeis.

Sie leiden viel unter der Unbequemlichkeit. Eines der schlimmsten Übel ist Kondensation. An den Innenwänden des Zeltes bildet sich eine Reifschicht, die dann wieder schmilzt und in ihre Schlafsäcke rinnt. Sie bereiten sich auf den Jahreswechsel vor. Am 31. Dezember rasieren sie ihre Ein-Monats-Bärte ab, und jeder schneidet dem anderen die Haare. Später essen sie Kaviar, Wurst und geräucherte Kalbsbrust. Den Neujahrstag wollen sie als Ruhetag begehen, in ihren Wolfspelzschlafsäcken im Warmen bleiben, lesen, Musik hören und Schach spielen. Aber die Pflicht geht vor. Auch an diesem ersten Tag des Jahres arbeiten sie weiter.

76

Physisch sind die Männer erschöpft, aber ihre Moral ist nicht angegriffen. Ernest Krenkel erzählt von seinem Wunschtraum – einem Wurstbrot: »Wenn ich wieder in Moskau bin, habe ich immer eines dabei.«

Ihre Driftgeschwindigkeit beträgt mittlerweile bis zu dreißig Seemeilen in 43 Stunden. Die Eisbrecher, die sie aufnehmen sollen, machen sich in Murmansk zum Auslaufen bereit. Am 16. Januar ist die Packeisscholle nur noch vierhundert Seemeilen von Jan Mayen entfernt und treibt schnell mit starkem Wind. Nach mehreren hydrologischen Beobachtungen kommt Pierre total erschöpft zurück; er mußte auf dem Rückweg gegen den Sturm laufen und zog zusätzlich einen Schlitten mit Instrumenten und Reagenzgläsern hinter sich her. Wie schon öfter zuvor, hat er nicht mehr die Kraft, sich richtig hinzulegen. Die Nacht des 17. Januar ist nicht mehr ganz dunkel. Bei sternklarem Himmel kann man sogar einige Zeit lesen. Der Winter geht zu Ende. Am 20. Januar ist der Eisbrecher *Murmanez* bis auf zweihundert Seemeilen an sie herangekommen. Es wird Zeit, daß er es ganz schafft, denn die Eisscholle wird kleiner, knirscht und kracht wie Kanonenfeuer. Ihr Wohnzelt ist nur noch dreihundert Meter vom Eisrand entfernt. Das Zelt für die hydrologischen Studien trennt jetzt ein Meeresarm von ihnen, aber das Gerät darin muß gerettet werden. Zwei von ihnen machen sich mit dem Schlauchboot auf den Weg; die beiden anderen auf der Insel leiten sie mit dem Licht der Petroleumlampen. Am 21. Januar ist das Krachen ohrenbetäubend. Die Bewegungen des Eisstückes beunruhigen sie mehr und mehr. Alle Anzeichen deuten auf ein baldiges Ende ihres Abenteuers hin. Der Riß, der ihre Packeisscholle teilt, vergrößert sich. Wiederum muß Gerät von der anderen Seite herübergerettet werden. Unterdessen wird der Nebel dichter. Die Rückkehr der Rettungsmannschaft bei Sichtweite null wird zum Risiko.

Die Ausrüstung ist zusammengestellt; ein Vorrat an Lebensmitteln, Kleidung und die wertvollsten Dinge werden auf einen Schlitten geladen. Alles muß für einen schnellen Aufbruch bereit sein, wenn das Packeis bricht, damit sie sich auf einen weniger gefährdeten Teil retten können. In der Nacht wird der Sturm noch stärker. Der Wind erreicht Orkanstärke und heult über das ständig krachende Eis. An Schlaf ist nicht zu denken. Im Abstand von dreißig Minuten geht einer der vier Männer vor das Zelt, um die Lage zu prüfen. An diesem 21. Januar gibt es kein Fest, wie sonst an jedem 21., seit sie sich auf dem Eis eingerichtet haben.

22. Januar: Die *Murmanez* ist noch 150 Seemeilen weit weg, kann sich aber keinen Weg durchs Eis bahnen. Papanin gibt Weisung, die Skier am Zelteingang bereitzustellen, falls sie schnell aufbrechen müssen. Am 24. Januar tut sich ein neuer Riß auf.

Am 28. Januar stürmt es noch stärker. Eine genaue Positionsbestimmung ergibt, daß die vier Männer vom Pol aus in gerader Linie mehr als zweitausend Kilometer zurückgelegt haben.

31. Januar: Der Sturm treibt das Eisfloß gegen die grönländische Küste. Das Packeis bebt. Ihre Scholle wird so erschüttert, das Schnee auf die Zeltwände stürzt. Ein neuer Riß bildet sich auf dem Weg zum Zelt mit den hydrologischen Geräten.

1. Februar: Ein lautes Krachen ist erst in der Nähe des Zeltes, dann direkt darunter zu hören. Ein Riß hat sich nur acht Meter entfernt aufgetan und vergrößert sich. Ein weiterer entsteht unter den Lagerstätten, die voll Wasser laufen. Viel harte Arbeit ist nötig, um Lebensmittel und wertvolles Gerät zu bergen. Alles wird auf Schlitten verladen. Sie sind zu einem schnellen Aufbruch bereit.

Ihre Driftgeschwindigkeit nimmt zu: 120 Seemeilen in sechs Tagen nach Südwesten. Papanin und seine Gefährten haben jetzt 74°16′ nördlicher Breite erreicht. Das arbeitende Eis bereitet ihnen immer mehr Sorgen. Die Wand der aus Schneeziegeln erstellten Küche ist zackenförmig gerissen. Noch viel schlimmer ist der Eisriß genau unter dem Wohnzelt. Sie räumen das Zelt aus, machen das Ruderboot fertig, kochen Mahlzeiten für mehrere Tage im voraus und stellen ihre Gerätschaften nahe dem Windmotor und der Funkstation zusammen. Auch die Funkstation ist bedroht, aber sie muß um jeden Preis gerettet werden, denn nur per Funk können die Eisbrecher herbeidirigiert werden.

Mit gefährlichen akrobatischen Sprüngen überwinden Pierre und Eugène von einer Scholle zur anderen Risse und suchen nach einem größeren und sicheren Eisstück. Sie finden früher angelegte Lager wieder, nehmen soviel Gerätschaft wie nur möglich auf, aber zwei Lager sind unerreichbar.

2. Februar: Ihre Eisinsel mißt nur noch dreißig mal zehn Meter. Ein zweiter, stärkerer Eisbrecher, die *Taimir,* geht von Murmansk aus in See. Es ist höchste Zeit, daß sie gerettet werden. In ihren halb zerrissenen Seidenzelten, umgeben von geborgenem Gerät, eng auf ihrem Eisstück zusammengepfercht, machen sie eher den Eindruck eines Zigeunerlagers als einer Forschungsstation. Die jetzige Temperatur von −11° C ist schon fast sommerlich, wenn man sie mit den −47° C vergleicht, die die vier Männer mitten im Winter zu überstehen hatten. Am 3. Februar erscheint dann für wenige Augenblicke nach vier Monaten Dunkelheit wieder die Sonne.

4. Februar: In einem wilden Sturm, der selbst von einem so harten Mann wie Papanin als »erschreckend« bezeichnet wird, bricht ihre Eisscholle an drei Stellen auseinander.

Die Eisstücke stoßen aneinander, brechen weiter: ein infernalisches Krachen. Im Strom der treibenden Schollen sehen die vier Männer Teile ihrer Station vorbeiziehen – für sie unerreichbar. Immerhin können sie unter großen Gefahren von Scholle zu Scholle springen und einen Teil ihres Petroleumvorrates bergen. Sie schlafen nur noch angezogen, auf das schlimmste gefaßt. Eine schnelle Rettung ist jetzt noch nicht zu erwarten. Die *Taimir* ist noch weit, die *Murmanez* im Eis gefangen.

8. Februar: Das grönländische Küstengebirge kommt in Sicht. Der Wind droht, das Zelt samt Funkstation mit sich zu reißen. Im Sturm werden die Schlitten umgeweht. Die vier Männer bauen einen Unterstand aus Schneeblöcken. Endlich legt sich der Sturm. Ein unerwarteter Besuch erscheint: Drei Eisbären klettern auf die Eisscholle. Papanin erlegt sie. Sie bereiten sich einen schmackhaften Bärenbraten. Jeder der vier hält seinen Napf so lange hin, bis auch das letzte Stück Fleisch gegessen ist.

Die Funkstation ist ihr wertvollstes Gut; ihre Rettung entscheidet über Leben oder Tod. Papanin läßt das Funkgerät auf einem Schlitten installieren, darüber bauen sie dann einen Unterstand aus Schnee, dessen eine Mauer sehr dünn ist. Im Notfall reicht ein einziger Schlag mit dem Eispickel, um das Gerät schnell zu bergen.

10. Februar: schwacher Wind, aber sehr kalt. Das Eis wird fester; Spalten und Risse schließen sich. Die Männer kundschaften die Umgebung aus und entdecken, daß die Oberfläche eines zugefrorenen Risses lang und glatt genug ist, um einem kleinen Flugzeug die Landung zu ermöglichen. Die *Taimir*, die solch ein kleines Flugzeug an Bord hat, nähert sich. Ein dritter Eisbrecher ist ausgelaufen. Papanin führt auch weiterhin bei 22° C Kälte das Expeditionstagebuch.

12. Februar: Ein Lichtschein erhellt die Dunkelheit – die Scheinwerfer der *Taimir*. Aber ein Vorstoß zu ihnen ist nicht möglich, da das Packeis zu dick ist. Erst vier Tage später kann ein kleines Flugzeug nahe dem Lager landen. Der Pilot bringt ihnen Briefe, Bier und eine Kiste Mandarinen.

19. Februar: Endlich können die Eisbrecher bis kurz vor das Lager durchkommen. Seeleute laufen über das Eis ins Lager, umarmen die mutigen Männer, bejubeln sie und werfen sie vor Freude in die Luft. Es war höchste Zeit. Ihre Packeisscholle mißt nur noch dreißig Meter und ist an vier Stellen gebrochen.

Während ihrer Abwesenheit sind die vier Männer in den Obersten Sowjet gewählt worden. Sie werden in der Sowjetunion gefeiert, wie es ihr Erfolg verdient.

Aber Iwan Papanin ruht sich nicht auf seinen Lorbeeren aus. Er wird zum Direktor der nördlichen Seefahrtsroute ernannt und soll in dieser Position die Bedingungen für einen regelmäßigen Verkehr zwischen Atlantik und Pazifik auf der Nordost-Passage schaffen. Dies beinhaltet den Bau von Eisbrechern und Häfen, die Errichtung von meteorologischen Stationen sowie den Aufbau eines Informationsnetzes im Eis. Die von Papanin geleistete Arbeit wird während des Zweiten Weltkrieges von strategischer Bedeutung sein.

Im Jahre 1940 leitet Papanin von Bord des Eisbrechers *Josef Stalin* aus eine Expedition zur Rettung der *Sedow*. Dieser kleine Eisbrecher ist festgefroren und driftet mit dem Packeis. Die fünfzehn Seeleute an Bord lassen den Mut nicht sinken und verwandeln die *Sedow* in eine meteorologische Station. Erst nach 812 Tagen Drift im Packeis kann die *Josef Stalin* zu ihnen vorstoßen.

Aufgrund dieser Rettungsaktion wird Papanin zum zweitenmal zum Helden der Sowjetunion ernannt.

TRISTAN JONES

18 Uhr 30. Laufen in den Hafen von Reykjavik ein. Legen neben einem Trawler an. Der Zoll wartet schon auf uns. Nachdem das Boot festgemacht ist, springen zwei Männer an Bord.

Die Formalitäten werden schnell bei dem traditionellen Glas erledigt. Der Ältere der beiden fragt mich:

»Sind Sie derjenige, der auf den Spuren der Seefahrer ist, die von Island aus in den hohen Norden vorgestoßen sind?«

»Ja«, antworte ich, »aber woher wissen Sie das?«

»Aus einer hiesigen Zeitung, die Ihren Artikel veröffentlicht hat.«

Ich bin wirklich auf der Suche nach den Spuren meiner Vorgänger – jenen Seefahrern, über die man die unwahrscheinlichsten Geschichten hört, die dann jahrelang in allen isländischen Häfen erzählt werden. Man hört hier etwas und da etwas, aber selten erfährt man die Namen dieser Männer.

»Ich kann mich an einen Engländer erinnern«, fährt der Zöllner fort, »der vor etwa zwanzig Jahren hier festgemacht hat. Verletzt und erschöpft kam er mit seinem Hund bei uns an. Er ist hier im Krankenhaus behandelt worden. Sein Schiff ähnelte einem Rettungskutter, der zu einem Segelboot umgebaut worden war. Er hat die Insel umsegelt und ist dann nach Grönland ausgelaufen. Seitdem war er nicht mehr hier.«

»Wissen Sie seinen Namen?«

»Tut mir leid, den habe ich vergessen. Aber ich kann ihn ausfindig machen. Ich habe ihn irgendwo aufgeschrieben.«

19 Uhr 52. Der Zöllner kommt zurück.

»Er hieß Tristan Jones, und sein Boot war die *Cresswell*.«

(Aus dem Logbuch der *Vagabond'eux*, 01. 09. 1979)

GRÖNLAND

30°

15° 79° 42'
DRIFT MIT
DEM EIS

EISDRIFT

0°

17.6.61
KING'S BAI

15°

KAD
BISMARCK

SHANNON INSEL

11.6.61
VOM EIS
BEFREIT

10.6.60
VOM EIS
GEFANGEN

LIVERPOOL
LAND

1.9.59
76° 10'

2.9.59
DRIFT NACH SÜDEN
AUF DEM PACKEIS

75°

1. EISBÄR

PENDULUM
INSEL

ANGRIFF DES BÄREN

SPITZBERGEN

VOM 26.10.59
BIS 2.5.60
ÜBERWINTERUNG
IN SYDKAP

BONTEKOE INS.

AM EISBERG FEST-
GEMACHT

GOLF STROM

EUROPÄISCHES
NORDMEER

JONES TÖTET
EINEN SEEHUND

SCORESBY
SUND

RETTUNG
AM 18.10.59

JAN
MAYEN

DÄNEMARK STRASSE

EINHAND
UMSEGELUNG
ISLANDS

NORWEGEN

2.7.59

ISLAND

REYKJAVIK

6. 1969

SCHWEDEN

WESTMAN-INSEL

FÄRÖER

SHETLAND
INSELN

60°

HEBRIDEN

ORKNEY
INSELN

NORDSEE

NORDATLANTISCHER
OZEAN

GROSSBRITANNIEN

APRIL 59

ARAN
INSEL

LONDON

MAI 1959

PORTSMOUTH

LE HAVRE

30°

15°

0°

FRANKREICH

15°

3 Allein in der Polarnacht

Wenn man am Meer in einer Bucht von Tristan da Cunha* geboren ist, mit dreizehn Jahren Schiffsjunge wird, im Krieg bei der Royal Navy dient und dreimal versenkt wird, bevor man achtzehn Jahre alt geworden ist, könnte man meinen, von der Vorsehung mit einem ungewöhnlichen Schicksal bedacht worden zu sein.

Dergestalt ist der Fall des Briten Tristan Jones. Nach Kriegsende und drei Schiffbrüchen hätte er Grund zu der Hoffnung gehabt, das Schlimmste überstanden zu haben und daß die Seekonvois nach Rußland und in den Fernen Osten für ihn routinemäßige Fahrten seien. Aber dies hieße, die über Tristan Jones wachende Vorsehung außer acht zu lassen. In Aden wird sein Schiff von Guerilleros in die Luft gesprengt und Jones an der Wirbelsäule verletzt. Die Ärzte geben ihm keine Chance. Er wird gelähmt bleiben und nie wieder gehen können. Tristan Jones ist erst 28 Jahre alt.

Er überwindet diese Behinderung, jedoch will keine Reederei ihn mehr als Matrosen anheuern, da seine Papiere ihn als »seeuntüchtig« ausweisen. Er wird Bootsmann auf Yachten, dann Bootsüberführer. Innerhalb von sechs Jahren überquert er achtzehnmal den Atlantik, umsegelt Südamerika, dann

---

* Inselgruppe im Südatlantik

die Welt. Mit 34 Jahren glaubt er, für den Kauf eines eigenen Bootes genügend Geld gespart zu haben; zumindest für ein kleines.

Für 3250 Frances ersteht er ein neun Meter langes Rettungsboot aus dem Jahre 1909. Es hat einen schön geformten Rumpf – ein Spitzgatter. Die Mahagonikonstruktion hat die Jahre gut überstanden. Der lange flache Kiel erleichtert das Trockenfallen. Als Gaffelketsch hat es zwei kurze und stämmige Masten. Nachdem Tristan Jones den Preis für das alte Boot, das im hintersten Winkel einer Werft verrottete, entrichtet hat, baut er über der Plicht ein Zelt auf und richtet sich an Bord ein.

Es ist Anfang Winter, und wie jeder weiß, sind die Winter in England feucht und kalt. Was macht das schon? In den kommenden fünf Monaten baut der Mann sein Boot aus. Wir schreiben das Jahr 1958. Bestimmte Materialien fehlen noch. Auf der Suche nach billigem Ballast stößt Jones auf das Dachblei einer ausgebombten Kirche. Sein Schiffsmotor trieb früher eine Löschspritze an, die nach den Luftangriffen auf London zum Einsatz kam. Im Frühjahr ist das Boot auslaufbereit. Die Kajüte wird lediglich von einem Wellblechdach geschützt, das ist alles, aber ausreichend für einen Seemann, der keine Ansprüche stellt. Der flache Kiel und die beiden Kimmkiele verhindern zu starke Abdrift und gewährleisten ein aufrechtes Stehen außerhalb des Wassers.

Und die *Cresswell* schwimmt. Tristan Jones hat den alten Namen des Rettungsbootes beibehalten. Er geht nicht allein auf Fahrt, sondern nimmt einen Gefährten mit. Der heißt Nelson und hat wie der Admiral ein Auge und einen Arm verloren. In Begleitung dieses einäugigen Labradors mit nur drei Beinen verläßt Jones im Mai 1959 England, legt einen Zwischenaufenthalt auf den Araninseln sowie den Hebriden ein und erreicht schließlich Island, das er umsegelt. Sein Wunschziel aber ist Grönland.

Grönland, so erinnert sich Tristan Jones, war einmal der Mittelpunkt der Erde. In fernen Zeiten, als die Kontinente geboren wurden, war Grönland das Kernland, von dem sich Europa, Asien, Amerika und die südlichen Länder lösten und abzudriften begannen. Grönland befand sich demnach damals auf dem Erdäquator und war mit Wäldern bedeckt. Dies ist auch der Grund, warum es unter der dicken Inlandeisschicht so reiche Kohlevorkommen gibt. Dinosaurier und Brontosaurier bevölkerten diese Welt. Dann kam die Eiszeit.

Im Jahre 919 landete ein Wikinger namens Gunnbjörn auf Grönland. Erik der Rote gründete dort 981 eine große Ansiedlung. 555 Jahre später wurde Grönland von einem deutschen Kaufmann, Jon Greenlander, wiederentdeckt. Die einzige Spur, die von der Wikingersiedlung übriggeblieben war, war ein toter Mann am Strand neben seiner Harpune.

An der Westküste Grönlands bewirkt eine warme Strömung ab Ende des Frühlings ein Abtauen des Eises. Ganz anders ist es an der Ostküste. Das polare Packeis driftet von Norden in südlicher Richtung. Die Ostküste ist zusätzlich noch mit riesigen Gletschern bedeckt, die Eisberge ins Meer kalben. Diese zweifache Anhäufung von Eismassen verhindert einen Großteil des Jahres über jegliche Seefahrt im Eis. Selbst im Südosten Grönlands können die Fjorde dieser Küste erst nach der Eisschmelze im Frühling und den ersten Sommermonaten befahren werden. Auch dann noch ist das Segeln aufgrund der von Norden kommenden Eisberge und Growler äußerst gefährlich. Um an Land zu gelangen, muß man einen Weg durch die Kanäle im Küsteneis suchen. So folgt der Seefahrer zuweilen viele Seemeilen lang einem gefährlichen Zickzackkanal und stellt dann fest, in eine Sackgasse geraten zu sein. Er kann noch von Glück reden, wenn er genügend Platz zum Kehrtmachen hat und sich das Eis hinter ihm nicht wieder schließt... Denn die vom Strom getriebene Eismasse kann innerhalb weniger Minuten auch das stabilste Boot zu Kleinholz machen. Was könnte da nicht alles mit diesem alten, umgebauten Rettungsboot geschehen?

Aber Tristan Jones sieht sein Vorhaben auch von einem optimistischen Standpunkt aus: Im Sommer ist es in diesen hohen Breitengraden 24 Stunden lang Tag. Im Eis kann die See sich nicht hoch aufbauen. Selbst bei starkem Wind bleibt die Wasseroberfläche glatt.

Am 2. Juli verläßt die *Cresswell* Island mit Kurs auf die Ostküste Grönlands. Jones trifft günstige Bedingungen an, macht für eine Stunde an einem Eisblock fest, fängt einen Heilbutt. Er findet eine Durchfahrt im Eis und erreicht die Einfahrt zum Scoresbysund. »Die Farben waren phantastisch«, erzählt er. »Vor dem blauen Himmel als Hintergrund schimmerten Berge und Gletscher in allen Farbschattierungen zwischen Grau, Grün und Silber. Der Sund selbst war tiefblau.« Die Berge erreichen eine Höhe von mehr als dreitausend Metern. Der Gletscher am Ende des Fjordes zählt zu den produktivsten der Erde und kalbt bis zu fünfzig Eisberge pro Tag. Auf den Felsen an der Küste sonnen sich Moschusochsen und Seehunde.

Tristan Jones aber hält sich in dieser schönen Gegend nicht lange auf. Schon zwei Tage später verläßt er sie wieder. Sein Plan ist, weiter in den Norden vorzustoßen, noch weiter als jene britische Expedition, die 1824 die Insel Shannon auf etwa 75° nördlicher Breite entdeckte. Vielleicht könnte er auch nahe an jene nördlichste Position herankommen, die je von einem Segelschiff erreicht wurde, als nämlich Nansen mit seiner *Fram* bis zum 84. Breitengrad vordringen konnte. »Alles in allem«, denkt sich Jones, »sind das nur 780 Seemeilen vom Scoresbysund aus.«

Aber Polarnavigation wird nicht in Seemeilen gemessen. Die ersten Tage bleiben die Witterungsverhältnisse günstig. Etwa vierzig Seemeilen vor der Küste ist das Meer fast eisfrei. Die *Cresswell* macht drei Tage lang gute Fahrt. Vor der Bontekoe-Insel wird das Boot mittels Eisanker an einem Eisblock festgemacht; der Skipper ruht sich für einige Stunden aus. Tagsüber herrschen angenehme Temperaturen. Es ist fast warm. Die Nächte dagegen sind eisig, obwohl die Sonne nur für einen kurzen Moment am Horizont verschwindet.

Zu landen ist unmöglich: Auf dreißig Seemeilen liegt Eis vor der Küste. Nur weiter seewärts kann Tristan Jones in den Norden vorstoßen. Die Kanäle zwischen Packeis und Küsteneis werden immer schmaler und enden oft als Sackgassen. In den beiden ersten Augustwochen kommt der Brite nur sehr langsam vorwärts. Die Tage werden schnell kürzer.

Am 18. August befindet sich die *Cresswell* auf Höhe der Pendulum-Insel bei 75° nördlicher Breite, als Tristan Jones seinen ersten Eisbären entdeckt. Das Tier ist etwa drei Meter lang und auf zweihundert Meter Entfernung trotzdem kaum sichtbar. Sein schmutziggelbes Fell hebt sich nur schwer von der Farbe des Alteises ab. Der Hund Nelson erschrickt vor dem großen Tier. Er stellt sich auf die Hinterpfoten, schnüffelt, dann springt er vor lauter Angst auf seinen drei Pfoten den Niedergang hinunter und versteckt sich unter dem Tisch der Kajüte.

Am 30. August ist Tagundnachtgleiche. Die *Cresswell* hat 75°50′ erreicht und liegt sechzig Seemeilen südlich von Kap Bismarck. Das Packeis bildet eine hundert Meter hohe, feste Barriere. Es ist höchste Zeit, kehrtzumachen und weiter nach Süden zu gelangen, bevor der Herbst eine Rückkehr verhindert. Aber ein enger Kanal scheint in nordwestlicher Richtung zu verlaufen. Zwei Tage lang befährt die *Cresswell* – inmitten von Eismauern, die etwa ein Drittel der Masthöhe erreichen – mit Motorkraft diesen Kanal. Die ganze Zeit über sitzt Tristan am Ruder. Es ist extrem kalt. Der Rudergänger schützt sich mit zwei Decken, die er sich zusätzlich über seine Kleidung legt. Mehrmals am Tag muß Jones in den Mast hinauf, um die Takelage von Eis freizuhacken, das auf Dauer die Stabilität des Bootes beeinträchtigen könnte. Am 1. September – bei 76°10′ – liegt die Funkstation von Kap Bismarck nur noch dreißig Seemeilen entfernt. Unter normalen Bedingungen eine Frage von wenigen Stunden. Jones hofft, den Winter bei der Besatzung dieser vorgeschobenen Station verbringen zu können. Ein schmaler Kanal im Eis, der noch genug Platz für die Durchfahrt bietet, wäre nicht nur die Gewähr für eine sichere Überwinterung, sondern unter Umständen auch die Entscheidung über Leben und Tod.

Dann endet der Kanal plötzlich. Die *Cresswell* schwimmt in einem kleinen Becken, geschützt wie in einem Hafen. Jones macht das Boot am Eis fest und schläft erst einmal vier Stunden. Danach klettert er auf das Packeis, das hier eine Art Landenge bildet. Schon vierzig Meter weiter ist die See bis zum Horizont frei. Man bräuchte nur diese vierzig Meter zu überwinden, um zur Bismarck-Station zu gelangen. Vierzig Meter. Tristan denkt einen Augenblick daran, einen Kanal in diese vier Meter dicke Eisschicht zu hacken. Aber er begreift schnell, daß dies nicht möglich ist. Was tun? Es kann durchaus sein, daß das Eis sich schließt, die *Cresswell* umfaßt und ihren Mahagonirumpf zerquetscht.

Neun Tage lang bearbeitet Tristan Jones das Eis. Er hackt eine Rampe heraus, die mit einem Winkel von 25° ins Wasser abfällt. Er entlädt die Lebensmittel, die Segel, die Ausrüstung und leichtert so das Boot. Danach schlägt er ein Loch ins Eis, legt seinen Anker hinein und füllt sie mit Meerwasser auf. Einige Stunden später ist der Anker in einer kompakten Eismasse festgefroren und kann nicht mehr freikommen. Aber die *Cresswell* besitzt weder Ankerspill noch Winschen. Aus Blöcken baut Jones eine fünfpartige Talje. Nach fünf Tagen Arbeit an der Talje hat Tristan das Boot 25 Meter aus dem Wasser und fast bis auf die Oberkante des Packeisfeldes gehievt. In der Zwischenzeit ist der nördliche Teil des Kanals zugefroren. Der Pol ist ja auch nur 850 Seemeilen entfernt.

Auf einmal bemerkt Jones einen Eisbären. Das Tier ist schon bis auf fünfzig Meter herangekommen und pirscht sich weiter auf das Boot zu. Tristan greift nach der einzigen Waffe, die er besitzt, einer Harpune, und bedeutet dem Hund Nelson, sich in die Plicht zu verkriechen. Jetzt ist der Eisbär am Boot. Er stellt sich auf die Hinterläufe und stützt sich mit den Vorderpfoten auf den Relingsdurchzug. Jones greift den Bären mit der Harpunenspitze an. Der Druck seines Gewichtes auf die Reling verbiegt ihre Stützen, als ob sie aus Wachs seien. Seine Tatzen zerreißen die Plichtpersenning und zerkratzen das Holz. Der Bär brüllt und rüttelt am Boot. Dann erinnert sich Jones daran, daß er noch eine andere Waffe hat: seine Signalpistole. Er ergreift sie, lädt durch und jagt eine Leuchtrakete mitten in den Schlund des Untieres. Der Eisbär fällt nach hinten, richtet sich auf, läuft in Richtung Wasser und taucht unter. Der in der Rakete enthaltene Phosphor hat ihm den Rachen verbrannt...

Jones beobachtet, daß sein Boot mit dem Packeis in südliche Richtung driftet. Zunächst beträgt die tägliche Driftgeschwindigkeit zwölf, dann gegen Ende September sechs Seemeilen. Regelmäßig befreit Jones Plicht und Takelage von Schnee, damit sein Boot gegebenenfalls von einem Flugzeug aus gesichtet werden kann. Dann scheint endlich ein Durchkommen nach Norden

CRESSWELL

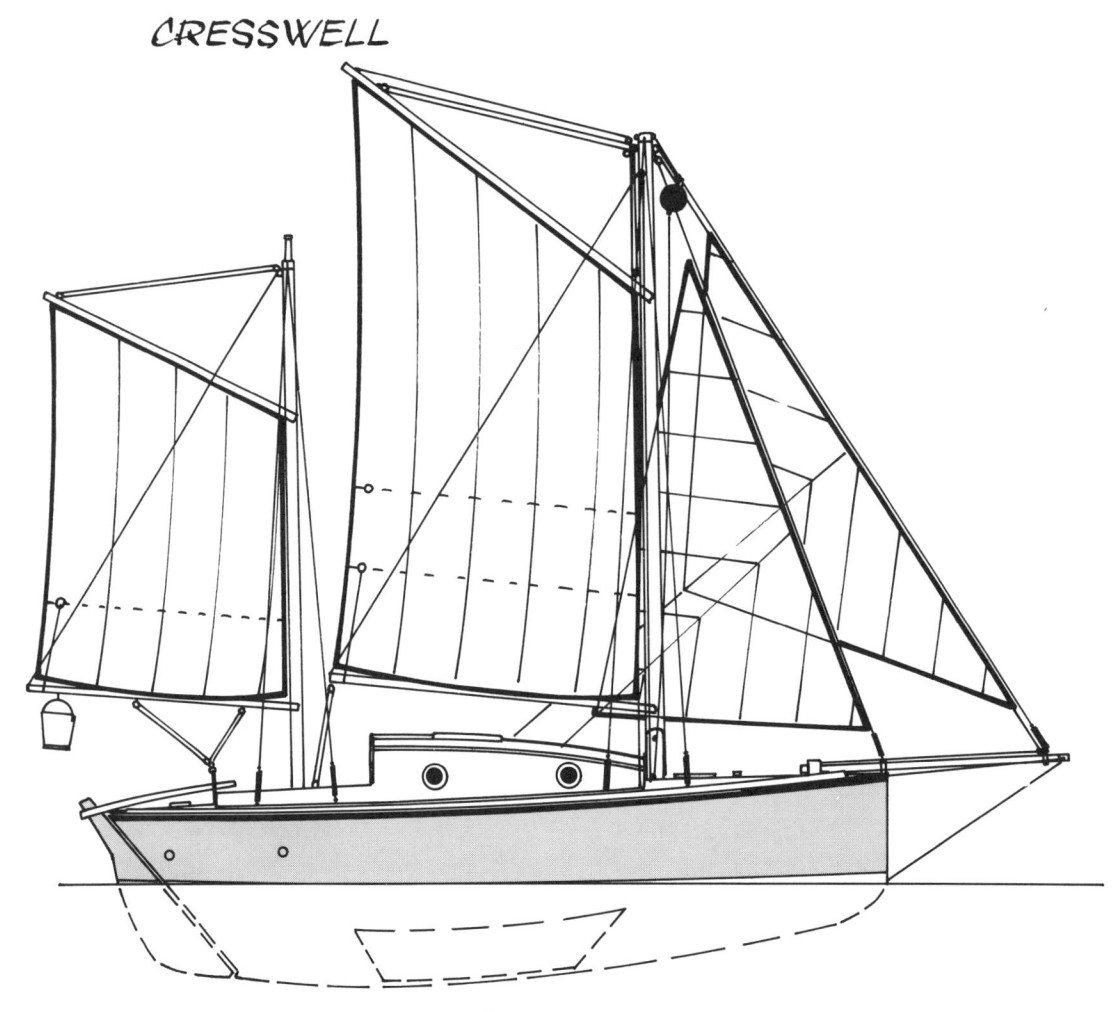

Ehemaliges Rettungsboot der Royal Navy
Erbaut 1908 von Thames Ironworks
Rundspantrumpf aus Mahagoni
Umbau zum Segelboot 1958
Zwei Kimmkiele für aufrechtes Stehen an Land.
Länge: 9 m
Breite: 2 m
Tiefgang: 1 m

möglich. Ein mit einer dünnen Eisschicht überzogener Kanal hebt sich ab. Jetzt muß nur noch das Boot gewassert werden.

Tristan Jones legt eine neue Rampe an. Dabei bemerkt er einen Seehund, der ausgestreckt auf dem Eis schläft. Gefolgt von Nelson, schleicht Jones sich ganz langsam heran. Er bewegt sich wellenförmig vorwärts, imitiert also die Fortbewegungsart eines Seehundes. Für eine Strecke von zwanzig Metern braucht er eine Stunde. Von Zeit zu Zeit hebt der Seehund den Kopf, betrachtet den Menschen, schläft dann wieder ein. Die Zeiten zwischen dem Heben des Kopfes werden immer länger. Das Tier ist beruhigt und hält Jones für einen Artgenossen. Der Hund schleicht sich hinter Jones an und bleibt so für den Seehund unsichtbar. Jetzt ist Jones bis auf fünf Meter herangekommen. Beim Atmen ahmt er das Schnauben des Tieres nach. Mit geschlossenen Füßen schlägt er langsam auf das Eis – genau wie ein Seehund. Dann ist er heran. Jones sticht mit der Harpune zu und tötet das Tier sofort. Der Seehund ist etwa drei Meter lang und wiegt ungefähr zweihundert Kilogramm. Sein Fleisch und Fett sind eine wunderbare Energiequelle.

Nach zwei Wochen ist die neue Rampe fertig. Am 17. Oktober kann Jones sein Boot zu Wasser lassen und Lebensmittel sowie Ausrüstung wieder an Bord schaffen. Jedoch ist der Motor zu einem Eisblock gefroren. Um ihn aufzutauen, baut Jones seinen Ofen aus und installiert ihn im Maschinenraum. Am 18. Oktober macht die *Cresswell* wieder Fahrt. Der Winter naht; es ist nur zwei Stunden am Tag hell. Als Jones freies Wasser erreicht, sichtet er ein anderes Schiff. Er schießt eine Leuchtrakete ab und wird bemerkt. Bald darauf macht er an dem dänischen Schiff *Gustav Horlm* fest. Er geht an Bord und verbringt erst einmal anderthalb Stunden in einem heißen Bad. »Zum erstenmal seit Wochen ist mir nicht kalt«, freut er sich. Der Kapitän lädt ihn zum Essen ein und macht ihm den Vorschlag, die *Cresswell* an Bord zu holen, damit er sicher in den Schutz des Hafens von Reykjavik gelangt. In Anbetracht des nahen Winters und der Gefahr, im Eis festzufrieren, wäre dies ein weiser Entschluß, doch Tristan Jones lehnt ab. Er möchte lieber an der grönländischen Küste überwintern, um dann im folgenden Sommer weiter nach Norden vorzustoßen.

Dazu muß er aber den Scoresbysund erreichen und die schlechte Jahreszeit bei den Männern der Funkstation verbringen. Nach einer kurzen Ruhepause in der Wärme der *Gustav Horlm* setzt er seine Fahrt fort.

Bei eisiger Kälte sitzt Tristan zwölf Stunden am Ruder, dann sichtet er das Positionslicht auf der Mastspitze der Funkstation. Er fährt in den Sund ein, kann aber nicht bis zur Station gelangen, denn acht Seemeilen unüberwindbares Packeis versperren ihm die Zufahrt. Mit dem Nebelhorn morst Jones, daß er an der Station vorbeifahren muß. Durch die klare Luft ertönt in der Stille dieser einsamen Breitengrade die Antwort. Er ist gehört worden. Von den Kontakten mit Eskimos einmal abgesehen, ist dies für mehr als ein Jahr seine letzte Verbindung mit Menschen. Auf der Suche nach einer geschützten Bucht fährt er in einen Fjord ein und trifft an dessen Ende Eskimos in einem Umiak*. Die Eskimos zeigen ihm einen sicheren Fjordarm. Dort läßt Jones sein Boot trockenfallen und zieht es auf den Strand, was ihm der Dreifachkiel erleichtert. Aber die *Cresswell* ist noch nicht völlig in Sicherheit. In dieser Gegend gibt es starke Fallwinde; Treibeis kann schnell zur Gefahr werden. Aber etwas weiter oben am Strand bilden Felsen eine Art Wall. Durch einen schmalen Spalt könnte man das Boot hinter den schützenden Wall ziehen. Aber wie soll er die *Cresswell* dorthin bringen?

Tristan Jones ist ein Mann der Tat und nie um eine Lösung verlegen. Nachdem er an den stärksten Felsen Festmacher angebracht hat, takelt er die *Cresswell* ab. Großmast und Besanmast, beide durch Tuch und Segel geschützt, bilden die Schienen einer improvisierten Slipanlage. Besanbaum und Gaffeln dienen als Rollen. Wieder einmal benutzt Tristan seine Talje mit den fünf Parten. Meter für Meter hievt er das Boot in sein Winterlager. Dann ist es in Sicherheit. Masten und Bäume tragen ein behelfsmäßiges Plichtzelt. So kann er die Zeit bis zur schönen Jahreszeit überbrücken. Aber wir schreiben erst den 26. Oktober 1959.

Tristan Jones beschließt, dem Eskimodorf einen Besuch abzustatten. Auf dem Weg zu seinem Winterquartier ist er an drei Hütten vorbeigefahren; sie liegen etwa zwanzig Seemeilen entfernt. Er packt einige Lebensmittel zusammen, von denen er einen Teil eintauschen will, und macht sich gegen 16 Uhr – im Dunkeln – auf den Weg. Kurz vor Mitternacht dreht der Wind auf Nord. Ein Schneesturm kommt auf. Die Sicht beträgt nur noch wenige Meter. Durch Zufall entdeckt Jones zwischen zwei Felsen eine kleine Grotte und findet dort Unterschlupf. Er kriecht in seinen Schlafsack. Als er gegen fünf Uhr wieder erwacht, ist er eingeschneit. Eine vier Meter hohe Neuschneeschicht macht jedes Weiterkommen unmöglich. Jones geht seinen Lebensmittelvorrat durch: fünf Dosen Corned-beef, drei Büchsen Bohnen, vier Schachteln Zigaretten, zwei Pfund Zucker, dazu eine Harpune, einen Dosenöffner, eine Lampe, ein Messer und sechs Schachteln Streichhölzer.

Die einzige Möglichkeit wäre, einen Tunnel durch den Schnee zu den Felsen am Meer zu graben, die etwa eine halbe Seemeile entfernt sind. Tristan öffnet

---

* großes offenes Boot, bezogen mit Tierhäuten

90

einige Dosen, wälzt das Blech flach, zieht seine Unterwäsche aus, die er in feine Wollfäden auftrennt, und baut sich so ein Schaufelblatt, das er am Schaft der Harpune befestigt. Er legt einen Arbeitsplan fest, sechs Stunden graben, dreißig Gramm Zucker, eine viertel Büchse Bohnen, einen Löffel voll Corned-beef, zwei Stunden Schlaf und wieder graben. Er kommt schnell voran und schafft fast hundert Meter in sechs Stunden. Aber mit zunehmender Müdigkeit läßt auch die Leistung nach. Am 5. November hat er noch die Hälfte der Strecke zu graben. Da hört er über sich das Motorengeräusch eines Flugzeuges. Er zündet ein Stück Fettpapier an. Der Pilot bemerkt das Signal, kommt zurück, schaltet seinen Scheinwerfer an und wackelt mit den Flügeln.

Drei Stunden später retten Eskimos auf Schneeschuhen den im Schnee Gefangenen.

Tristan Jones erholt sich einige Tage im Eskimodorf und läßt sich dann zu seinem Boot zurückbegleiten, wo er den ganzen Winter verbringt. In dieser Zeit liest er zweimal die gesammelten Werke Shakespeares, hört Radio und bereitet die *Cresswell* auf ihren neuerlichen Einsatz vor. Einmal im Monat kommen die Eskimos vorbei, um sich zu vergewissern, daß noch alles in Ordnung ist. Sie bringen ihm Seehundtran für seine Lampen oder Lebensmittel von der Funkstation mit.

Der Frühling kommt, und am 20. April läßt Jones sein Boot zu Wasser. Am 25. stellt er die Masten, dann, am 28., segelt er los. Sein Weg führt ihn am Eskimodorf vorbei. Für fünfzehn lange Monate sieht er die letzten Menschen.

Jeder andere hätte nach dieser abenteuerlichen Fahrt im Eis und der langen Überwinterung wohl Lust verspürt, wieder in die Zivilisation zurückzukehren, in den Hafen einzulaufen, in eine Kneipe zu gehen, ein heißes Bad zu nehmen und dann zumindest zeitweise etwas anderes zu machen; doch nicht dieser willensstarke Seemann, der dem Tod ins Auge geschaut hat und den die Ärzte zu einem Leben im Rollstuhl verurteilt hatten.

Am 2. Mai 1960 fährt die *Cresswell* mit Kurs Nordost in Richtung Jan-Mayen-Insel. Dank der Eskimos konnte Tristan Jones seinen Lebensmittel-vorrat mit fünfzig Litern Seehundtran und hundert Pfund Trockenfisch auffüllen. Zwischen Küsten- und Packeis erstreckt sich eine acht Seemeilen breite, in Nord-Süd-Richtung verlaufende Durchfahrt. Tristan ist klug genug, ihr in südlicher Richtung zu folgen, bis er auf einen nach Osten verlaufenden Kanal stößt, der ihn in freie Gewässer führt. Am 18. Mai sichtet er in der Ferne ein Boot, das ihn aber nicht bemerkt.

Am 25. Mai kann Tristan Jones das Packeis ganz klar erkennen. Dann zieht ein Sturm auf. Die *Cresswell,* die Sturmsegel gesetzt hat, kann ihren Kurs nicht mehr halten. Der Hund Nelson schiebt wie sein Herr Wache. Beide gehen alle fünf Minuten in die Kajüte, um sich aufzuwärmen, dann wieder ins Cockpit. Denn Jones befürchtet, mit einem driftenden Growler zusammenzustoßen. In den weiß gischtenden, sechs bis sieben Meter hohen Seen sind diese halb überspülten Eisberge sehr schlecht auszumachen. Und eine einzige größere Eisscholle würde ausreichen, um aus dem ehemaligen Rettungskutter ein Wrack zu machen. Um die Gefahr so gering wie möglich zu halten, versucht Jones, mit der gleichen Geschwindigkeit wie das Eis zu driften. Dazu bringt er am Vorschiff eine Leine in Form einer Bucht aus, die wie ein Treibanker wirken soll.

Der Sturm hält sechs Tage an. Am 5. Juni ist Spitzbergen in Sicht. Tristan Jones kann den Rauch eines Dorfes im Schutze der King's Bay sehen. Aber der Sturm nimmt noch zu, es wird kälter. Wie durch eine Düse heult er durch den Fjord und steht genau gegenan. Die Windgeschwindigkeit erreicht fünfzig Knoten. Jones versucht anzuluven, aber mit seiner Gaffeltakelung und dem geringen Lateralplan ist es hoffnungslos. Vier Tage lang muß Jones wieder einmal beidrehen, was ihn beunruhigt, denn das Boot treibt dabei in Richtung Packeis. Aber was bleibt ihm anderes übrig?

Vier Tage dauert die Drift. Der Sturm erreicht sechzig Knoten. Die *Cresswell* wird mit dem Heck gegen das Packeis gedrückt, eine Eismauer von dreihundert Metern Höhe, die den Horizont abriegelt. Ein riesiger Eisberg schwimmt in den Gewässern vor dem Packeis. Ob wohl ein Durchlaß zwischen Eisberg und Packeis besteht? Für Jones die einzige Chance. Er wagt es und fährt in den Durchlaß ein, ohne zu wissen, was ihn dort erwartet. In Lee des Eisberges ist es ruhiger, die See glatter. Eine ganz kleine Ausbuchtung im Eisberg bildet einen natürlichen Hafen. Tristan steuert die *Cresswell* hinein. Zwar mißt dieser »Hafen« nur dreißig Meter in der Breite, aber das reicht aus. Die kleine Gaffelketsch wird an Eisankern beiderseits im Eis festgemacht und ist so in relativer Sicherheit. Wir schreiben den 10. Juni 1960.

Nachdem Tristan geschlafen hat, inspiziert er seinen Eisberg. Er klettert auf den Gipfel. Sein Reich tauft er »Britannia«, die drei Spitzen »England«, »Wales« und »Schottland«. Der Wind ist auf zehn Knoten abgeflaut. Es scheint, als ob die Einfahrt in die Bucht sich verengt, aber Tristan Jones will gar nicht schnell wieder aufbrechen. Ganz im Gegenteil sogar, er richtet sich in diesem Naturhafen ein, demontiert die Mastbäume, baut ein Dach über die Plicht, leichtert das Boot und läßt Eis sich unter dem Kiel ansetzen. So driftet er mit seinem Eisberg in nordwestliche Richtung bis auf die Position von 79°42′, die er am 18. Dezember erreicht. Nach diesem Datum versetzt ihn die Drift nach Süden.

Um die Zeit zu überbrücken, spielt Jones Schach gegen sich selbst. Er lernt sogar, nicht zu mogeln. Nach jedem Zug wartet er eine Woche ab, bis er seine Folgezüge vergessen hat, damit der zweite Spieler – ebenfalls er – den Gegenzug machen kann, ohne die geplanten Züge seines Gegners zu kennen, der ja wiederum er selbst ist. Er steigert diese Verdoppelung von Personen sogar zur Verdreifachung. Tristan Jones wird zum unparteiischen Zuschauer, der Tristan gegen Jones spielen sieht und ihre Züge kritisiert. Offensichtlich kann der Hund Nelson nicht Schach spielen.

Tristan Jones spielt gerade wieder einmal, als am 25. Januar 1961 das Schachbrett plötzlich vom Tisch rutscht. Der Eisberg gerät ins Wanken. Die durch Abtauen außer Balance geratene Eismasse dreht sich. Das Boot hebt sich. Dann hört diese Bewegung auf, seine Lage ist jedoch bedenklich. Das Boot hat auf seinen Eisstützen jetzt Schräglage. Jones muß eine Unterlage für den Kocher bauen, um ihn wieder in die Horizontale zu bringen. Es kommt jedoch noch schlimmer: Die Eiswand, die sich weit über das Boot erhob, ist zu einem Überhang geworden. Dieser kommt dem Masttopp sehr nahe, kann sich jeden Augenblick lösen und das ehemalige Rettungsboot begraben.

Am 15. Mai bricht durch den Tauprozeß die Eisschicht unter dem Kiel der *Cresswell*. Das Boot schwimmt wieder, aber ein Teil der auf dem Eis gelagerten Lebensmittel versinkt im Wasser.

Am 3. Juni schüttelt ein Sturm den Eisberg. Risse tun sich auf, und große Blöcke lösen sich ab. Am 11. Juni macht Jones das Boot an einem Eisblock von der Größe eines Fußballfeldes fest. Diese riesige Scholle hat für ihn den Nutzen eines Eisbrechers, der kleinere Schollen und Blöcke zur Seite stößt und in seinem Fahrwasser die *Cresswell* in freie Gewässer zieht. Die kleine Ketsch ist kein Gefangener des Eisberges mehr. Nach einem Jahr und einem Tag ist sie frei.

Am 17. Juni 1967 läuft die *Cresswell* in die King's Bay ein.

Fischer nehmen Jones in Empfang und fragen ihn, woher er kommt. Tristan antwortet:

»Aus Reykjavik, Island.«

»Wie lange haben Sie dafür gebraucht?«

»Zwei Jahre.«

So endet das Polarabenteuer von Tristan Jones, dessen unglaubliche Geschichte es mit dem spannendsten Abenteuerroman aufnehmen kann.

TILMAN

Liegen im Hafen von Reykjavik, als wir unerwartet Besuch von einem Mitglied des Segelklubs erhalten.

»Woher kommen Sie?«

«Aus Frankreich.«

»Auf direktem Weg?«

»Ja.«

»Dann haben Sie vielleicht auch das Boot von Major Tilman unterwegs getroffen?«

»Wer ist das?«

»Ein Forscher, der seit vielen Jahren auf einem alten Holzboot im Eis segelt. Hier kennt ihn jeder. Alljährlich fährt er in den hohen Norden, und immer erleidet er irgendeine Havarie. Auf der Rückfahrt kommt er dann nach Island. Komischer Kauz! Anscheinend ist er vor ein paar Wochen noch in den Bergen an der Ostküste Grönland herumgeklettert – und das in seinem Alter.«

»Wie alt ist er denn?«

»So genau weiß ich das nicht, aber bestimmt in den Siebzigern.«

(Aus dem Logbuch der *Vagabond*, 21. 08. 1976)

Major H. W. Tilman

94

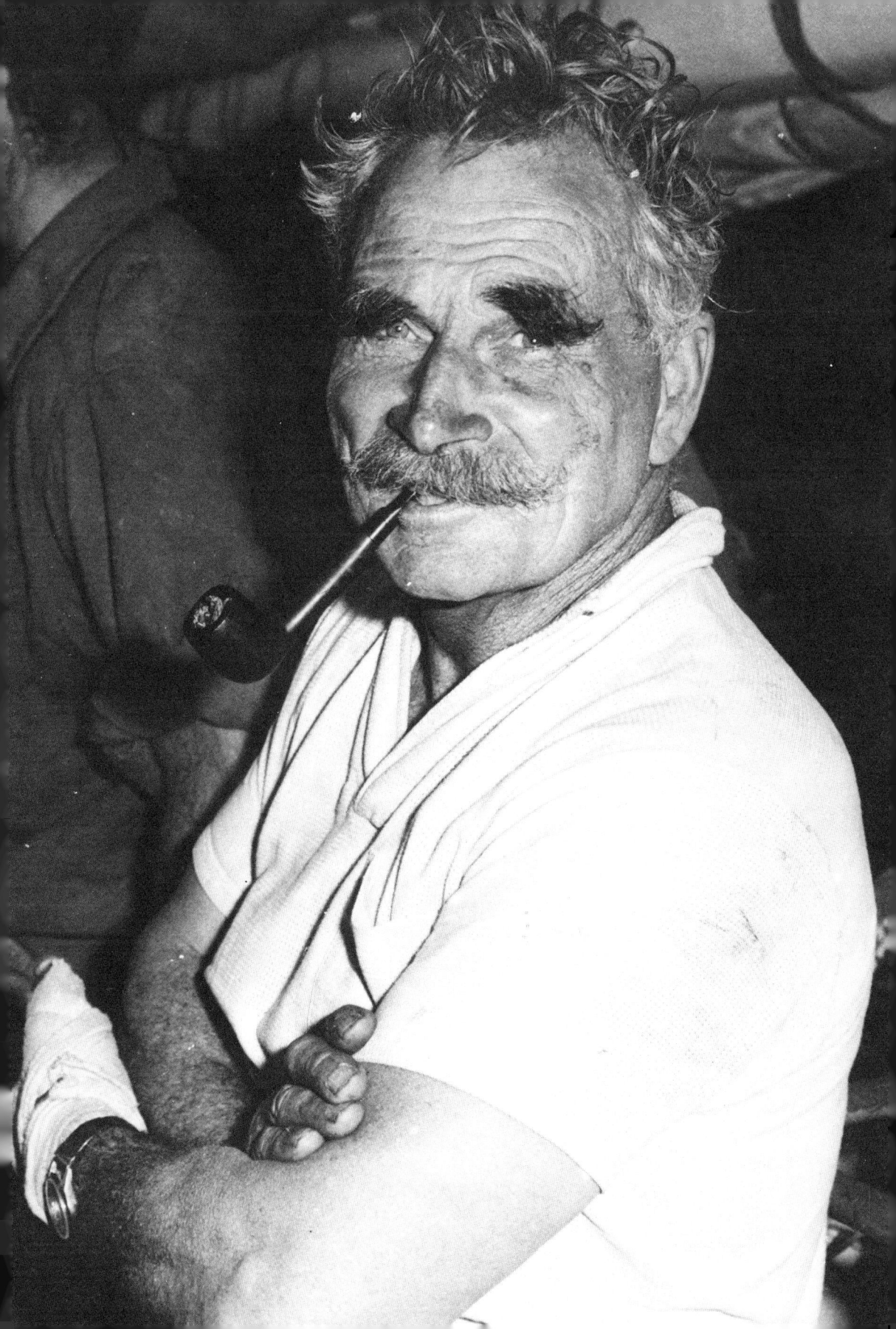

4 Der bergsteigende Gentleman

Über und über mit rotem Staub und getrocknetem Schlamm bedeckt, radelt ein Mann auf einer ausgewaschenen Piste mitten durch Afrika. Von Zeit zu Zeit hält er an, lehnt sein schweres schwarzes Fahrrad mit dem Hochlenker gegen einen Affenbrotbaum, pflückt sich ein paar Früchte und ißt sie. Diese Geschichte spielt im Jahre 1930, und trotz des Staubes und der sonnengegerbten Haut lassen seine würdige Haltung und die Bauart des Fahrrades zweifelsohne erkennen, daß der Radfahrer ein Weißer ist; besser gesagt, daß er ein britischer Untertan ist; oder noch besser, daß er wahrscheinlich als Offizier gedient hat.

Das trifft zu. H. W. Tilman, geboren 1898, während des Ersten Weltkrieges Offizier bei der Royal Artillery, mit dem Military Cross mit Spange ausgezeichnet, wird nach Kriegsende Kaffeepflanzer in Ostafrika. Eines schönen Tages fährt er mit dem Fahrrad los, um den Kontinent besser kennenzulernen. Innerhalb von sieben Wochen legt der Gentleman allein fünftausend Kilometer zurück, ernährt sich hauptsächlich von Bananen und durchquert Afrika von Ost nach West.

Hat der Herrgott diesem abenteuerlustigen Mann ein Gebirge in den Weg gelegt, dann nur, damit er es besteigt. Er erklimmt einen Großteil der Gipfel Afrikas, dann besteigt er Berge in Afghanistan, im Himalaya, nimmt 1935 an

96

der Erkundung des Mount Everest teil, besteigt den Nanda Devi und leitet im Jahre 1938 eine weitere Expedition zum Everest. Dann bricht der Zweite Weltkrieg aus. Dieser harte Mann dient wieder bei der Royal Artillery, kämpft hier und dort, sowohl in Frankreich als auch in der Wüste, wird Fallschirmspringer, kämpft gemeinsam mit albanischen und italienischen Widerstandskämpfern und wird mit dem Distinguished Service Order ausgezeichnet.

Der Krieg geht zu Ende. Major Tilman hat zu dem Sieg mehr als genug beigetragen. Er könnte jetzt ein ruhiges Leben führen. Aber nein. Er wird Konsul von Großbritannien in Birma, wodurch er Gelegenheit zu einigen weiteren Bergbesteigungen in Sinkiang und Nepal erhält. Dabei ist er bald fünfzig.

Aber was bedeutet schon Alter? Major Tilman, von schmaler Gestalt, mit dem gegerbten und zerfurchten Gesicht des Bergsteigers und dem für die Indische Armee typischen Schnurrbart, ist 56, als er zu der Auffassung kommt, daß das Leben jetzt erst richtig losgehen müßte. Und das bedeutet für ihn Bergsteigen, immer mehr Berge auf der ganzen Welt besteigen. Um zu ihnen zu gelangen, was wäre da geeigneter als ein Segelboot, zugleich Fortbewegungsmittel, Unterkunft und Basislager? Der britische Alpinist hat eine Vorliebe für Boote, die mit ihm gleichen oder fast gleichen Alters sind. Ganz besonders zieht er die Lotsenboote von Bristol vor. Diese Boote sind kuttergetakelt und haben einen langen Bugspriet, einen geraden Vorsteven sowie ein weit überhängendes Heck. Sie wurden gebaut, um härtesten Beanspruchungen zu widerstehen und mußten sich sommers wie winters bei schlechtem Wetter westlich von Wales auf See behaupten. Tilman ersteht die *Mischief,* einen 1906 gebauten Lotsenkutter von vierzehn Metern Länge. 1955 unternimmt er seinen ersten Törn: Umsegelung von Südamerika durch die Magellan-Straße und Rückkehr durch den Panamakanal; eine Strecke von zwanzigtausend Seemeilen. Schon kurz danach läuft die *Mischief* zum zweitenmal aus. Dieses Mal zieht es Tilman nach Afrika, vorbei an den Kanarischen Inseln, um das Kap der Guten Hoffnung und durch das Rote Meer ins Mittelmeer; wieder eine Strecke von zwanzigtausend Seemeilen. Bei einer erneuten Expedition im Jahre 1959 gelangt die *Mischief* in den stürmischen Südindischen Ozean, macht erst auf den Crozet-Inseln und dann auf den Kerguelen halt.

Bei jeder dieser Reisen bietet sich natürlich Gelegenheit, bisher noch nicht bezwungene Gipfel zu besteigen. Mit sechzig Jahren sammelt der Gentleman-Alpinist Erstbesteigungen. Aber es ist weniger der Ruhm oder die Leistung, die ihn reizen, sondern vielmehr seine Abenteuerlust. So kommt ihm dann auf der Rückfahrt im Indischen Ozean ein faszinierender Gedanke: eine Fahrt nach Grönland mit seinen Fjorden, seinen Gletschern und seinen Bergen.

Aus reinem Vergnügen ist bisher anscheinend noch nie ein Segelboot in diesen Gewässern gekreuzt, da Grönlands »Schutzmächte« nur sehr schwer zu besiegen sind. Da wäre zunächst einmal die Entfernung. Die schwere, selbst bei viel Wind nur mäßig schnelle *Mischief* wird wohl dreißig bis vierzig Tage brauchen, um von ihrem Ankerplatz in Lymington, im Süden Englands, der Insel Wight gegenüber, bis Godthåb, der Hauptstadt im Südwesten Grönlands, zu gelangen. Dann ist da das in diesen hohen Breitengraden fast ständig schlechte Wetter. Als nächstes kommt der Nebel, der in diesen Gewässeren so häufig auftritt, daß gute Sicht und klarer Himmel schon zu den seltenen Ausnahmen gerechnet werden müssen. Und schließlich das Eis, das im Nebel für den Skipper zu einer tödlichen und unvorhersehbaren Gefahr werden kann.

Das Packeis driftet, vom Nordpol kommend, die Ostküste Grönlands entlang, die nur sehr selten und dann spät im Jahr zugänglich ist, bis hinunter zum Kap Farewell, der Südspitze Grönlands, an der sich das Eis bis zu fünfzig, ja manchmal sogar bis zu hundert Seemeilen weit in die See hineinschiebt. Die Westküste Grönlands allerdings ist dank des Golfstromes viel früher eisfrei; und zwar bereits ab Mai oder Juni im südlichsten Küstenteil. Trotz allem stellen neu entstandene Eisberge für Schiffe eine ständige Gefahr dar.

Diese Gefahren entmutigen Tilman jedoch nicht – im Gegenteil, sie sind für ihn ein besonderer Reiz, da er sich einen Ausspruch von Sir Humphrey Gilbert zu eigen gemacht hat, der 1576 als einer der ersten dieser Gewässer erforscht hat: »Das Leben wird erst lebenswert durch Angst, Todesgefahr, den Dienst am Vaterland oder durch die Verteidigung der eigenen Ehre, da der Tod unvermeidbar ist, der Ruf eines mutigen Mannes aber unsterblich.«

So befährt denn die alte *Mischief* ab 1961 alljährlich die Grönlandroute, schrammt mit ihren Planken an Eisschollen entlang, läuft im Nebel zuweilen hart auf. Ihre Mannschaft arbeitet fast genauso oft an den Pumpen wie am Rigg und am Ruder. Die erste Expedition führt den Kutter zur Westküste, die zweite bis zu den Baffininseln. An dieser Ostküste Kanadas gibt es auf der Halbinsel Cumberland, die etwa die Größe der Schweiz hat, auf 67° C nördlicher Breite, also fast am Polarkreis, einen noch unbezwungenen Gipfel, den Mount Raleigh, der 1585 von John Davis entdeckt wurde.

Tilmans Aussage zufolge besitzt Grönland zwei Hauptanziehungspunkte: Für den Bergsteiger sind einsame Gebirge vorhanden, deren Gipfel in der Mehrzahl noch unbezwungen sind; für den Segler ist dieser Landstrich ein

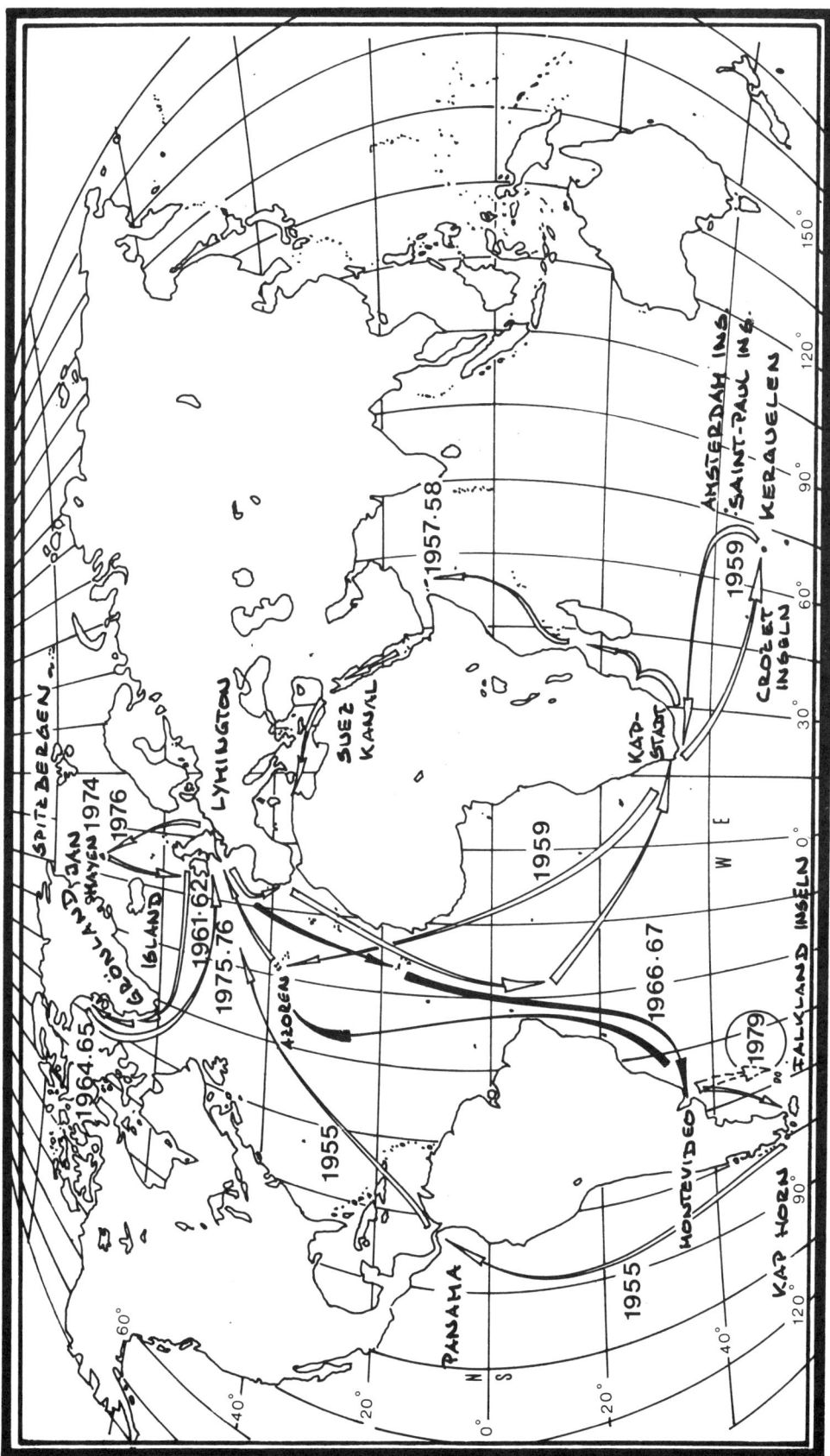

lohnendes Ziel für einen Törn, wo er von nahem die größten Eisberge sehen, in den Fjorden kreuzen und alle möglichen Fische fangen kann. Zudem trifft er hier auf besseres Wetter als in England. Aber, so bedauert der Kapitän der *Mischief,* die Westküste Grönlands ist zu stark besiedelt. Ein in Europa abgesandter Brief kommt hier innerhalb von drei Tagen an. In fast jedem Fjord findet man eine kleine Stadt oder ein Dorf. Es gibt viele Fischerboote. Im Gegensatz dazu ist die Cumberland-Halbinsel viel wilder und einsamer.

Dahin geht es also. Sein Ziel ist die Bezwingung des Mount Raleigh. Aber zunächst einmal muß H. W. Tilman ein chronisches Problem lösen: die Zusammenstellung seiner Mannschaft. Die *Mischief* ist ein schweres Boot, dessen Handhabung viel Kraft erfordert. Die Mannschaft muß zum einen aus Bergsteigern bestehen, damit Seilschaften gebildet werden können, zum anderen aus Seeleuten, die während der Liegezeit die Sicherheit des Bootes gewährleisten. Die ganze Fahrt soll fünf Monate dauern, und so ist es schwierig, verfügbare Leute zu finden, die auch bereit sind, sich dem Unvorhersehbaren einer solchen Fahrt zu stellen. Als erstes wendet sich Major Tilman an zwei Yachtklubs, die über Mannschaftslisten verfügen. »So bekam ich mein erstes Opfer«, erzählt Tilman. Hans Hoff ist Ostdeutscher, der sein Land vor den anrückenden Sowjets verließ und seit sieben Jahren in England lebt. Er verfügt über gewisse Boots- und Navigationskenntnisse, und der Major setzt Vertrauen in die deutsche Disziplin. »Er führte meine Befehle widerspruchslos aus und war den anderen ein Beispiel.« Trotz alledem will der Major ihn auf die Probe stellen. Da der Bergsteiger ein humorvoller Mensch ist, lädt er Hoff an einem kalten und regnerischen Wintertag zu einem Besuch auf der *Mischief* ein, die sich an diesem Tag besonders schlimm aufführt. Aber dieser wenig ermutigende Anfang bringt den Deutschen nicht von seinem Vorhaben ab.

Ein befreundeter Bergsteiger nennt Tilman drei mögliche Teilnehmer. Aber nur einer von ihnen, ein Student, ist verfügbar. Er fährt mit dem Motorrad von der Universität zu Tilman, verirrt sich aber und kommt mit einer Stunde Verspätung an. »Da er sich ja nicht mit Navigation befassen sollte, war sein Irrtum ohne Bedeutung«, schreibt Tilman, der diesen Michael Rhodes auch anheuert. Der Student besitzt die Geschicklichkeit eines Treibnetzfischers und hat den Körperbau eines Rugbyspielers. Sein Spezialgebiet ist das Studium der Fleischfliege. Wie er versichert, wird er davon auf Grönland eine Menge fangen.

Tilman hat nun zwei Besatzungsmitglieder. Aber er braucht noch drei weitere und will schon in zwei Monaten auslaufen. Er sucht dringend einen Koch. Zu diesem Zweck wendet er eine Methode an, die in der Vergangenheit

bereits erfolgreich war: die berühmten Kleinanzeigen in der *Times.* »Suche
Koch für kalte Reise auf kleinem Boot. Fünf Münder fünf Monate lang zu
stopfen.«

Die einzigen aussichtsreichen Bewerber sind Frauen, von denen einige über
viel Erfahrung verfügen. Tilman ist jedoch abergläubisch und hält an einem
chinesischen Sprichwort fest: »Zwietracht kommt nicht vom Himmel, sondern
von den Weibern.« Da beschließt ein ehemaliges Besatzungsmitglied Tilmans,
ein Lehrer, mitzukommen, und erklärt sich bereit zu kochen. Wieder einer
mehr. Der Eigner eines alten Bootes, den Tilman zufällig getroffen hat,
erzählt im Zug von Yachten und Segeltörns. Einer seiner Gesprächspartner
zeigt Interesse für die Fahrt der *Mischief.* Dieser Shann White besitzt selbst ein
kleines Boot und kennt sich mit Motoren aus. Sein Spezialgebiet ist die
Vogelbeobachtung – besonders während des Schlüpfens. Er nimmt mit einem
anderen Vogelliebhaber teil. Roger Brown ist jung, groß und schlank wie eine
Bohnenstange. Er hat gerade sein Maschinenbaustudium beendet, aber noch
nie den Fuß auf ein Boot gesetzt.

So verlief die Rekrutierung der Mannschaft für die Expedition des Jahres
1962. Sie zeigt zum einen das phantasievolle Vorgehen und den Humor des
Majors, zum anderen aber auch die Schwierigkeiten, Freiwillige für eine
derartige Fahrt zu finden. Dies dürfte jedoch die Abenteuerlustigen nur
ermutigen. Wie man sieht, ist die Mannschaft für eine solch schwierige Fahrt
reichlich bunt zusammengestellt und besteht zum Großteil aus Männern, die
über wenig Erfahrung verfügen und die vor allem keine Bergsteiger sind; was
wiederum ein Beweis für den starken Willen und den Optimismus des
unbezwingbaren Engländers ist.

Die Überfahrt verläuft problemlos, vor allem dank des meist raumen
Windes. Nur der arme Michael leidet ständig an Seekrankheit. Dreiundzwan-
zig Tage nach dem Auslaufen aus dem Solent ist Kap Farewell querab und mit
seinen fast tausend Meter hohen Bergen bei schönem Wetter schon von
weitem sichtbar. Die *Mischief* fährt die Küste hinauf, trifft auf ihre ersten
Eisschollen und stößt hart gegen eine unter Wasser liegende Eiszunge. Aber
die Angst ist größer als der Schaden. Das Einlaufen in Godthåb wird
turbulent. Der Wind ist stark, und so ein Schwergewicht wie die *Mischief* läßt
sich nicht leicht manövrieren. Als der Anker geworfen wird, klemmt die Kette
in der Winde. Doch ein Offizier an Bord der *Thetis,* einer Marinekorvette, hat
das Malheur gesehen. Zur Hilfeleistung schickt er ein Ruderboot mit einer
Ankerleine und wenig später eine Flasche Whisky. »Mir schien, als ob Sie
sowohl für das eine als auch für das andere Verwendung hätten«, bemerkt der
Offizier.

Für Tilman ist dies bereits der dritte Aufenthalt aus Grönland. In der Kneipe wird er stürmisch begrüßt: »Zumindest von denen, die noch nicht zu betrunken waren, um mich zu erkennen.« Dann erreicht die Mannschaft bei schlechtem Wettter, Schneesturm und Nebel den Evighedsfjord. Dort steigen sie auf einige Berge und ernähren sich von den reichlich in diesen Gewässern vorkommenden Dorschen und Lachsen. Danach nimmt die *Mischief* Kurs auf Kanada und den Mount Raleigh, das Expeditionsziel. Aber die Küste ist fünfzehn Seemeilen weit mit Packeis zugefroren. Die *Mischief* fährt am Eisfeld entlang und kommt eines Nachts in immer eisschollenreicheres Gebiet. Die Fahrrinne schließt sich. Ein tafelförmiger Eisberg, größer als die *Mischief,* driftet direkt auf das Boot zu, als ob er es angreifen wolle. Ganz vorsichtig kommt die *Mischief* unter Motor von ihm frei und kann offenes Wasser erreichen. Es bleibt nichts anderes übrig: Sie müssen nach Grönland zurück und dort auf günstigere Witterungsverhältnisse warten.

Sie laufen in den Hafen von Holsteinborg ein, einer Stadt mit 1500 Einwohnern und noch viel mehr hungrigen Hunden. Der Major will diesen Zwischenaufenthalt für einen Zahnarztbesuch nutzen: Auf dem Weg dorthin hängt sich ein betrunkener Mann an ihn und weigert sich, den Major loszulassen. Er begleitet Tilman zum Zahnarzt, folgt ihm ins Wartezimmer, stellt den Major allen Patienten vor und besteht dann darauf, Tilman mit nach Hause zu nehmen. Zu allem Überdruß fordert er schließlich zwei Pfund Sterling für seine Führung…

H. W. Tilman möchte die Liegezeit im Hafen nutzen und den Kutter ins Trockendock bringen, um sich zu vergewissern, daß der Stoß gegen die Eisscholle nicht den Rumpf beschädigt hat. Aber der Slip ist für mehrere Tage nicht verfügbar. So beschließt der Major, während der Wartezeit den Nachbarfjord zu besuchen, der nur fünfzehn Seemeilen entfernt ist.

Die *Mischief* wird drei Tage dafür brauchen. Als sie in den Fjord einfährt, wird es Nacht. Der Südwind frischt auf. Bis zum nächsten Morgen soll das Boot beidrehen, aber das Piekfall bricht. So muß erst das Großsegel, dann die Fock eingeholt werden. Bei immer noch zunehmendem Wind treibt die *Mischief* mit beschlagenen Segeln schnell ab. Erst am dritten Tag kann die Mannschaft auf Kurs zurückkehren und in den Fjord einlaufen. Aber dieser Ausflug ist enttäuschend. Die Berge hier sind nur kümmerlich, und im Fjord treffen sie auf eine der seltenen Plagen Grönlands. Aber lassen wir Major Tilman das Wort: »Ich wollte mir die Planzenwelt im Tal ansehen. Es gab wenige Blumen, kaum Moskitos, aber Wolken kleiner Stechmücken. Ich war ohne Insektenschutzcreme losgegangen, und es war zum Verrücktwerden. Eine frische Brise strich durch das Tal. Ich dachte, wenn ich gegen den Wind

102

MISCHIEF

Holzboot mit Gaffelrigg
Lotsenkutter aus Bristol, Baujahr 1906
Gelber Rumpf mit schwarzem Schanzkleid
Braune Segel
Länge über alles: 14 m
Länge des Rumpfes: 11,40 m
Tiefgang: 2,20 m
Arbeitsbesegelung: 80 m²

liefe, würden die Stechmücken davongetragen. Aber diese Taktik war nur anwendbar, wenn ich das ganze Tal ohne anzuhalten hinunterlief. Undenkbar, einmal stehenzubleiben, um Blumen zu pflücken, den Rucksack abzustellen oder das Material zum Botanisieren herauszuholen. Selbst eine seltene schwarze Tulpe konnte mich nicht zum Stehenbleiben veranlassen. Ich wollte zu einem etwa drei Meilen entfernten See, hatte aber bald genug. Der Wind war abgeflaut, so konnte ich auf dem Rückweg keine Sekunde verschenken. Ich lief schnell das Tal hinunter und hoffte, meinen Peinigern zu entkommen. Aber vergebens. Kurz vor dem Ufer entdeckte ich ein tiefes, mit Wasser gefülltes Becken. Schnell zog ich mich aus und tauchte hinein. Das Wasser war zu kalt, um darin zu bleiben, aber beim Anziehen hätte ich stehenbleiben müssen. Deshalb schnappte ich nur meine Stiefel und Kleider und lief nackt den Strand entlang zu unserem Beiboot. Am nächsten Tag war mein Gesicht so stark geschwollen, daß ich kaum die Augen öffnen konnte.«

Nach einer eisfreien Überfahrt macht die *Mischief* dann am 21. August am Fuß des Mount Raleigh fest. Aber welche Überraschung: Es gibt zwei Berge nebeneinander. Die Karten sind ungenau und lassen die Bestimmung des richtigen Gipfels nicht zu. Was macht das schon? Beide Berge werden bestiegen. Die kanadische Regierung hat den falschen Gipfel »Mount Raleigh« genannt; neuere Karten nennen ihn seitdem »Mount Mischief«.

Wir schreiben schon den 26. August. Es ist höchste Zeit, den Rückweg anzutreten. Zwar hat die *Mischief* nur vier Tage an der kanadischen Küste gelegen, aber das Expeditionsziel ist erreicht.

In den Jahren 1964 und 1965 kehrt die *Mischief* noch zweimal an die Westküste Grönlands zurück. Dann läuft sie 1966 zu einer Expedition in den Süden, in die Antarktis, aus. Sie erreicht die Palmer-Halbinsel, die Südshetland-Inseln und Südgeorgien. Im Jahre 1968 schließlich strandet die *Mischief* an der Insel Jan Mayen nördlich von Island. Sie hat ein lange Karriere als Lotsenkutter, dann als Yacht hinter sich, hat mehr als hunderttausend Seemeilen in den schwierigsten Gewässern zurückgelegt und ist mit ihren Planken am Eis der Arktis und Antarktis entlanggeschrammt. Ein Versuch, sie zu retten, scheitert. Sie sinkt und muß aufgegeben werden.

Doch Major Tilman hat eine besondere Vorliebe für die Lotsenkutter aus Bristol. Die *Sea Breeze* ersetzt die *Mischief*. Das neue Boot ist noch älter als das vorige. Die *Sea Breeze* wurde 1899 gebaut und mißt fünfzehn Meter über alles. Ab 1969 unternimmt H. W. Tilman mit ihr wieder Seereisen. Er ist jetzt schon über siebzig Jahre, scheint aber eine nicht nachlassende Lebenskraft und den Enthusiasmus der Jugend zu besitzen. Wie bereits erwähnt, ist die Ostküste Grönlands noch unzugänglicher als die Westküste, da sie im Jahr viel

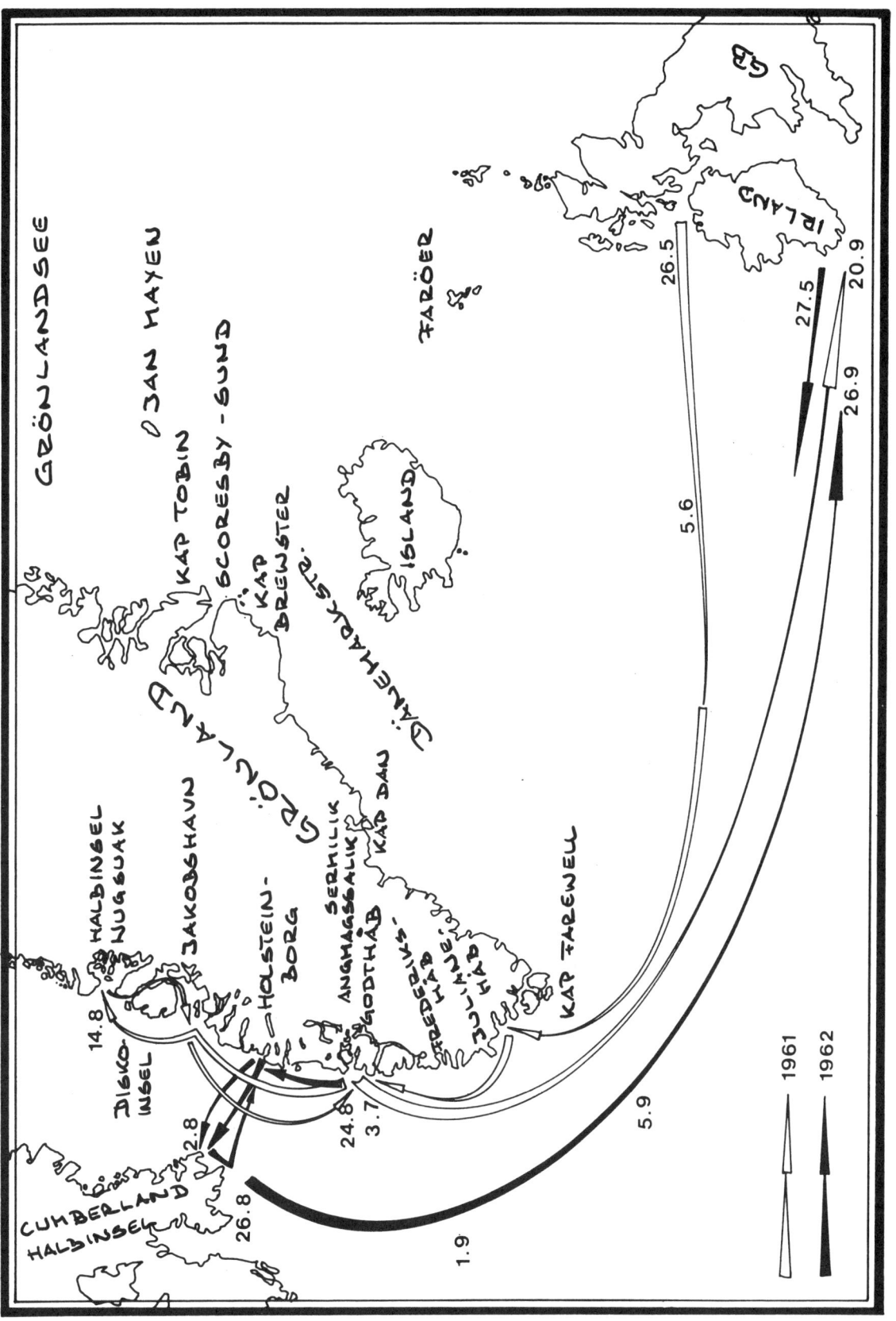

GRÖNLANDSEE

JAN MAYEN

KAP TOBIN

SCORESBY - SUND

KAP BREWSTER

GRÖNLAND

GAUSEHALDSTR.

ISLAND

FARÖER

ISLAND

GB

HALBINSEL NUGSUAK

JAKOBSHAVN

DISKO INSEL

14.8

2.8

26.8

CUMBERLAND HALBINSEL

HOLSTEIN- BORG

SERMILIK

ANGMAGSSALIK

GODTHÅB

KAP DAN

FREDERIKS- HÅB

JULIANE- HÅB

KAP FAREWELL

24.8

3.7

1.9

5.9

5.6

26.5

27.5

20.9

26.9

1961

1962

länger von driftendem Packeis versperrt und nicht vom Golfstrom erwärmt wird. Die erste Expedition, die Tilman mit der *Sea Breeze* dorthin unternimmt, wird ein Mißerfolg: Etwa zwanzig Seemeilen vor Kap Brewster an der Südspitze der Scoresbysundes muß der Major umkehren. Schlechtes Wetter, dann fünf Tage lang Nebel, der nach seiner Auflösung eine unüberwindbare Eisfläche freigibt, veranlassen die Mannschaft zu einer »höflichen Meuterei«, wie Tilman es nennt.

Aber der segelnde Bergsteiger ist kein Mann, der sich von einem Mißerfolg entmutigen läßt – auch nicht, wenn er wie 1970 wieder zur Westküste fährt, wo er mit zwei extra zu diesem Zweck aus Australien angereisten Bergsteigern einige interessante Gipfel bezwingt. Im Folgejahr schlägt *Sea Breeze* die Route der Schulschiffe ein: zu den Faröern und nach Island. Es gilt, die günstigste Jahreszeit abzuwarten, d. h. den Monat August, der allein den Skippern die Möglichkeit bietet, eine relativ eisfreie Küste vorzufinden. Am 31. Juli läuft die *Sea Breeze* aus, um die restlichen dreihundert Seemeilen zurückzulegen, die zwischen ihr und Grönland liegen. Aber schon in der ersten Nacht stößt Tilman auf unüberwindbares, kompaktes Eis. Alle Versuche, es zu umfahren, schlagen fehl.

Major Tilman klettert in die Webeleinen und will den Rudergänger lotsen, aber schon bald befindet sich der Kutter in einer Sackgasse, aus der ihn die Mannschaft nur mit größter Mühe wieder herausmanövrieren kann. Zwei Wochen versuchen sie voranzukommen, gelangen auch bis auf siebzig Seemeilen an Kap Brewster heran, müssen dann aber wieder nach Süden abdrehen.

1972: Die *Sea Breeze* hat neue Segel aus Flachs und eine neue Mannschaft. Sie setzt sich zusammen aus Brian Poter, dem Koch der Expedition von 1963; Richard Capstick, einem Journalisten der *Daily Mail;* Brian McClanagan, einem Australier, der neben völliger Unerfahrenheit als Segler auch über keine Bergerfahrung verfügt; sowie – noch in letzter Minute hinzugestoßen – Mike Clare, ein Bergsteiger, der schon einmal gesegelt ist.

Der erste Zwischenhalt ist Reykjavik auf Island. Dort wird der während der Überfahrt gebrochene Großbaum ersetzt. Hier geht auch der humorlose Journalist von Bord. An seine Stelle tritt ein Amerikaner, den sie in der Jugendherberge getroffen haben und der über keinerlei Erfahrung verfügt.

Wieder einmal müssen sie warten, bis sich das Packeis zurückgebildet hat und den Weg zur Ostküste Grönlands freigibt. Tilman hat noch etwas zu erledigen. Er will einem auf Jan Mayen lebenden Freund das Rezept für Tschapati bringen. Tschapati ist ein Gebäck aus Wasser und Mehl, und die ganze Kunst besteht darin, beide Bestandteile so lange mit den Handballen zu kneten, bis man einen dünnen Teigfladen von der Größe einer Pfanne erhält, den man auf einem Kocher bäckt. Anschließend wird er mit Butter gegessen. Das Rezept ist besonders für Bergsteiger wertvoll, da sie auf einer Expedition weder über ein Backblech noch über ein Nudelholz verfügen.

Fünf Tage, nachdem der Amerikaner sich eingeschifft hat, geht er wieder von Bord. Er war die ganze Zeit über krank. Er hieß John Rabbit – von Tilman »John Kaninchen« genannt. Und jeder Seemann weiß, daß das Tier mit den langen Ohren auf Schiffen Unglück bringt. Für John kommt der sechzehnjährige Dougal Forsyth in die Mannschaft, der Sohn eines Freundes von Brian.

Die Überfahrt nach Jan Mayen verläuft ohne besondere Ereignisse: Die See ist eisfrei und der Himmel wolkenlos. Dann nehmen sie Kurs auf den Scoresbysund. Ob es diesmal gelingt? Die Bedingungen scheinen günstig: leichter, raumer Wind, gute Sicht und von Eis keine Spur. Erst zehn Seemeilen vor der Einfahrt in den Sund sichten sie am 3. August die ersten Eisberge. Sie wählen einen breiten, flachen Block mit geraden Kanten und machen mit einem doppelten Rundtörn daran fest, eine Technik, die Tilman 1970 gelernt hat. Auf diese Art verbringen sie eine ruhige Nacht. Am Morgen fahren sie vier Stunden in den Sund ein und suchen ihren Weg durch das Eis. Aber die Eisblöcke werden immer kompakter, die Kanäle enger, und der Kurs ist selbst von der Saling aus immer schwieriger zu erkennen. Oft finden sie sich in einer Sackgasse wieder. Sie müssen kehrtmachen; es ist höchste Zeit. Der Himmel bezieht sich. Wind kommt auf, von Osten. Die Eisblöcke bewegen sich aufeinander zu und stoßen hart zusammen. Als sich die See wieder beruhigt, suchen sie einen Eisblock, um daran festzumachen, finden aber keinen geeigneten. Ein Mannschaftsmitglied springt auf das Eis und kann unter größten Mühen gerade noch an Bord gezogen werden. Da ist die offene See schon besser.

Mehrere Tage lang kreuzt die *Sea Breeze* vor der Küste, aber der Sund bleibt eine kompakte Masse, die Eisberge kalbt. Die Mannschaft bringt die *Sea Breeze* so nahe wie möglich an die Küste heran. Sie sehen in einigen Seemeilen Entfernung den unerreichbaren Ankerplatz. Am 8. August fällt der Motor aus. Sie hatten ihn bisher alle zwei bis drei Tage angelassen, um die Batterien aufzuladen. Alle Bemühungen, ihn in Gang zu bringen, sind vergebens.

Ohne Motor wird das Segeln in diesen Gewässern noch gefährlicher. Außerdem muß die Mannschaft vor der Rückkehr nach England noch die Lebensmittel- und Wasservorräte auffüllen. Tilman beschließt, weiter südlich einen Zwischenhalt in Angmagssalik einzulegen, da die Einfahrt dort über ausreichend Freiraum für den nur unter Segeln laufenden und schwer manövrierbaren Kutter verfügt. Auf dem Weg dorthin müssen sie zahlreichen

Eisbergen und Eisschollen ausweichen, die ungewöhnlich weit nach Osten driften. Starker Wind zwingt sie, 24 Stunden beizudrehen. Auf den Wind folgt Nebel. Eine widerliche Gegend. Aus dem Nebel taucht ein Fischerboot auf, weist ihnen die Richtung nach Angmagssalik und will einen Funkspruch absetzen, damit ein anderes Boot der *Sea Breeze* bei der Einfahrt in den Hafen zu Hilfe kommt. Bei Einbruch der Dämmerung hebt sich der Nebel. Da Tilman in der Nacht nicht draußen beidrehen will, beschließt er, in den nahegelegenen Sermilik-Fjord einzulaufen und dort Anker zu werfen. Dies ist eine Fehlentscheidung, denn ein Eisberg blockiert den Fjord. Aber für den Augenblick ist sonst wenig Eis in Sicht, das Barometer steigt, und das Wetter bessert sich. Die Mannschaft hat drei erschöpfende Wochen auf See hinter sich und wäre froh, vor Anker zu gehen, um endlich eine ruhige Nacht zu verbringen; aber auch, um endlich im bisher unerreichbaren Grönland anzukommen.

Die *Sea Breeze* ist noch etwa eine Seemeile von Land entfernt, als der Wind einschläft. Sie versuchen, den Kutter mit dem Beiboot zu schleppen. Aber das zeigt nur wenig Wirkung. Plötzlich kommt eine starke Fallbö von den Bergen. Der schwere Kutter krängt bis zur Reling. Auch die Nacht ist mittlerweile hereingebrochen, es wird vollkommen dunkel. Schnell holen sie die Segel nieder. Wind oder Strömung treiben immer mehr Eisblöcke zusammen. Das Beiboot ist noch draußen, aber jeder in der Plicht versucht, die Eisblöcke vom Kutter abzuhalten. Unterdessen treibt er langsam in die Fjordeinfahrt. Stundenlang kämpfen sie gegen das Eis. Dann tauchen im Dunkeln in Lee Felsen auf. Sie setzen die Fock. Aber genau in dem Augenblick, als die *Sea Breeze* klarkommt, gerät ein Eisblock unter den Vorsteven und hindert sie daran, sich freizukreuzen. Wind und Seen drücken das Boot auf die Felsen. Alle Bemühungen, sie freizubekommen, schlagen fehl, denn der Rumpf ist zu hart aufgelaufen. Tilman befürchtet, daß der Kutter zerschlagen wird oder im tiefen Wasser sinkt. Er gibt Befehl, die *Sea Breeze* zu verlassen. Die Mannschaft hat gerade noch Zeit, einige Lebensmittel zusammenzuraffen. Die Nacht verbringen sie im Windschutz eines Felsens. Es ist ein Uhr. Nur der Mast der *Sea Breeze* ragt noch aus dem Wasser.

Bei Tage entpuppt sich ihre Lage als dramatisch. Die Schiffbrüchigen sitzen auf einer kleinen Insel. Die Küste ist unerreichbar, das Meer leer. Doch ein glücklicher Zufall will es, daß sie am Nachmittag von einem Fischerboot aus bemerkt und an Bord geholt werden. Aber die *Sea Breeze* ist verloren.

Major Tilman ist jetzt 74 Jahre alt. Selbst für diesen harten Mann sollte nun die Zeit gekommen sein, es sich am heimischen Herd bequem zu machen, von seinen Erinnerungen zu berichten und dabei in aller Ruhe seine Pfeife zu rauchen (zum Glück konnte er eine seiner Lieblingspfeifen bei dem Schiffbruch retten). Aber nein! Schon kurz nach seiner Rückkehr nach England machte er sich auf die Suche nach einem neuen Boot und endeckt im Januar die *Baroque,* wiederum ein Lotsenkutter aus Bristol, gebaut im Jahre 1902 und mit fast den gleichen Maßen wie die *Sea Breeze:* 15,25 Meter Länge, 4,11 Meter Breite und 2,30 Meter Tiefgang. Im Vergleich zur ursprünglichen Ausführung sind jedoch einige unglückselige Veränderungen vorgenommen und das Deck ist durch Aufbauten verschandelt worden. Einige Spanten sind verfault, die Kajüte ist unwohnlich. Aber alles sei instandsetzbar, versichert ein Experte. Also kauft Tilman die *Baroque.* Eine Werft beginnt mit den Arbeiten.

Wieder einmal muß eine Mannschaft zusammengestellt werden. Sieht man vom treuen McCalanaghan ab, muß Tilman die Leute nehmen, die er findet. Einer springt sofort wieder ab, aber zwei andere erweisen sich als aktiv und werden zu guten Kameraden und Seeleuten, obwohl der eine bei Beginn der Fahrt über keine Erfahrung verfügt.

Die *Baroque* läuft wie vorgesehen am 29. Mai aus. Schon bald treten Probleme auf. Ein ausgeschlagenes Wellenlager verhindert einen runden Schraubenlauf unter Motor. Aber für eine Reparatur ist es zu spät. Bei hoher See nimmt das Boot viel Wasser über; die Kojen sind ständig feucht. Ein Mannschaftsmitglied leidet an heftigen Zahnschmerzen: für ihn ein Vorwand, in Irland von Bord zu gehen, wo die *Baroque* kalfatert wird. Dann läuft sie wieder aus. Sie kommt aber nur zweihundert Seemeilen weit, dann muß sie umkehren. Ein Püttingeisen läßt in der Beplankung ein klaffendes Loch entstehen. Tilman nimmt Kurs auf die Bantry Bay, wo die Reparatur nur sehr langsam ausgeführt wird.

Erst am 25. Juni laufen sie wieder aus – und müssen lenzen: erst dreihundert, dann tausend und schließlich zweitausend Pumpenzüge. Über den Kojen installieren sie ein System aus Speigatten und Plastikfolie. Die Überfahrt wird erschwert durch böigen Wind, Nebel und Eisberge, von denen sie einigen gerade noch durch »Manöver des letzten Augenblicks« entkommen. Aber trotz allem erreicht die *Baroque* Godthåb, wo Tilman auf alte Freunde trifft. Dann geht es weiter die Küste hinauf bis zur Disko-Insel und Igdlorssuit jenseits des Polarkreises auf 71° nördlicher Breite. Die Rückkehr ist mühsam. Sturm folgt diesen September auf Sturm und Havarie auf Havarie. Der Baum bricht, der Motor hat Aussetzer. Ständig eindringendes Wasser zwingt zu ständigem Pumpen. Bei der Ankunft in Lymington am 6. Oktober kann Tilman sich nur zu dieser Mannschaft beglückwünschen, die mit Muskel- und Willenskraft die alte *Baroque* schwimmfähig gehalten hat.

Im Jahre 1974 wird der Kutter, der nicht sterben will, von seinem Eigner während einer Umsegelung von Spitzbergen bis zum 80. Breitengrad gebracht. Im darauffolgenden Jahr unternimmt Tilman eine neue Expedition an die Westküste Grönlands bis zur Disko-Insel. Das Jahr 1976 verläuft dann weniger glücklich. Nach der ersten Etappe bis Island müssen in Reykjavik verschiedene Reparaturen ausgeführt werden, bevor die *Baroque* Kurs auf die Ostküste Grönlands nehmen kann. Während dieses Zwischenhalts in Reykjavik trifft Tilman mit den drei Besatzungsmitgliedern einer französischen Yacht (wahrscheinlich der *Isatis*) zusammen. Tilman erzählt: »Sie wußten alles über die *Mischief* und ihre Fahrten und waren die ersten Segler, denen ich begegnete, die ähnliches wie ich vorhatten. Es hob die Moral meiner Männer, daß sie ab und zu mit ihnen reden konnten und von ihrem Enthusiasmus angesteckt wurden.« Tilmann will in Angmagssalik einen Zwischenhalt einlegen; der Schiffbruch der *Sea Breeze* hat ihm seinen Mut nicht geraubt. Vor der Fjordeinfahrt stößt er auf reichliches Eisvorkommen und kompaktes Packeis. Mehrere Tage versucht die *Baroque*, in den Fjord einzulaufen. Bei Einbruch der Dunkelheit müssen sie jedes Mal wieder Kurs auf See nehmen und zwischen kleineren Eisschollen beidrehen. Ständig versetzt sie die Strömung nach Süden. Am nächsten Morgen heißt es dann, die verlorene Strecke erst einmal wieder gutzumachen, bevor sie einen erneuten Versuch starten können. Beim fünften Anlauf gelingt es dann, nachts eine Durchfahrt zu finden. Sie befinden sich bereits in der nach King Oscar's Haven führenden Meerenge und sehen schon querab die Lichter der Hafeneinfahrt, als starker Gegenwind sie zwingt, die volle Kraft des Motors zu Hilfe zu nehmen. Aber auch das reicht nicht aus. Sie schlagen quer und treiben ab, müssen kehrtmachen und ankern ein wenig unvorsichtig in einem anderen Teil des Fjordes. 24 Stunden lang wütet der Sturm, den sie trotz ihrer beiden Anker nur mit knapper Not abreiten können.

Schließlich erreichen sie doch noch das sichere King Oscar's Haven. Wird sich Major Tilman vielleicht jetzt in seinem Alter Ruhe gönnen? Mitnichten! Das Nautische Handbuch besagt: »Das Ankern in dieser Bucht wird von der Notwendigkeit bestimmt, nicht von der Hoffnung auf Ruhe.« Nachdem sie in Lee einer Felsküste vor Anker gegangen sind, teilen sich Tilman und seine vier Besatzungsmitglieder in die Wachen. Die ganze Nacht verbringen Tilman und ein Wachkamerad damit, treibende Eisblöcke vom Boot fernzuhalten. Im Morgengrauen stellt der Major fest, daß sie sich den Felsen bedenklich genähert haben, und beschließt, bei einem Boot im Hafen längsseits zu gehen, das drei Tage am Kai liegen bleiben soll. Doch noch am selben Abend legt dieses Boot ab, und die *Baroque* kann an der Pier festmachen, die sie aber bald wieder verlassen muß, da ein kleiner Tanker erwartet wird. Der Kutter geht draußen vor Anker, und erst nach zwei Tagen Regen und Wind bessert sich das Wetter. Drei der Besatzungsmitglieder können die Besteigung der nahen, etwa achthundert Meter hohen Berge in Angriff nehmen. In weniger als einer Dreiviertelstunde hatte Tilman sie 1964 erklettert. Damals dienten sie ihm als Krähennest, um die Drift des Eises zu beobachten. Jetzt, zwölf Jahre später, muß er erschöpft nach Dreiviertel der Strecke aufgeben. Selbst er muß sich eingestehen, daß Müdigkeit und Alter seine Kräfte, wenn nicht sogar seine Energie, erlahmen ließen. Unter diesen unglückseligen Tagen soll der 26. August der schlimmste werden. Die *Baroque* verholt sich an einen ziemlich weit vom Kai entfernten, neuen Ankerplatz, um Treibeis aus dem Weg zu gehen, bekommt Grundberührung und sitzt fest. Die Ebbe kommt. Ein langer, mit dem Großfall verbundener Nylonfestmacher wird zum Land ausgebracht. Aber er ist so elastisch, daß er sich je nach Krängung streckt. Schon bald liegt die *Baroque* auf der Seite, die Plicht ist vertikal. Mit steigender Flut dringt Wasser in den Rumpf. Nur mit einer elektrischen Pumpe, die sie für teures Geld gemietet haben, kann das Boot gelenzt werden. Unter Deck herrscht Chaos. Die Lebensmittel sind feucht geworden; die Filme können sie wegwerfen. Die Kojen sind mit einem Ölfilm überzogen. Der Motor war ganz unter Wasser, er muß zerlegt und jedes Teil einzeln geprüft werden. Der Chronometer, das Funkgerät und der Fotoapparat sind unbrauchbar. Tilman wirft alles über Bord.

Der Major ist müde und fühlt sich so schwach, daß er sich kaum noch auf den Beinen halten kann. Zu allem Unglück erklären zwei Besatzungsmitglieder, sie hätten das Vertrauen in das Boot verloren, und heuern auf einem Schiff an. Jetzt ist der Major mit den beiden anderen, Jim und David, allein. Den größten Teil der Rückfahrt nach Reykjavik schaffen sie glücklicherweise unter Motor. Auf Island müssen sie zwei neue Besatzungsmitglieder finden. Die schlechte Jahreszeit kommt immer näher. Ein junger Amerikaner und ein junger Norweger werden angeheuert. Sie verfügen über keinerlei Segelerfahrung, haben aber guten Willen und sind geschickt. Schlechtes Wetter verzögert das Auslaufen. Genau auf ihrem Kurs zieht ein Südoststurm heran. Vier Tage Wartezeit vergehen. Dann beschließt Major Tilman, am 18. September trotz schlechter Witterungsverhältnisse auszulaufen. Nachdem sie den Schutz des Landes verlassen haben, bricht die ganze Gewalt des Sturms über den Kutter herein, der unter Sturmklüver und -besan versucht, Fahrt zu machen. Dann reißt das Oberliek des Besansegels aus. Bald darauf treibt die *Baroque* ohne Segel ab. Und wie stehen die Neuhinzugestoßenen ihren Mann? Sehr gut! Beide jungen Männer bewahren Ruhe, zeigen weder Besorgnis noch Anzeichen von Seekrankheit, essen mit Appetit und drehen sich ständig Zigaretten. Da ist der Zustand des Skippers schon besorgniserregender. Er verläßt seine Koje nicht mehr und ißt auch nichts.

Am nächsten Tag fühlt Tilman sich besser, und der Wind ist abgeflaut. Als sie wieder auf Kurs gehen wollen, verlangen die beiden älteren Crewmitglieder, daß Island angelaufen wird. Selbst David – bisher standhaft wie ein Felsen – hat kein Vertrauen mehr in das Boot, das Wasser einnimmt, in die Segel, die dringend erneuert werden müssen, in den Skipper, der einer Ohnmacht nahe ist, und auch nicht in das Wetter, das noch schlechter zu werden droht.

Major Tilman muß sich beugen und darauf verzichten, die *Baroque* nach England zurückzubringen. Das Boot bleibt den Winter über in Island.

Tilman bemerkt dazu: »Ich hoffe, die *Baroque* im nächsten Jahr nach England zu segeln. Vermutlich wird es meine letzte Fahrt mit diesem Boot sein. Im Februar habe ich Geburtstag, und nur unter größten Schwierigkeiten würde ich meinen achtzigsten Geburtstag jenseits des Polarkreises feiern können; jedoch würde ich gerne 1978 noch eine Fahrt mit der *Baroque* machen, quasi als Herausforderung. Aber die Preise steigen, meine Kräfte lassen nach, und alles in mir drängt mich, aufzuhören.«

Der alte Kämpfer streckt die Waffen.

Aber er kann es nicht lassen und nimmt noch eine letzte Herausforderung an: Mit einem alten Schlepper, den er *Ahead** getauft hat, fährt er nach Rio de Janeiro und nimmt Kurs auf die Falkland-Inseln. Das ist das letzte, was man von dem Boot und seiner fünfköpfigen Besatzung weiß.

Ein außergewöhnlicher Mann hat auf dem Ozean, in der Nähe seiner geliebten Berge, das außergewöhnliche Ende gefunden, das er verdiente.

---

*Anmerkung des Übersetzers:
Im Deutschen »vorwärts, voraus«

Vagabond ankert vor Siorapaluk, dem nördlichsten Dorf Grönlands.

Die Poesie des hohen Nordens

Vagabond am Rand des treibenden Packeises auf der Höhe von Kap York
Unsere grönländischen Freunde Lisa, Pia und Miki Hammeken in Festkleidung.

Vagabond ist zwischen Grönland und dem Ellesmere-Land im Packeis gefangen.

Die Nachkommen der letzten Könige von Thule, Kutsikitsok und Paul Jensen, zusammen mit Janusz Kurbiel und Joëlle Cochois.

Vagabond'eux sitzt vor der Ostküste Grönlands im Eis des Vegasundes fest.

Auch vor Anker muß Wache gegangen werden, denn das Eis ist eine ständige Bedrohung.

Die Polarnacht kommt, der Herbst ist nahe; es wird höchste Zeit, das Land zu verlassen.

Das Eis hat viele Gesichter. Man kann es hassen oder bewundern, aber nur wenige bleiben davon ganz unberührt.

Nächste Seite: Die Schönheit verdeckt die Gefahr. Nur wenige Augenblicke zuvor ist dieser Eisberg nahe der ankernden *Vagabond* gekentert. Das Boot wurde von einer Flutwelle hochgehoben.

Sea Breeze
Bristol-Lotsenkutter, Baujahr 1899
Baroque
Bristol-Lotsenkutter, Baujahr 1902
Gelber Rumpf mit schwarzem Streifen und weißem Schanzkleid
Braune Segel

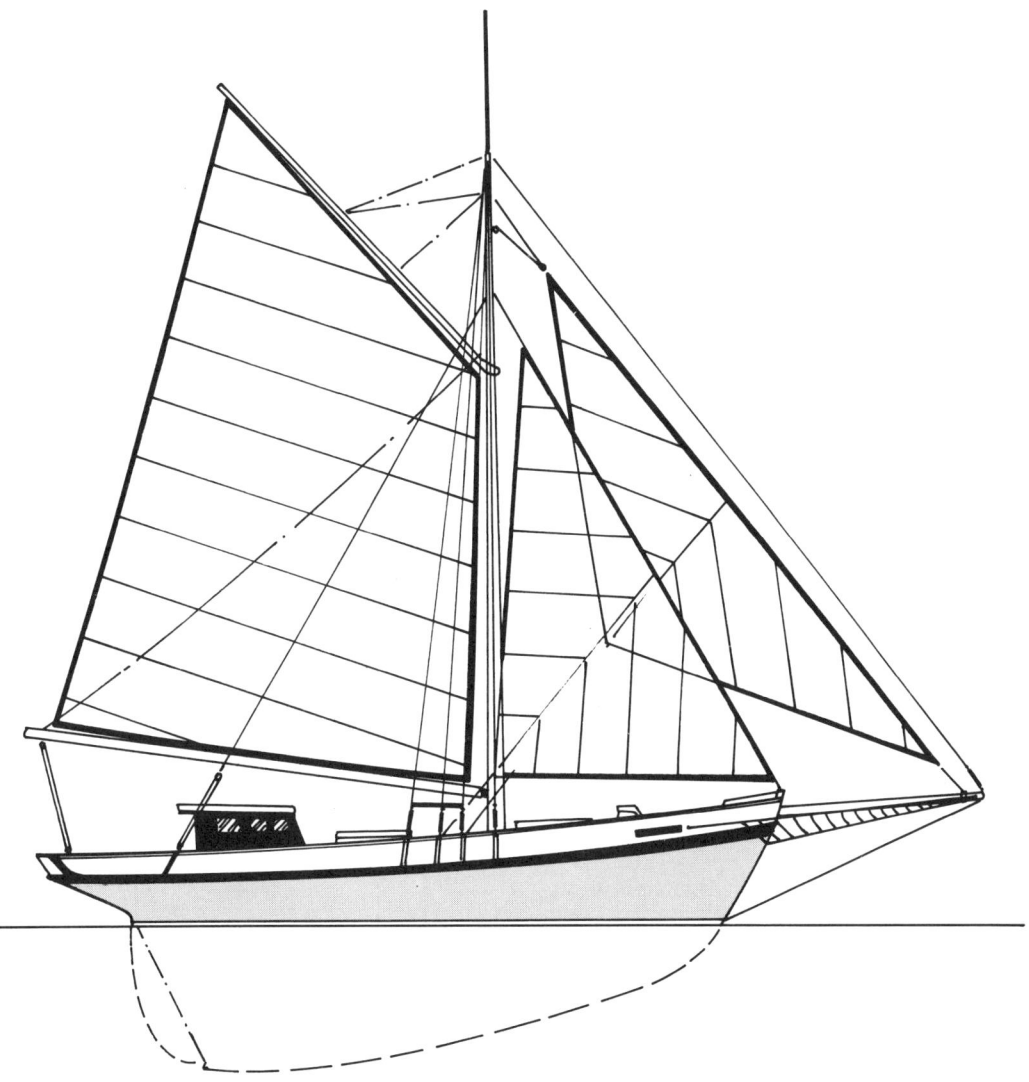

Holzboot mit Gaffelrigg
Länge über alles: 15,25 m
Länge des Rumpfes: 12 m
Breite: 4,11 m
Tiefgang: 2,30 m
Arbeitsbesegelung: 85 m²

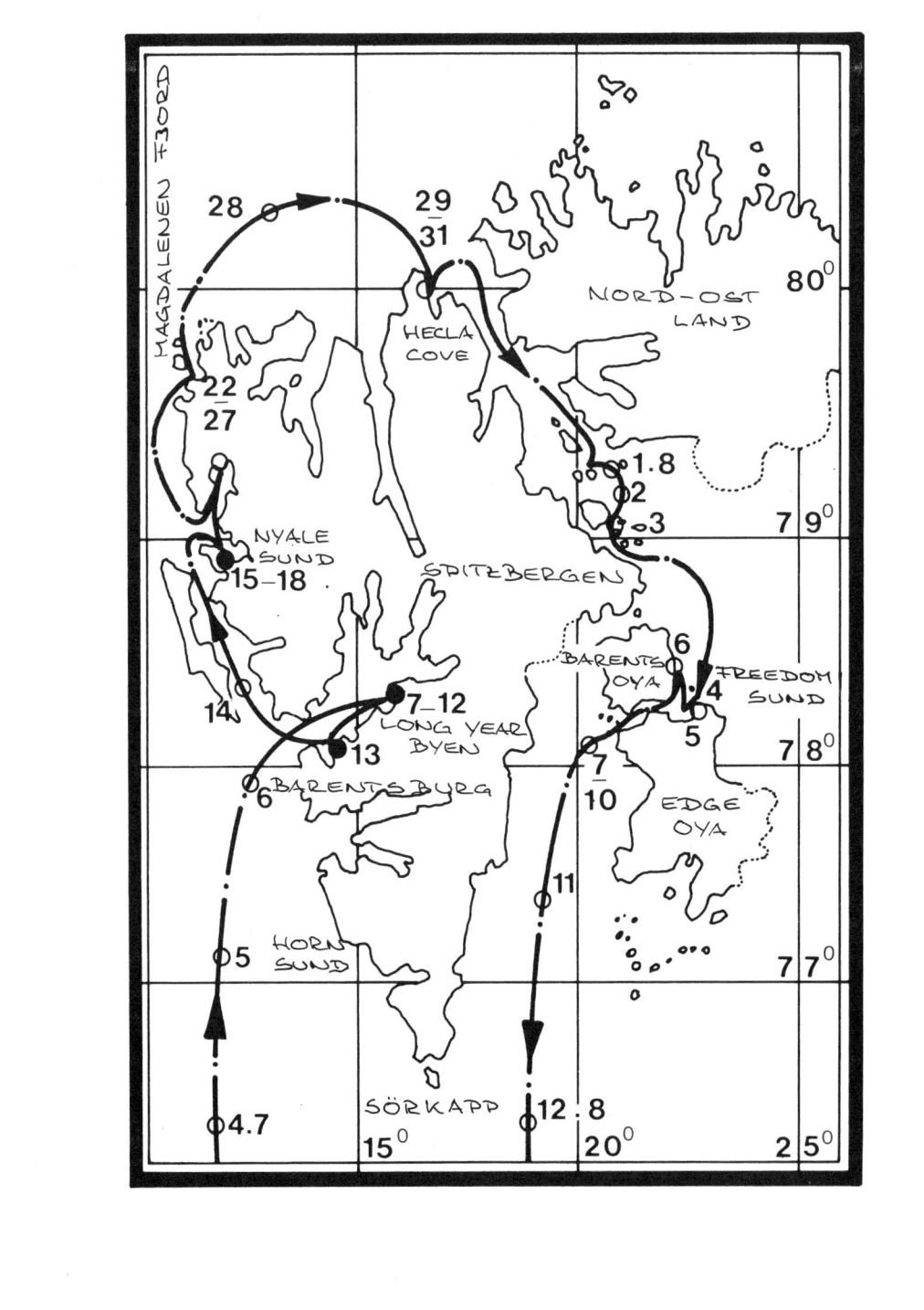

JAPY-HERMÈS und ISATIS

18.07 Uhr. Hören die Rufliste von Saint-Lys-Radio (der Funkstation, über die in Frankreich der gesamte Seefunkverkehr abgewickelt wird).

Die Stimme des Sprechers nennt Namen von Schiffen. Plötzlich hören wir... *Japy-Hermès!* Unsere Freunde!

Wir schalten uns sofort in die Sendung ein und rufen Saint-Lys. Einige Augenblicke später findet zwischen der *Japy-Hermès* und der *Vagabond'eux* ein lebhaftes Funkgespräch statt:

Japy-Hermès: »Wo seid ihr?«

Vagabond'eux: »An der Ostküste Grönlands. Und ihr?«

Japy-Hermès: »An der Westküste Grönlands, euch genau gegenüber. Was treibt ihr denn?«

Vagabond'eux: »Wir machen Messungen. Und ihr?«

Japy-Hermès: »Wir klettern in den Bergen wie Tilman und die Lescures vor uns, aber in einer anderen Gegend. Sind schwierige Bedingungen hier; Wände sind vereist; klettern mitunter auf Eisberge, um zu üben!«

Mehrere Wochen lang haben beide Segelboote über die Eiskalotte Grönlands hinweg Neuigkeiten von Bord, Wetterberichte und Kochrezepte ausgetauscht...

(Aus dem Logbuch der *Vagabond'eux,* 15. 07. 1979)

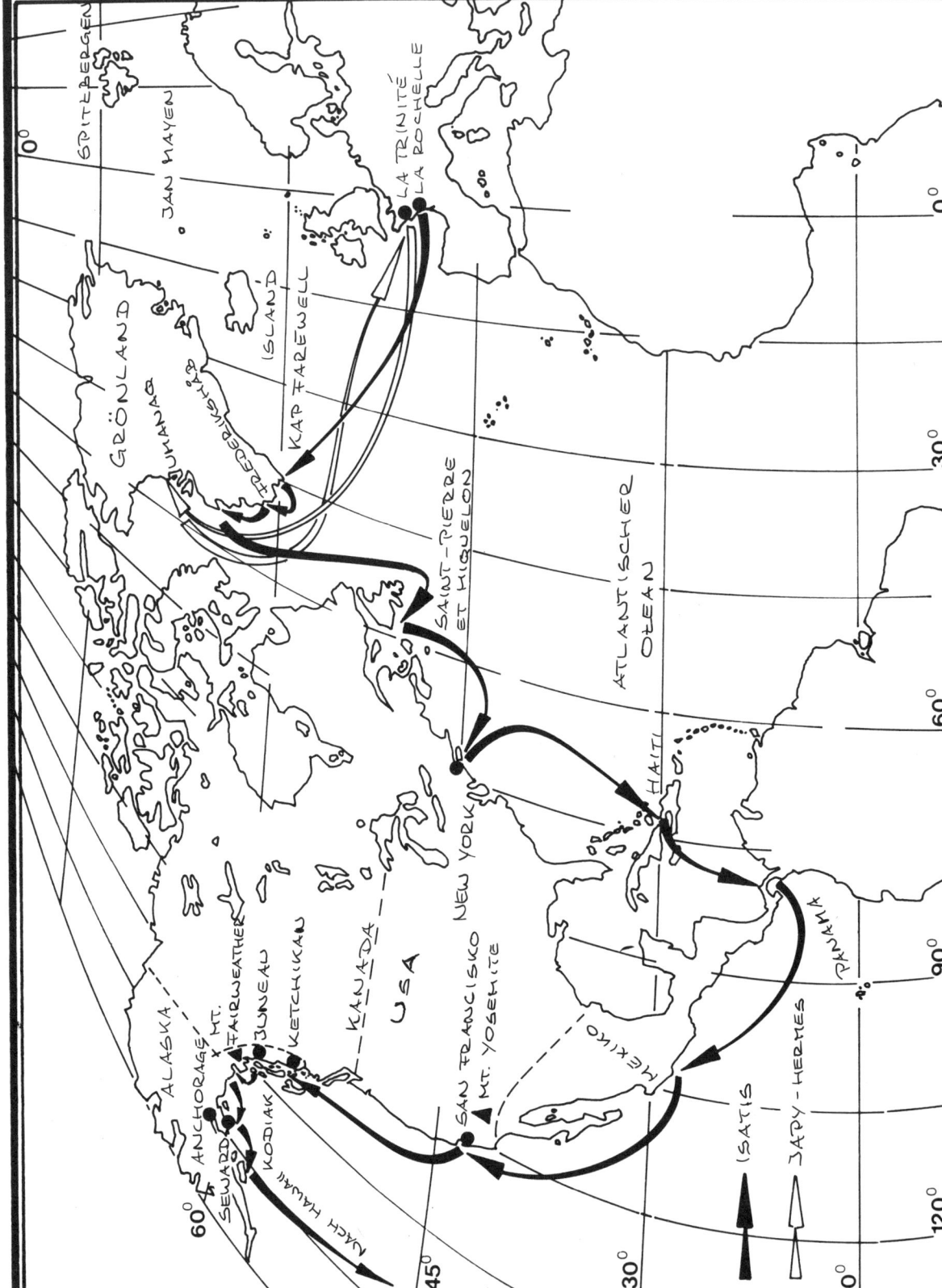

GRITZBERGEN

JAN MAYEN

0°

GRÖNLAND

UMANAQ

FREDERIKSHAB

ISLAND

KAP FAREWELL

LA TRINITÉ
LA ROCHELLE

0°

30°

SAINT-PIERRE
ET MIQUELON

ATLANTISCHER OZEAN

60°

HAITI

ALASKA

ANCHORAGE
MT. FAIRWEATHER
SEWARD
JUNEAU
KODIAK
KETCHIKAN

NACH HAWAII

60°

KANADA

USA

NEW YORK

SAN FRANCISKO

MT. YOSEMITE

MEXIKO

PANAMA

90°

45°

30°

ISATIS

JAPY-HERMES

0°

120°

0°

5 Sturm auf die Gipfel

Im Juni 1976 treffen sich im Hafen von Reykjavik drei junge Franzosen an Bord einer zehn Meter langen Aluminiumslup, der *Isatis,* einer Yacht vom Typ *Romanée,* auf einen munteren, pfeifenrauchenden, siebzigjährigen Gentleman: Major Tilman. Der Alte ist über diese Begegnung hoch erfreut: Die jungen Leute sind Bergsteiger. Sie werden ihn auf seinem Weg ablösen, denn der in die Jahre gekommene Bergsteiger weiß nur zu gut, daß er eine seiner letzten Expeditionen unternimmt.

Jean und Claudine Lescure sind keine Segler, sondern Alpinisten. Beide klettern begeistert in den Bergen, und diese Leidenschaft hat auch Jean, der seinem Vater in einem Möbelgeschäft hilft, und Claudine, die von Beruf Friseuse ist, zusammengeführt. Sie sind verheiratet und bilden seit zehn Jahren eine Seilschaft. Die französischen, italienischen und Schweizer Alpen haben sie schon bestiegen. Dann wollten sie ihren Kletterbereich ausweiten. Auf die erste Expedition nach Peru folgte eine zweite in den Himalaya, mit der Besteigung des Pumori.

Aber diese Art Abenteuer stellt die beiden Anhänger des freien Kletterns (sie mögen keine künstlichen Hilfsmittel) nicht voll zufrieden. Außerdem wollen sie in allen Gebirgen der Welt klettern. Eine Expedition ist jedoch schwierig vorzubereiten – und auch teuer. Geeignete Gefährten müssen gefunden, der Transport sichergestellt werden, und die Verweildauer im Gebirge ist begrenzt. Und mit welchem Fortbewegungsmittel soll man die Eroberung der Gipfel antreten? Jean und Claudine denken zuerst an Motorräder. Aber die Ausrüstung ist schwer und platzraubend. Ein Lkw? Aber mit dem kommt man nicht nahe genug heran. Schließlich finden sie die Lösung: ein Segelboot. Sie sind jedoch noch nie gesegelt. Zwei Jahre lang belegen sie Segelkurse und machen vier Prüfungen. Dann müssen sie nur noch das zur Finanzierung der Expedition nötige Geld auftreiben. In Bergsteigerkreisen sind Jean und Claudine Lescure bekannt, deshalb bekommen sie wertvolle Hilfe bei der Anschaffung ihrer Kletterausrüstung. In Seglerkreisen sind sie jedoch gänzlich unbekannt. Die Unterstützung ist also gering. »Das war zu erwarten«, meint Claudine.

Claudine und Jean haben ein vernachlässigtes Haus gekauft und es zum Frisiersalon umgebaut. Schon kurze Zeit danach gehen die Geschäfte gut. 1975 können sie sich dann ihre *Romanée* kaufen. Die Probefahrt führt sie nach Norwegen. Auf diesem ersten Törn haben sie einen erfahrenen Seemann dabei, der ihnen Koppelnavigation beibringt. Sie kehren allein zurück. Zwar haben sie Anfangsschwierigkeiten, aber alles verläuft gut. Das einzige Problem ist die Seekrankheit, unter der beide ständig leiden.

Am 1. Mai 1976 läuft die *Isatis* mit Nordkurs aus La Rochelle aus. Außer Jean und Claudine Lescure ist noch ein Hochgebirgsführer, Philippe de Nuncques, an Bord, da das Ziel der Fahrt die Bezwingung einiger Gipfel ist. Sie steuern Grönland an. Warum gerade Grönland? »Weil«, so erklärt die dreißigjährige Claudine ruhig, »Grönland ein sehr interessantes Bergmassiv ist, das über die Fjorde angelaufen werden kann. Und in den Fjorden selbst ist man schon direkt am Fuß der Felswände und der Gletscher.« Es gibt aber noch einen weiteren Grund. Da sie nur die Navigation nach Koppelrechnungen beherrschen, wollen sie mit einer Fahrt von Insel zu Insel beginnen, die sie nach jeweils einigen Tagen auf See nach Irland, zu den Hebriden und nach Island bringt. Also geht die erste Fahrt gleich ins Eis. An den Tropen finden sie keinen Gefallen. »Auf eine Kokospalme klettern mag ja einmal angehen…«, sagt Claudine schmunzelnd.

Auf Island wartet die Mannschaft die Eisschmelze ab, damit der Weg zur grönländischen Küste frei wird. Sie nutzen die drei Wochen Wartezeit und machen lange Fußmärsche. So kommen die Kletterer wieder in Form, nachdem ihre Beinmuskulatur, vor allem die beim Klettern wichtigen Waden, auf dem Boot erschlafft war. Hier auf Island treffen sie also auch Major Tilman, der sie mit väterlicher Zuneigung behandelt, ihre Vorhaben mit ihnen durchspricht und ihnen Ratschläge und Kartenmaterial gibt.

126

Anfang Juli laufen die segelnden Bergsteiger nach Grönland aus. Schon weit vor Kap Farewell stoßen sie auf Eis. Dreimal werden sie von Stürmen überrascht. Bis zu hundert Seemeilen müssen sie seewärts ablaufen und dann hart gegenan knüppeln, um überhaupt die Westküste hinauffahren zu können. Schließlich gelangen sie nach Frederikshåb, ruhen sich dort einige Tage aus und setzen dann ihre Fahrt nach Norden fort. Der Fjord der Ewigkeit (Evighedsfjord) zieht sie in seinen Bann. 150 Seemeilen weit schneidet er sich bis zur Mitte eines großen Gebirgsmassivs mit unbezwungenen Gipfeln in die Felswände ein, wo die Bergsteiger ihre Route markieren können.

Sie sind begeistert von Grönland. »Dies ist kein unwirtliches, mit Eis überzogenes Land«, erzählt Philippe de Nuncques. Sie finden dort auch weiches Moos, sonnengereifte Heidelbeeren und schmackhafte Pilze vor. Fast am Ende des Fjords hebt sich als Teil des Ewigkeitsgebirges wie aus einem Guß ein schöner Pfeiler 1500 bis 1800 Meter hoch aus dem Meer. Leider jedoch finden die Bergsteiger für die Bezwingung der Wand schlechteste Bedingungen vor. Das Gebirge ist mit einer Eisschicht überzogen, die jede Besteigung unmöglich macht. Aber es gibt jedoch zig anderer Gipfel, die zumeist unbezwungen sind, den Weißen Berg, den Rosa Berg sowie all jene, denen noch niemand einen Namen gab. Sie unternehmen Besteigungen aller Art, über Gletscher, in den Felsen und auch beides gleichzeitig.

Ja, können denn selbst Anfänger in grönländischen Gewässern segeln? Reicht es bei aufbrisendem Wind, in einem Fjord Schutz zu suchen? So einfach ist das nun auch wieder nicht. Denn, so erkennt die Mannschaft der *Isatis,* dort gibt es zunächst einmal sehr wenige Ankermöglichkeiten; Felsen fallen steil ins Meer ab, die Ankerleine reicht zuweilen nicht bis auf den Grund. Man muß Fjorde mit Flußmündungen und Schwemmland suchen. Selbst dann ist kein sicherer Ankerplatz gegeben. Vor Fredericksdale geht die Yacht in einer angeblich sturmsicheren Bucht vor Anker. Die Mannschaft ist an Land, als Sturm aufkommt. Beide Anker der *Isatis* halten nicht. »Aber da es immer irgendwo einen Schutzengel gibt (Tupilaq heißt er auf Grönland), verhakt sich einer der Anker im letzten Augenblick unter einer Klippe, so daß die unersättlichen Felsen sich mit dem Flettnerruder begnügen mußten«, erzählt Philippe de Nuncques.

Haben sie dann einmal einen sicheren Ankerplatz gefunden, können sie es sich trotzdem nicht in ihrer bis zu +2° C warmen Kajüte bequem machen. Ständig besteht Treibeisgefahr. Einmal driften kleinere Eisberge mit den Gezeiten heran, andere, die vorher auf Grund festgesessen hatten, schmelzen und setzen ihren Weg wieder fort. »Das Eis ist wie der Mensch – je größer, desto behäbiger«, vermerkt die Mannschaft in Erinnerung an viele Nächte, in

Die *Isatis* segelt an einem Gletscher entlang.

Linke Seite:
Jean-Claude Lescure und Claudine Lescure

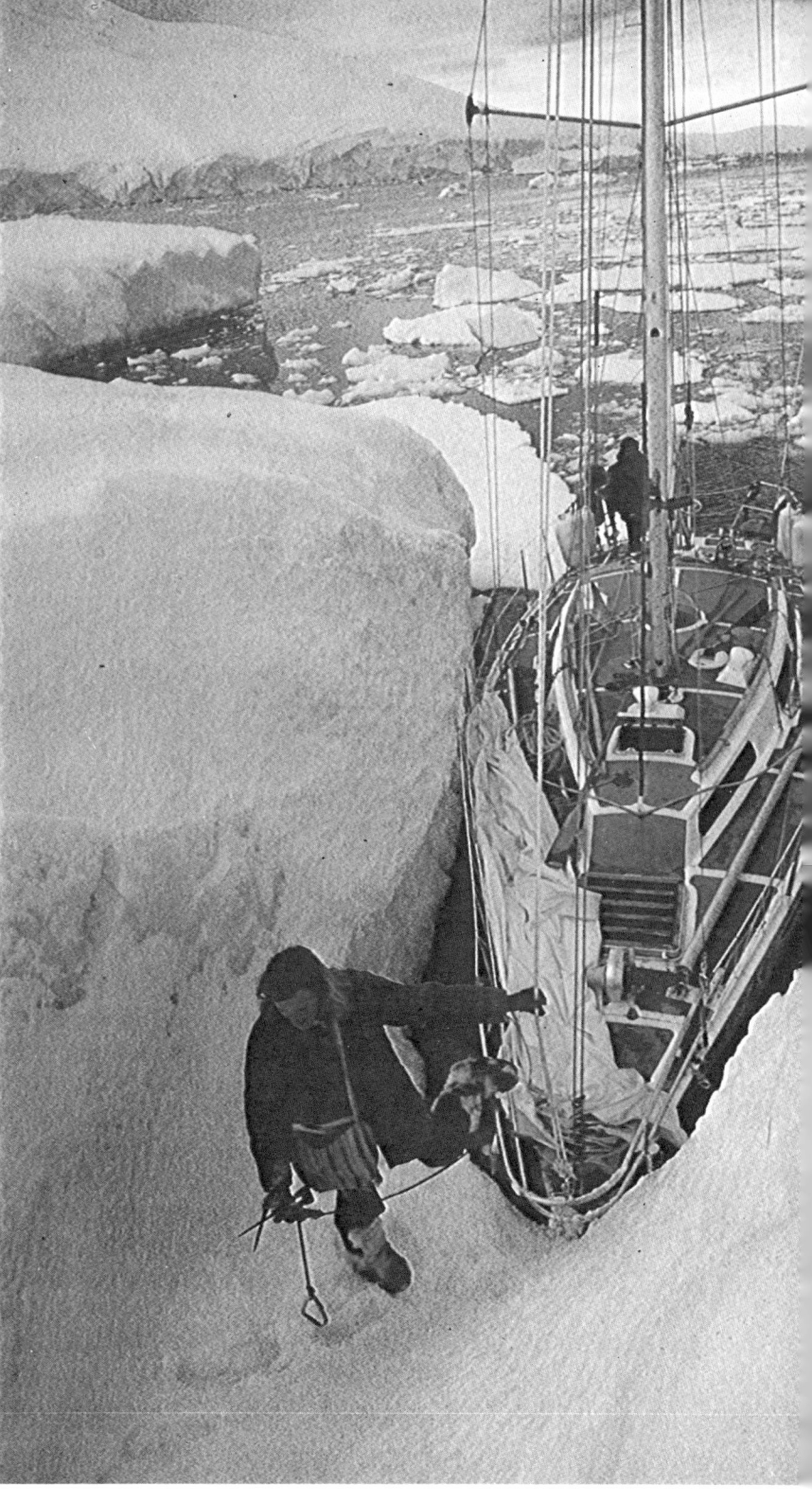

Ein kleiner Privathafen; hier findet das Boot sicheren Schutz vor Treibeis.

denen sie im Blizzard mit dem Bootshaken Wache standen, um das Eis vom Aluminiumrumpf und den Ankerleinen fernzuhalten.

Aber Jean, Claudine und Philippe wissen sehr wohl, daß ihnen Grönland ohne das Eis, die Kälte, die Graupel- und Schneestürme eintönig erschiene. So halten sie sich dort länger auf und freunden sich mit Eskimos an, die an Bord kommen und die Ausstattung ihrer Kajaks mit dem für sie völlig unbekannten Segelboot vergleichen. Während dieser Zeit besteigt die Mannschaft der *Isatis* 25 Berge und erforscht Fjorde jenseits des 66. Breitengrades.

Aber das Jahr schreitet voran; die Tage werden kürzer. Es ist Herbst und somit Schlechtwettergefahr. Wie ihnen dänische Meteorologen bestätigen, können von einem Tag zum anderen Winterstürme mit einer Windgeschwindigkeit von hundert Knoten auftreten. Nicht umsonst wird das Kap Farewell auch »Hölleneck« genannt.

Es ist Mitte September. Die *Isatis* will in den Prinz-Kristian-Sund einlaufen, der sich in West-Ost-Richtung hart nördlich von Kap Farewell erstreckt. Aber sie werden von einem Sturm der Stärke 10 überrascht und versuchen, beim Ablaufen den im Wasser treibenden Eisschollen auszuweichen. Ihre größte Sorge dabei ist, daß der Sund hinter der nächsten Biegung von einem Eisberg versperrt wird. Dann bricht die Nacht herein. Im letzten Dämmerlicht findet die *Isatis* endlich einen geschützten Ankerplatz.

Mit großem Bedauern beschließen Jean, Claudine und Philippe am 20. September, Grönland zu verlassen. Bei leichter Brise und heiterem Wetter werfen sie einen letzten Abschiedsblick auf das von Eis umgebene Kap Farewell.

Mit Südwestkurs macht die Slup gute Fahrt in Richtung Labrador und legt auf Saint-Pierre-et-Miquelon einen Zwischenhalt ein. In New York leiden die Bergsteiger unter der dort herrschenden Kälte, die sogar die Anlegestellen mit Eis überzogen hat. Sie fahren weiter in Richtung Bahamas und Antillen. Aber in den Tropen fühlen sie sich nicht wohl. Einmal ihre Bekanntschaft zu machen, mag ja ganz nett sein, sie aber suchen hohe Berge. Und die finden sich fast nur in den kalten Ländern.

Und unter diesen gibt es ein kaum besuchtes, bergiges Land: Alaska. Aber um dorthin zu kommen, müssen sie auf die andere Seite Nordamerikas. Nach einem kurzen Aufenthalt in den Tropen fährt die *Isatis* durch den Panamakanal und von dort aus wieder nach Norden. In Acapulco machen sie noch einmal halt, da Philippe dort von Bord geht. In San Francisco stößt der achtzehnjährige Bruder von Claudine, Jean-Marie, zu ihnen, ein Tauchlehrer. Jean und Claudine nutzen diese Pause, um zum Yosemite-Park zu fahren, wo sie trainieren. Innerhalb einer Woche finden sie ihre alte Form wieder, sie sich durch den Tropenaufenthalt verschlechtert hatte. Die beiden folgenden

ISATIS

Aluminiumslup vom Typ _Romanée_ der _Pouvreau-Werft_
Länge über alles: 10,20 m
Länge in der Wasserlinie: 8,25 m
Breite: 3,50 m
Tiefgang: 1,60 m
Gewicht: 6 bis 7 Tonnen
Arbeitsbesegelung: 62,82 m²

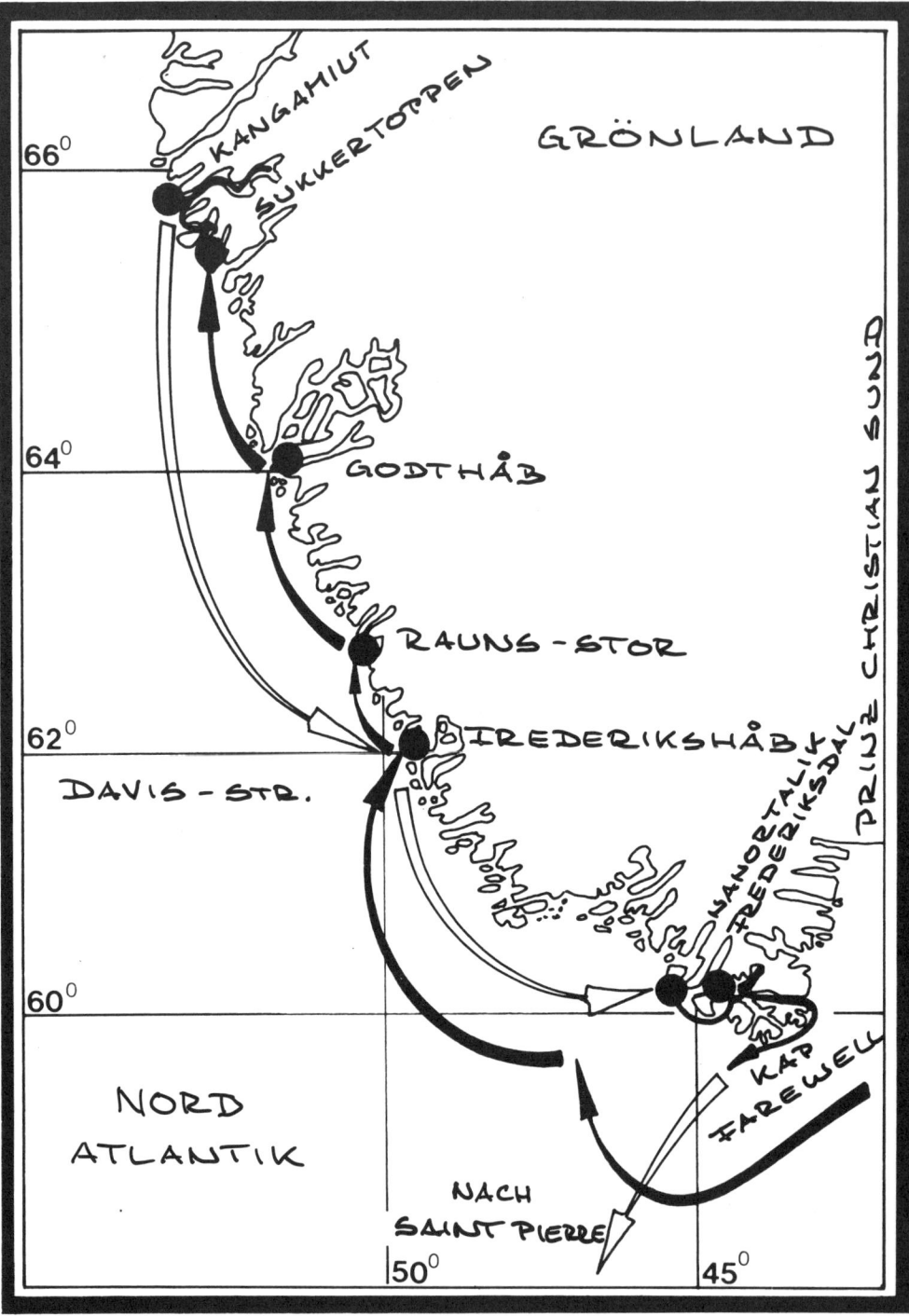

Wochen sind ganz dem Bergsteigen gewidmet. Bis zum Sommer streichen sie auch noch ihr Boot neu. Dann ist die Zeit gekommen, zu den Bergen zu segeln. Ohne weiteren Zwischenhalt segelt die *Isatis* bis Alaska. Sie finden das Land wunderbar. Die Fahrt dorthin war jedoch nicht so angenehm: zwei Wochen lang Gegenwind bei schwerer See. Ungeachtet der schlechten Bedingungen und der Gefahr, ein Opfer der See zu werden, folgten Jean und Claudine unbeirrt ihrem Nordkurs. Ketchikan, der erste Hafen, den sie anlaufen, belohnt sie nicht gerade für ihre Beharrlichkeit: Es ist kalt und regnerisch, der Himmel grau verhangen. Aber immerhin haben sie dort wieder festen Boden unter den Füßen und einen geschützten Hafen. Fischerboote löschen im Hafen den Reichtum dieser Gegend: Lachs. Aber das Schönste kommt noch: Die Häuser kleben mit ihrer Rückseite schon an den Bergen.

Die *Isatis* stößt noch weiter in nördliche Richtung vor, von Fjord zu Fjord, wo die Natur noch intakt ist. Sie nutzen die Flut, um Untiefen zu queren, die nur zwei Meter unter der Wasseroberfläche liegen. Manchmal berührt das Boot sogar den Grund, der aber aus Schlamm und Sand besteht. So finden sie Buchten voll wilder, unberührter Natur. »Der sandige Strand war mit großen Muscheln übersät. Über einer hohen Felsklippe schwebten im Segelflug souverän Seeschwalben. Ein Buckelwal spie einen Wasserstrahl in die Luft und kam zum Spielen so nahe heran, daß er uns größer schien als die *Isatis*. Am Ufer lief sorglos ein gutmütiger Braunbär auf seinen weichen Pfoten vorbei. Über den Himmel zogen zahlreiche Wildvögel«, begeistert sich Claudine.

In diesem Paradies auf Erden bereiten Jagd und Fischfang keine Probleme. Lachs ist im Überfluß vorhanden. Ein Glück, denn ihre Bordkasse ist bescheiden. Jean und Claudine haben für die drei Monate dauernde Fahrt nur zwanzigtausend Francs zur Verfügung, was wirklich wenig ist.

Reichlich vorhanden dagegen sind Berge. Und deretwegen sind sie ja Tausende von Seemeilen gegen den Wind gekreuzt, haben schlechtem Wetter getrotzt und die Seekrankheit überwunden. Wie schon auf Grönland wird die *Isatis* wieder zum Basislager. Vor ihnen liegt das Mount-Fairweather-Massiv, das sich senkrecht aus dem Meer bis zu einer Höhe von 5600 Metern erhebt. Bald ähnelt das Boot einer Bergsteigerhütte. Angerostete Steigeisen werden hervorgeholt, farbige Seile hängen am Ständer, Ringschrauben, Eispickel und Karabinerhaken liegen in der Kajüte herum.

Aus bergsteigerischer Sicht ist das Massiv schwieriger als die Berge Grönlands. Hier sind die Berge höher und weitflächiger. Oft braucht man mehrere Tage, um sie zu bezwingen, muß Biwaks errichten oder sogar Geräte mit Hubschraubern in die Zwischenlager bringen lassen. Für Jean und Claudine kommt das natürlich nicht in Frage. Selbst zu Fuß und ohne alle Hilfsmittel ist das Massiv beeindruckend. Sie machen einige schöne Touren und freuen sich über ihre vielen Erstbesteigungen.

Der Sommer 1977 ist außergewöhnlich schön. Sie verbringen auch den Herbst in Alaska, denken sogar eine Zeitlang daran, hier zu überwintern und einige Monate als Trapper zu leben. Aber auf 58° nördlicher Breite ist der Winter sehr lang. Wenn sie in Alaska überwintern, können sie dann im Sommer durch die Beringstraße nach Sibirien fahren. In Kamtschatka gibt es interessante Berge.

Aber auch anderswo locken unbezwungene Gipfel und namenlose Berge. Also verläßt die *Isatis* Alaska wieder und nimmt Kurs auf Hawaii. Zum erstenmal segeln Jean und Claudine nach Astronavigation. Von Hawaii aus zieht es die segelnden Bergsteiger weiter in die Antarktis.

Im gleichen Zeitraum, in dem die *Isatis* zu den Marquesas, nach Tahiti und Neuseeland segelt, befindet sich in diesen Gewässern noch ein anderes Segelboot, das Kurs auf Auckland nimmt. Tabarlys *Pen Duick VI* ist auf der vorletzten Etappe ihrer Weltumsegelung. An Bord träumt ein Besatzungsmitglied, Jean-Louis Etienne, nach acht Monaten tropischer Feuchtigkeit von Eis und Kühle. Und er überzeugt drei seiner Kameraden: »Machen wir doch eine Expedition nach Grönland.« Wieder in Frankreich, ist schnell eine Mannschaft aufgestellt. Sie besteht aus zehn Mann: Seeleuten, die das Gebirge nur vom Wintersport und von den Seilbahnen aus kennen, sowie aus Bergsteigern, die nur mit Sicherungsseilen arbeiten.

»Der Gedanke, am anderen Ende der Welt zu klettern, kommt einem spätestens dann, wenn man frühmorgens als fünfte oder sechste Seilschaft am Berg ankommt, wo die verschiedenen Seilschaften sich mit verächtlichen Blicken messen und sich fragen, wer wohl den anderen auf der Route in den Weg kommen wird«, erkärt Expeditionsleiter Jean-Louis Etienne. Auf Grönland gibt es das nicht. Keiner stört hier den anderen. In den Spalten findet man keine verrosteten Steigeisen. Es gibt keine überfüllten Berghütten und auch kein Geschrei von einem Gipfel zum anderen. Ob Bergfreund oder Gletscherliebhaber – auf Grönland findet jeder etwas. Und da es dort keine Verbindungsstraßen gibt, ist ein Segelschiff das ideale Fortbewegungsmittel, um zu den Bergen zu gelangen, und ein schwimmender Zufluchtsort am Fuß der Berge.

So ist die Expedition beschlossene Sache. Das Ziel ist Umánaq, ein kleines Eskimodorf an der Westküste, auf 72° nördlicher Breite, von dem aus man guten Zugang zum Quioquip-Massiv hat. Als Boot besitzen sie die *Japy-Hermès,* eine robuste Aluminiumketsch von zwanzig Metern Länge, die gerade von einer Weltumsegelung zurückgekehrt ist. Die Ketsch hat für den Notfall auch einen leistungsstarken Motor. Die Einrichtung ist schlicht, aber ausreichend. Auch braucht die Mannschaft sich um das Boot keine sonderlichen Sorgen zu machen. Die *Japy-Hermès* ist keine Luxusyacht, bei der man ständig Angst vor Kratzern im Lack und vor Flecken auf den Plüschpolstern haben muß. Die Frage nach dem Radar taucht auf. Die einen sind dafür, die anderen dagegen. Fehlende Geldmittel entscheiden den Disput. Man besorgte sich statt dessen die guten amerikanischen und dänischen Karten. Auch die *Arctic-Pilot*-Bände beinhalten alle nötigen Informationen über Küstenverlauf, Dörfer, Hilfsmittel und Ankerplätze. In La-Trinité-sur-Mer ruft die Vorbereitung der Expedition einige Verwunderung hervor. Man ist es eben nicht gewohnt, auf bretonischen Kais Eispickel, Steigeisen, Ringschrauben, Helme, Karabinerhaken, Bergstiefel und vielfarbige Seile zu sehen. Die Seeleute befingern diese Seile mit leichten Zweifel, da ihnen deren fallmindernde Elastizität suspekt erscheint. Mit über einem Monat Verspätung läuft die Ketsch dann aus dem Hafen aus. Die Entfernung bis Kap Farewell beträgt 1500 Seemeilen, die die Mannschaft schon gern Anfang Juli hinter sich gebracht hätte.

Der Nordatlantik und die Gewässer vor Grönland werden ihrem Ruf gerecht: starke Stürme, hohe Seen, zerrissene Segel – reine Routine für Seeleute, die schon auf der *Pen Duick VI* mitgefahren sind. Aber für die Bergsteiger ist dies völlig neu. Sie hatten vorher noch nie den Fuß auf ein Boot gesetzt und langweilen sich. Sie, die sonst so aktiv sind und als Bergführer alle Verantwortung tragen, fühlen sich zu Passagieren degradiert. Sie leiden an der Seekrankheit, die aber eher psychologische als physische Ursachen hat.

2. August, der 17. Tag auf See, in den Gewässern vor der Westküste Islands: Die ganze Mannschaft hat sich im Salon zum Mittagessen eingefunden; mit Ausnahme von Christophe an der Pinne. Plötzlich hören sie einen Schrei: »Eisberg!« Jeder hetzt mit einem Fotoapparat in der Hand den Niedergang hinauf. Am Horizont ist in der klaren Luft zunächst nur ein weißer Punkt auszumachen, aber vier Stunden später liegt die *Japy-Hermès* am Fuß des Eisberges. »Aufgrund ihrer Formen und Farben üben Eisberge die gleiche Anziehungskraft aus wie Feuer«, bemerkt Jean-Louis Etienne.

Jetzt sind die Bergsteiger in ihrem Element; sie wollen diesen riesigen Eiswürfel ersteigen. Das Beiboot wird zu Wasser gelassen. Aber das Eis erweist sich als brüchig; die Eisen halten nicht darin. Sechs Stunden lang umkreist die *Japy-Hermès* ihren ersten Eisberg, dann setzt sie wieder Segel und läuft weiter nach Norden. Gegen Abend kommen die ersten Berge in Sicht. Die Bergsteiger greifen begeistert zu den Ferngläsern und beschreiben

Die Mannschaft der Japy-Hermès trainiert auf einem Eisberg . . .

. . . wobei das Ausbooten am schwierigsten war.

Rechte Seite: Die *Japy-Hermès* im Prinz-Kristian-Sund im Süden Grönlands

sachkundig Pfeiler, Wände, Nadeln, Grate und Wege. Wenn es nach ihnen ginge, müßte jetzt gleich Anker geworfen werden, damit sie mit dem Sturm auf die Gipfel beginnen können... Jedoch ist das Expeditionsziel noch nicht erreicht. Erst einige Tage später läuft die Ketsch bei 73° Nord in den Umánaq-Fjord ein, in dem dicker Nebel liegt. Erst nach langem Suchen finden sie einen geeigneten Ankerplatz am Ufer des Fjords.

Um 11 Uhr abends hebt sich endlich der Nebel. Hier in diesen Breitengraden, wo die Sonne im Sommer nicht untergeht, inszeniert sie statt dessen ein prächtiges Schauspiel: Sonnenstrahlen färben die Gipfel rosa ein, und die Eisberge im Fjord leuchten in allen Blautönen von Hellblau bis Violett auf. In Umánaq, einer kleinen Ansiedlung mit 1500 Einwohnern, kann man alles Nötige bekommen. Zwei Frachtschiffe entladen Fertighäuser, Autos – obwohl die Straße nur zwei Kilometer lang ist –, Polyesterkanus und Außenbordmotoren. Hier tragen die Grönländer auch Jeans. Um richtige, mit Harpunen bewaffnete Eskimos in Iglus oder in Kajaks zu treffen, muß man noch weiter in den Norden hinauf.

Die *Japy-Hermès* liegt am Fuß der Berge vor doppeltem Heckanker und mit zwei Vorleinen an Land festgemacht. Felsen hängen über dem Mast. Die Bucht ist treibeissicher. Es gibt auch ein Tal mit einem rauschenden Bach und Hängen voller Heidelbeeren und Steinpilze. Über dem Boot erhebt sich bis auf 2400 Meter Höhe die Westwand des Quioquip-Massivs. »Stellen Sie sich einmal vor«, erzählt Etienne, »das Tal von Chamonix wäre eine Meeresbucht, und Ihr Boot würde am Bahnhof von Montenvers vor Anker liegen. Im Beiboot könnten Sie dann zum Fuß der Drus oder der Grandes-Jorasses rudern. Rechts von Ihnen würde das Vallée Blanche ins Meer abfallen.«

Bis hierhin haben die Seeleute die Bergsteiger gebracht, die jetzt in Aktion treten müssen. Die Ketsch wird zum Basislager, die nähere Umgebung zum Klettergarten. Finger und Muskeln müssen erst wieder trainiert werden. Die Zehen müssen sich an die engen Stiefel gewöhnen. Die Bergsteiger bringen den Seeleuten ihre Fertigkeiten bei, da entschieden wurde, daß die gesamte Mannschaft den Quioquip besteigt. Mit dem Beiboot rudern die zehn Expeditionsmitglieder zum Fuß des Berges. Die Bergführer seilen sich und die Seeleute an. Am ersten Tag müssen die Zaghaften noch am Seil hochgezogen werden, aber trotzdem kommt die Mannschaft voran. Die Nacht verbringen sie in einem Biwak und setzen im Morgengrauen ihren Weg fort. Am Mittag des zweiten Tages hat die gesamte Mannschaft den Gipfel bezwungen. 2400 Meter tief unter ihnen ist die Ketsch nur noch ein kleiner Punkt im tiefblauen Wasser des Fjords. Begeistert überschauen sie das Massiv. Es bietet alle Schwierigkeitsgrade, die in einer Saison gar nicht zu bewältigen sind.

JAPY-HERMES

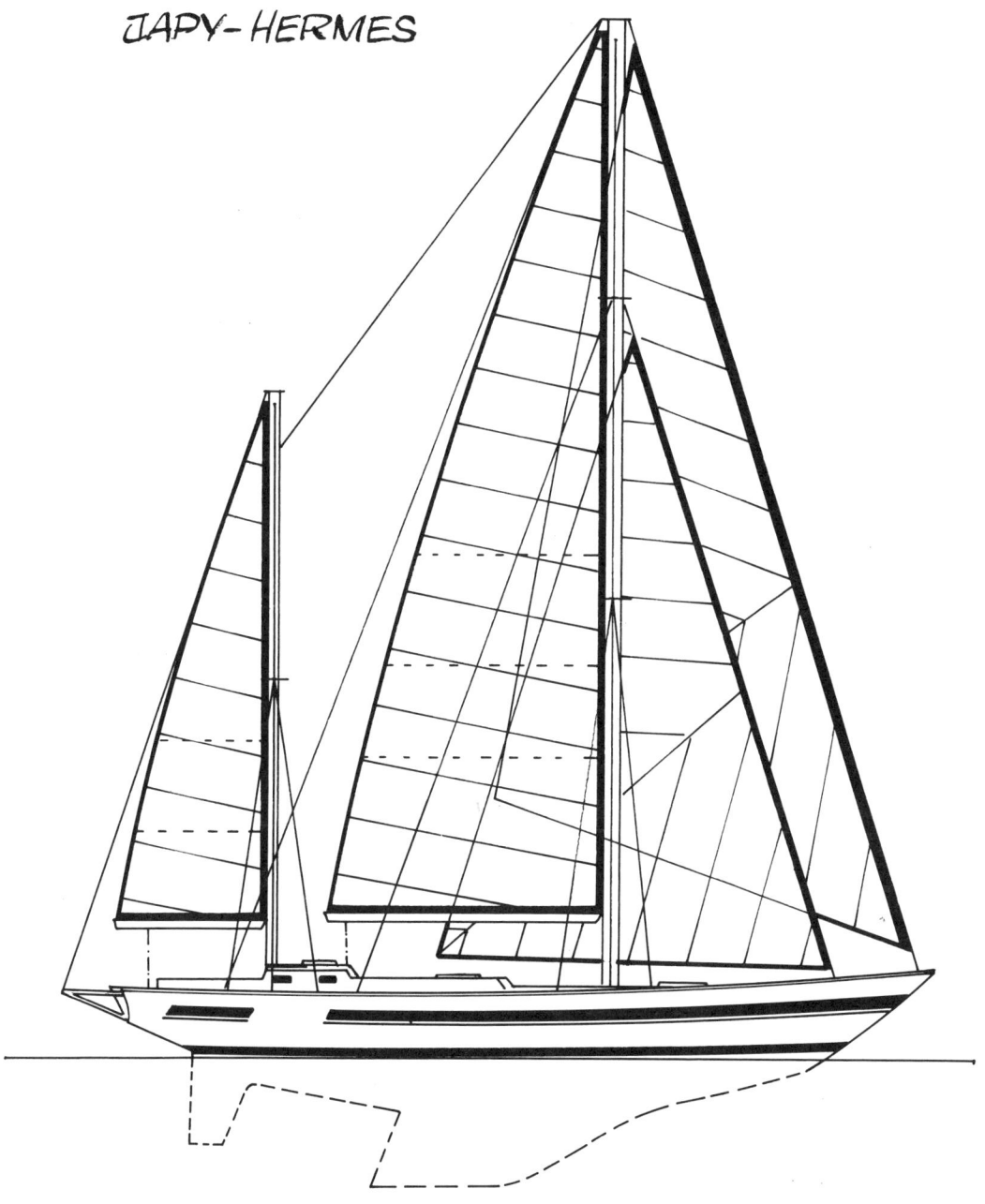

Aluminiumketsch mit Rundspantrumpf, weiß mit blauen Streifen
Konstrukteure: Mac Curdy und Rhodes
Länge über alles: 19,20 m
Länge in der Wasserlinie: 13,29 m
Breite: 4,27 m
Tiefgang: 2,75 m
Wasserverdrängung: 26,8 Tonnen
Ballast: 10 Tonnen
Arbeitsbesegelung: 195 m²

Am Fuß des Spigolo, nordwestlich der Insel Storoen, hat die *Japy-Hermès* an einigen Ringschrauben unter einer 1400 Meter hohen, senkrechten Granitwand festgemacht. Hier bereitet das Klettern Spaß; vor allem wenn man beim Abstieg direkt in der Plicht landet.

Die Bergsteiger wenden alle Aufstiegsmöglichkeiten an, kombinieren Fels mit Eis. Beim Wechsel von einem Fjord in den anderen nehmen die Seeleute den Seeweg, wohingegen die Bergsteiger sich mit Skiern auf den Weg machen.

Am 20. August geht die *Japy-Hermès* auf Südkurs, weil die Crew noch das Massiv nahe dem Kap Farewell besteigen will. Aber hier erwartet sie schlechtes Wetter: Gegenwind, Kälte, Nebel und nachts Gefahr durch Eisberge, die das Boot während der immer länger werdenden Dunkelheit zum Beidrehen zwingen. Nach sechshundert schwer erkämpften Seemeilen ankert die *Japy-Hermès* bei Einbruch der Nacht im Hafen von Frederiksdal, einem kleinen Dorf beim Kap Farewell. Am Morgen bietet sich ihnen bei strahlendem Wetter ein wunderschöner Anblick: Eine Felsnadel aus rotem Granit erhebt sich aus dem Meer. Ihr können die Bergsteiger nicht widerstehen. In fünfhundert Metern Höhe haben sie von der Spitze der Nadel einen Blick auf Gipfel, Vorsprünge, Wände, Spalten, Pfeiler und Überhänge. Es ist jedoch

Die *Japy-Hermès*, die sich bereits bei einer Regatta um die Welt bewährt hat, bringt ihre Besatzung dieses Mal zu Eisbergen und hohen Gebirgen. Hier im Eis ist an Geschwindigkeitsrekorde nicht zu denken.

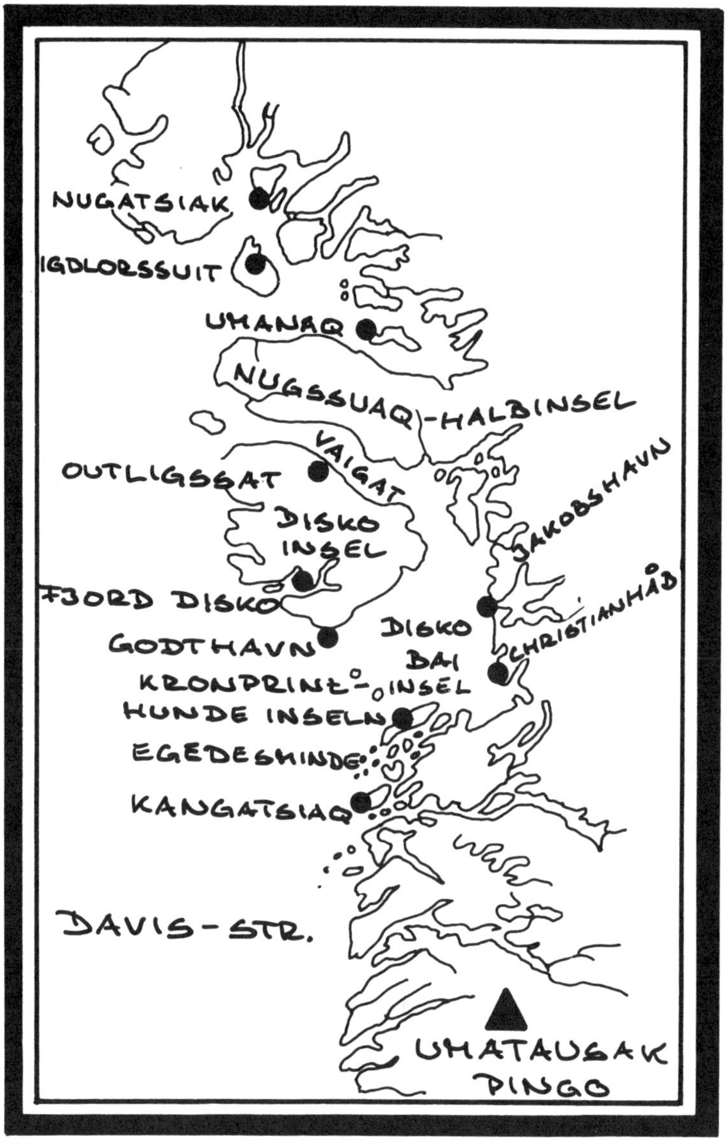
NUGATSIAK
IGDLORSSUIT
UMANAQ
NUGSSUAQ-HALBINSEL
VAIGAT
OUTLIGSSAT
DISKO INSEL
JAKOBSHAVN
FJORD DISKO
CHRISTIANHÅB
GODTHAVN
DISKO BAI
KRONPRINZ-INSEL
HUNDE INSELN
EGEDESMINDE
KANGATSIAQ
DAVIS-STR.
UMATAUSAK PINGO

schon Anfang September. In den Prinz-Kristian-Sund weht der Ostwind mit dreißig bis vierzig Knoten. Die Mannschaft bleibt trotzdem an Ort und Stelle. Beiderseits des Schiffes erheben sich die Berge senkrecht auf über tausend Meter Höhe. Um sieben Uhr abends erreicht der Sturm fünfzig Knoten. Auch mit Motorhilfe kommen sie nur langsam voran. Sie müssen aber auf jeden Fall die Fahrrinne hinter sich bringen, um zum Ankerplatz zu gelangen. Die *Japy-Hermès* quetscht sich an der Wand vorbei und ankert schließlich dem Eistal des Idglorssuit gegenüber. Wieder einmal befinden sie sich in einer atemberaubend schönen Landschaft.

Um drei Uhr nachts beginnt das Boot nach einer Sturmbö, die stärker als alle vorigen war, abzutreiben. Die Dunkelheit macht jedes Manöver unmöglich, doch der Zufall will, daß sich einer der Anker wieder festhakt. Sie haben noch einmal viel Glück gehabt, denn ihr Heckspiegel ist nicht mehr weit von den Felsen entfernt.

Im Morgengrauen versuchen sie weiterzukommen – bei Gegenwind von immer noch vierzig Knoten. Nur noch 35 Seemeilen liegen vor ihnen. Der Sund verengt sich zu einem Schlauch, der immer weniger Raum zum Aufkreuzen bietet. Plötzlich fegt eine jähe Sturmbö über das Boot hinweg. Titouan Zamazou, der am Ruder sitzt, schaut auf den Windmesser: Er steht bei sechzig Knoten am Anschlag. Das Schothorn der Fock sowie das Vorliek des Besansegels sind ausgerissen. Ihnen bleibt nichts anderes übrig, als kehrtzumachen und in vier Stunden die Strecke zurückzulegen, die sie sich auf dem Hinweg in anderthalb Tagen mühsam erkämpft haben. Bei einem Sturm von sechzig Knoten dreht die *Japy-Hermès* in den von Eisbergen durchzogenen Gewässern vor Kap Farewell bei, dann endlich dreht der Wind auf Südwest, und mit schneller Fahrt segelt das Boot nach Frankreich. Schon am 15. September legt die Ketsch am Kai von La Trinité an.

Wie schon die Mannschaft der *Isatis,* träumen auch die Bergsteiger und Seeleute von *Japy-Hermès* davon, schon bald wieder in diese schwierigen Gewässer zu segeln, mit ihren in der Sonne blitzenden Eisbergen, zu den Gletschern, die bis in die Fjorde reichen, und zu den unbezwungenen Gipfeln.

142

WILLY DE ROOS

In Savigsivik sind wir eingeladen. Der Dorflehrer mit Namen Kununguak Fleischer gibt uns zu Ehren ein Essen. Am Abend nimmt er uns mit nach Hause. Im Speisezimmer steht ein Tisch mit fünf Stühlen. Davon ist einer für ihn, der zweite für den Dorfältesten, und die drei restlichen sind für uns (Jacques, Joëlle und mich). Der Rest der Dorfbewohner steht in Tischnähe und betrachtet uns aufmerksam. Eine Frau bringt die traditionellen Gerichte: zuerst »Mattak«, ein wenig rohes Walfleisch. Hm, von der Konsistenz her etwa wie Hartgummi, aber nicht schlecht. Dann gedünsteter Seehund mit in Blut gekochtem Reis. Ein Leckerbissen! Wir greifen mehrmals zu. Zum Abschluß der Nachtisch: »verfaulte« Vögel. Kleine Vögel werden lebend gefangen und in einen Schlauch aus Seehundfell gesteckt, der mit Seehundfett gefüllt ist. Der Schlauch wird hermetisch geschlossen und erst nach ein paar Monaten wieder geöffnet. Eine Delikatesse, von der die Grönländer schwärmen.

Die Vögel waren sozusagen unsere Taufe. Ihr Aussehen und ihr Geruch waren zwar widerlich, der Geschmack jedoch überraschte uns. Er ähnelte dem rohen, in Zitronensaft marinierten Fisch, wie er in anderen Breitengraden gegessen wird.

Kununguak ist sichtlich zufrieden mit uns. Er erzählt, daß er einen anderen Segler kennengelernt habe, der von der Landesküche nicht so angetan gewesen sei.

Also ist da noch jemand in diesem Jahr in Grönland gewesen. Aber wer?

»Ich habe ihn im Juni in Egedesminde getroffen. Er war auf seinem orangefarbenen Boot ganz allein und wollte die Nordwest-Passage befahren. Er hieß de Roos, ein echter Einhandsegler.«

Der Abend wird mit bis in den Morgen dauernden Tänzen fortgesetzt.

(Aufenthalt bei den Polareskimos, Savigsivik, 16. 08. 1977)

6 Sieg auf der Nordwest-Passage

Mit seiner hohen Gestalt, dem sanften Benehmen und der ruhigen Stimme hält man den kahlköpfigen Willy de Roos mit dem kurzen grauen Bart eher für einen braven Bürger. Man kann sich ihn gut vorstellen, wie er eine Partie Billard im ersten Stock eines Brüsseler Cafés spielt. Und letzteres trifft auch zu, denn der Belgier flämischer Abstammung hat wirklich eine Vorliebe für den grünen Tisch. Um so erstaunlicher ist es dann zu hören, daß er fünfzehn Jahre lang Motorradrennen gefahren hat.

Als Willy de Roos die Segelei entdeckt, ist er 35 Jahre alt und Besitzer einer Reparaturwerkstatt, die sich auf Dieselmotoren spezialisiert hat. Der Flame kennt keine Halbheiten. Wenn er sich in eine Sache stürzt – Motorradfahren oder Billard –, dann macht er sie auch gründlich. Und was das Segeln betrifft, so heißt das bei de Roos zumindest eine Einhandweltumsegelung. Nach Plänen des belgischen Konstrukteurs Louis van de Wiele läßt er sich eine robuste Stahlketsch von dreizehn Metern Länge bauen. Die *Williwaw* hat eine Achterkajüte und eine Mittelplicht. Achtern ist neben der Koje eine Funkanlage installiert. Denn Willi de Roos hat auch die Amateurfunkerei für sich entdeckt. Er gehört jener Vereinigung an, die über den Äther Menschen aller fünf Kontinente verbindet, die sich lediglich mit ihrem Rufzeichen kennen und Freude daran finden, über Funk miteinander zu reden. Mittschiffs im

Maschinenraum liegt eine kleine Werkstatt, wo der Mechaniker de Roos auch größere Reparaturen ausführen kann. Die Hauptkajüte ist bequem und mit Einbauschränken und einer reichhaltigen Bibliothek ausgestattet.

Als Willy de Roos fünfzig Jahre alt war, hat er seine Werkstatt verkauft. Seine vier Töchter sind erwachsen; seine Fau hat schon das Motorradfahren, das Billardspielen, die elektrische Eisenbahn, die Malerei und alle nachfolgenden Aktivitäten dieses Mannes hingenommen, der ständig beschäftigt sein muß. Sie hat sich daran gewöhnt und wird warten, bis auch diese neue Marotte ihres Mannes wieder abgeklungen ist.

Mit der *Williwaw* unternimmt Willy seine Weltumsegelung. Und er wählt nicht etwa den einfachsten Weg; im Gegenteil, er umsegelt das Kap Hoorn von Ost nach West, besucht Patagonien und nimmt dann Kurs auf die Tropen, Tahiti…

Als de Roos wieder in den belgischen Hafen Nieuwpoort einläuft, ist er glücklich und unzufrieden zugleich. Er will mehr leisten. Also bereitet er eine neue Fahrt in rauhere Breitengrade vor. »Ich muß immer ein tadelloses Boot haben. Aber in den Tropen ließ ich mich wegen des milden Klimas gehen. Die kalten Meere liegen mir eher«, sagt er. Eine der letzten noch unbefahrenen Routen in der Sportsegelei ist die Nordwest-Passage. Ab dem 16. Jahrhundert suchten die Engländer nach einer Passage nördlich des nordamerikanischen Kontinentes, die ihnen Zugang zu den Gewürzen und Reichtümern der Tropen verschaffen sollte, damit sie das spanische und portugiesische Monopol brechen konnten. Drei Jahrhunderte, viele Versuche und Tragödien waren nötig, bis in den Jahren 1903 bis 1906 die Passage von Roald Amundsen auf der *Gjöa,* einem 22 Meter langen, robusten Schiff für die Seehundjagd, bezwungen wurde. Amundsen und seine Mannschaft waren drei Winter lang im Eis gefangen.

Dies konnte in der Folgezeit nie wieder von einem Segelschiff verwirklicht werden – und auch sehr selten von speziell ausgestatteten Schiffen wie dem Öltanker *Manhattan* mit seinem begleitenden Eisbrecher oder wie 1944 von der *Saint-Roch,* einem Küstenwachschoner der Kanadischen Berittenen Polizei.

Gewaltige Schwierigkeiten sind zu überwinden. Der in Europa startende Segler muß Kurs auf Grönland nehmen und sich den Stürmen des Nordatlantiks aussetzen. Nähert er sich dem Kap Farewell, erwarten ihn zusätzliche Gefahren durch treibende Eisberge, Nebel und das zuweilen hundert Seemeilen weit nach Süden reichende Packeis. Die Wachhabenden fürchten sich vor Zusammenstößen mit Growlern.

Im Sommer ist der Weg zur Westküste Grönlands frei. Eine warme Strömung, ein Seitenarm des Golfstroms, bewirkt ein teilweises Abtauen des Eises. Tief in das Land reichende Fjorde, der Hafen von Egedesminde und Eskimosiedlungen ermöglichen Zwischenaufenthalte und die Aufnahme von Versorgungsgütern. Jedoch darf man keine Zeit verlieren. Wenn es auch 24 Stunden lang hell bleibt, so ist die Eisschmelze doch nur kurz – kaum zwei Monate. Und das Eis taut nur zum Teil. Man muß nach Norden bis in die Baffin-Bai vordringen, die im allgemeinen aufgrund einer warmen Strömung eisfrei bleibt. Dort gibt es ein artenreiches Tierleben, weswegen Walfänger oft in diese Gewässer vorgestoßen sind.

Jenseits der Baffinsee muß der Segler dann in den Lancastersund gelangen, die Einfahrt zu einem Labyrinth von Meeresarmen, die im Norden Kanadas ins Nordpolarmeer und dann in die Beringstraße führen. Nebel, Eis, magnetische Störungen, Schneestürme, hier vereint sich alles, was das Vorankommen erschwert. Man muß sich schiffbare Kanäle suchen, denn einige frieren nicht zu; andere dagegen enden in einer Sackgasse. Die Bewegung des Eises ist nicht kalkulierbar, die Gefahr, eingeschlossen zu werden, groß. Ein so gefangenes Schiff kann von der ständigen Drift des Packeises nach Norden in Gebiete mitgezogen werden, in denen das Eis nie taut. Und was noch schlimmer ist: Selbst der widerstandsfähigste Rumpf kann zerdrückt werden. Schließlich sinken die Temperaturen hier im Winter auf −60° C.

Aber auch diese Anhäufung von Schwierigkeiten halten Willy de Roos nicht zurück. Achtzehn Monate lang studiert er methodisch jedes Risiko und bereitet sich darauf vor. Da Diesel bei niedrigen Temperaturen zu gefrieren beginnt, sieht er als Brennstoff für die Heizung Kerosin vor. An Bord hat er mehrere einzelne Öfen und genügend Polarkleidung. Er nimmt für ein Jahr normale Lebensmittel mit und für ein weiteres Überlebensrationen. Darüber hinaus berücksichtigt er die Möglichkeit, sein Boot verlassen zu müssen, und nimmt einen Schlitten mit, auf den er seine Überlebensausrüstung packt. Als Amateurfunker wird er in ständigem Kontakt mit seinen Freunden und kanadischen Stationen bleiben, die ihn mit Informationen über das Eis versorgen können. Willy de Roos hofft, für die Überwinterung rechtzeitig eine geschützte Bucht zu finden, möglichst so flach, daß große Eisberge schon auf Grund laufen, bevor sie zu seinem Ankerplatz vordringen und das Boot in Gefahr bringen können.

Für die Schlechtwetternavigation hat de Roos Radar. Damit er auch noch Kurs halten kann, wenn herkömmliche Kompasse durch den Einfluß des nahen magnetischen Nordpols versagen, beschafft sich der Belgier einen Astrokompaß, mit dem man die Nordrichtung durch Anvisieren eines Gestirns ermitteln kann. Um die Position auch dann bestimmen zu können, wenn Eis die Kimm verdeckt, benutzt er einen Sextanten mit künstlichem Horizont. Zur Stoßminderung im Eis hat de Roos Steven und Wasserstag seines Stahlbootes verstärkt. Am Ende der Vorbereitungen kommt er zu dem Schluß: »Ich bin mir der Gefahren bewußt, aber nachdem ich alles getan habe, um gegen jeden Eventualfall gewappnet zu sein, akzeptiere ich die Dinge, die der Zufall mit sich bringt.«

Wenn wir hier in allen Einzelheiten die Vorbereitungsphase geschildert haben, dann nur, weil sich aus dieser methodischen Betrachtungsweise heraus der Erfolg seiner Expedition erklären läßt. Als Willy de Roos am 21. Mai 1971 Falmouth verläßt, ist er moralisch und technisch bestmöglich gerüstet. Mit seinen 54 Jahren hat sich dieser ruhige, optimistisch eingestellte, lustige, aber auch ein wenig schüchterne Mann, der wenig von seinem Innersten preisgibt, aber unter seinem ruhigen Äußeren von großer Sensibilität ist, einen Willen und eine Beharrlichkeit zu eigen gemacht, die seinem Abenteuer angemessen sind.

Wie vorausgeahnt, verläuft die erste Etappe der Überfahrt schlecht. De Roos ist müde, zum einen aufgrund der Vorbereitungen, der hundertfach abgegebenen Erklärungen auf die Fragen der Journalisten, zum anderen aber auch wegen der Anspannung, die eine derartige Reise mit sich bringt. Aber böiger Wind und ständiges Wachegehen lassen de Roos dreißig Stunden lang nicht zur Ruhe kommen. Dann endlich kann er schlafen, nachdem er vorher noch das Radar eingeschaltet hat. Als er wieder aufwacht, hat er unerwarteten Besuch. Eine Brieftaube ist auf seinem Boot gelandet. Das Tier scheint krank zu sein. Über Funk berät sich de Roos mit seinem Freund Dr. Guy Cappeliez, dessen Hochzeitsreise eine Weltumsegelung war, und erhält von ihm die nötigen Ratschläge zur Behandlung seines Patienten. Die Taube leidet an Diarrhoe und beschmutzt das ganze Deck. Der Belgier ist jedoch zu sehr Tierfreund, als daß er die Zuflucht Suchende einfach davonjagen würde.

Das Wetter bessert sich, und das Leben an Bord kommt in geregelte Bahnen. Der Skipper entdeckt die Ruhe und Einsamkeit der Hochsee wieder. Auch die Taube ist geheilt. Am Freitag, dem 27. Mai, macht Willy de Roos jedoch eine schlimme Entdeckung. Am Tag vor dem Auslaufen hat er drei Kartons mit bestellten Filmkassetten an Bord geschafft. Als er dann auf hoher See den ersten Karton öffnete, sieht er, daß sich der Lieferant geirrt hat. Im Karton liegen Filmrollen, die für seine 16-mm-Schmalfilmkamera nutzlos sind. Der Skipper braucht die Kassetten jedoch dringend, da er mit Filmen die Kosten seiner Reise decken kann. Es hilft alles nicht – er muß kehrtmachen und Großbritannien anlaufen. »Ich weiß«, bemerkte de Roos dazu, »daß ich

nur dann frei bleiben kann, wenn meine finanzielle Unabhängigkeit sichergestellt ist.«

Über Funk erläutert der Belgier sein Problem. Seine Gesprächspartner
versichern ihm, daß die Versendung eines Paketes nach Grönland problemlos
sei. Er braucht nicht nach England zurück. Willi ist erleichtert, duscht sich mit
einem Kübel Wasser und macht rein Schiff. Dann geht er wieder auf seinen
ursprünglichen Kurs. Nebel, leichte Böen und Flauten wechseln einander ab.
Weit umfährt die *Williwaw* das Kap Farewell. Am 11. Juni steht sie dann etwa
sechzig Seemeilen vor der Küste. Die Taube hat das im Gespür und fliegt
davon. Am nächsten Tag sieht de Roos Backbord voraus seinen ersten
Eisberg, der dem Radar zufolge sechs Seemeilen entfernt ist. In der Ferne sind
die schroffen Konturen Grönlands auszumachen.

Die Eisberge werden zahlreicher. Um in der kurzen Nacht ruhig schlafen zu
können, dreht de Roos in einem relativ eisfreien Gebiet bei. Jedoch stellt er
eine starke strömungsbedingte Drift nach Norden fest; auch ist die relative
Bewegung der Eisberge untereinander und im Vergleich zum Boot sehr
verschieden – eine Wirkung der je nach Tiefe unterschiedlich starken Strömung. Also findet er auch hier keine Ruhe.

Am 16. Juni passiert die *Williwaw* bei Schneetreiben den Polarkreis. De
Roos feiert dieses Ereignis mit einer halben Flasche Champagner, einem
Geschenk der belgischen »Frères de la Côte«. Bei der Überreichung hatte de
Roos gewitzelt: »Einen Sektkühler brauche ich nicht, der wird bestimmt auch
so kalt.« Am 17. Juni läuft die *Williwaw,* zwanzig Tage nach Falmouth, in
Egedesminde ein.

Dort nimmt de Roos die erwarteten Filme in Empfang und ein Besatzungsmitglied an Bord. Der erste Teil der Reise hat ihm gezeigt, daß dieses Gebiet
wegen der Eisberge, des Packeises und Nebels zu gefährlich ist, um allein zu
segeln. Denn er braucht nicht nur Zeit zum Schlafen, sondern auch zum
Filmen, Fotografieren und Niederschreiben von Beobachtungen, die er für
sein geplantes Buch und die Vorträge benötigt. Außerdem muß er natürlich
das Boot in Ordnung halten und kleinere Reparaturen ausführen. Für das
neue Besatzungsmitglied, das schon vor de Roos' Auslaufen von Nieuwport
seinen festen Willen bekundet hat, an der Expedition teilzunehmen, spricht
das Blut, das in seinen Adern fließt: Jean-Louis de Gerlache ist der Enkel von
Adrien de Gerlache, ehemals Kommandant des Dreimasters *Belgica,* des
ersten Schiffes, das in der Antarktis überwinterte.

Während Willy auf Jean-Louis wartet, entgeht er knapp einem Attentat.
Vier ältliche Eskimofrauen folgen ihm, als er ein Restaurant verläßt, und
wollen Eindeutiges von ihm. Der Skipper sucht sein Heil in der Flucht. Von

148

größerer Bedeutung ist dagegen sein Zusammentreffen mit der *J. E. Bernier II*, einer zehn Meter langen Stahlslup, die das gleiche Ziel wie die *Williwaw* verfolgt. Die unter kanadischer Flagge fahrende *Bernier* mit ihrer fünfköpfigen Besatzung – darunter eine Frau – ist im Vorjahr zu spät ausgelaufen und mußte in Grönland überwintern. Beide Mannschaften freunden sich an. Réal Bouvier überreicht Willy de Roos ein Nautisches Handbuch für Kanada sowie eine kanadische Gastflagge. Der Belgier verspricht im Gegenzug, »ihnen bei der nächsten Gelegenheit einen guten Dienst zu erweisen«. Er soll sein Versprechen bald einlösen können.

Kurz nachdem Jean-Louis, der zum erstenmal auf einer Yacht segelt, sich eingeschifft hat, sticht die *Williwaw* mit Kurs Nord in See. An der Fjordausfahrt setzt der Wind der Ketsch hart zu, die zudem noch Eisberge umfahren muß. Schnell erreichen die Böen Stärke 9, 10 und 11. In den Wind zu drehen ist nicht möglich, denn ein Eisberg blockiert die Route. Als sie trotzdem schnell das Großsegel bergen wollen, verheddert sich das Fall, die Segellatten fliegen davon oder stecken zerbrochen im Segel, und das ganze Liek geht in Fetzen. Als der Wind sich legt, fährt Willy de Roos in einen kleinen geschützten Fjord ein, den er nach intensivem Studium auf der Karte entdeckt hat. Dort kann die Mannschaft die wohlverdiente Ruhe finden und das zerrissene Großsegel durch ein neues ersetzen.

Den nächsten Zwischenhalt legen sie in Uppernavik ein, einer Eskimosiedlung von fünfhundert Einwohnern. »Die eigentlichen Schwierigkeiten beginnen jetzt erst«, vermerkt de Roos. Er weiß, daß Amundsen die Überquerung der Melville-Bai als den schwierigsten Teil der ganzen Strecke empfand. Ein großes eisfreies Wassergebiet öffnet sich, wie man weiß, früh im Sommer nördlich von Kap York quer über die Bucht bis südlich zum Lancastersund. Das Problem besteht darin, diese freie See zu erreichen. Entlang der gesamten Küste sind Eisberge sehr häufig und die Gletscher kalben ständig neu – im Gebiet um die Disko-Insel bis zu 5400 Eisberge im Jahr. Die *Bernier* stößt in Uppernavik auf die *Williwaw*, die auch hier wieder als erste ausläuft. Den Eisberichten zufolge besteht Hoffnung, daß sie Kraulshavn, ein Eskimodorf auf 74° Nord, erreichen können.

De Roos ist der Auffassung, daß es der Beziehung zwischen dem Kapitän und seinem jungen Besatzungsmitglied etwas an Wärme fehlt. Jean-Louis ist zwar zugänglich, gut erzogen und führt alle Anweisungen aus, aber er ist zu fügsam.

Die Navigation ist schwierig, da zahlreiche Eisberge in den Gewässern treiben. Sie sind so hoch, daß Jean-Louis Gerlache in den Mast klettern muß, um von oben die Insel zu erspähen und die Route zu bestimmen, da der

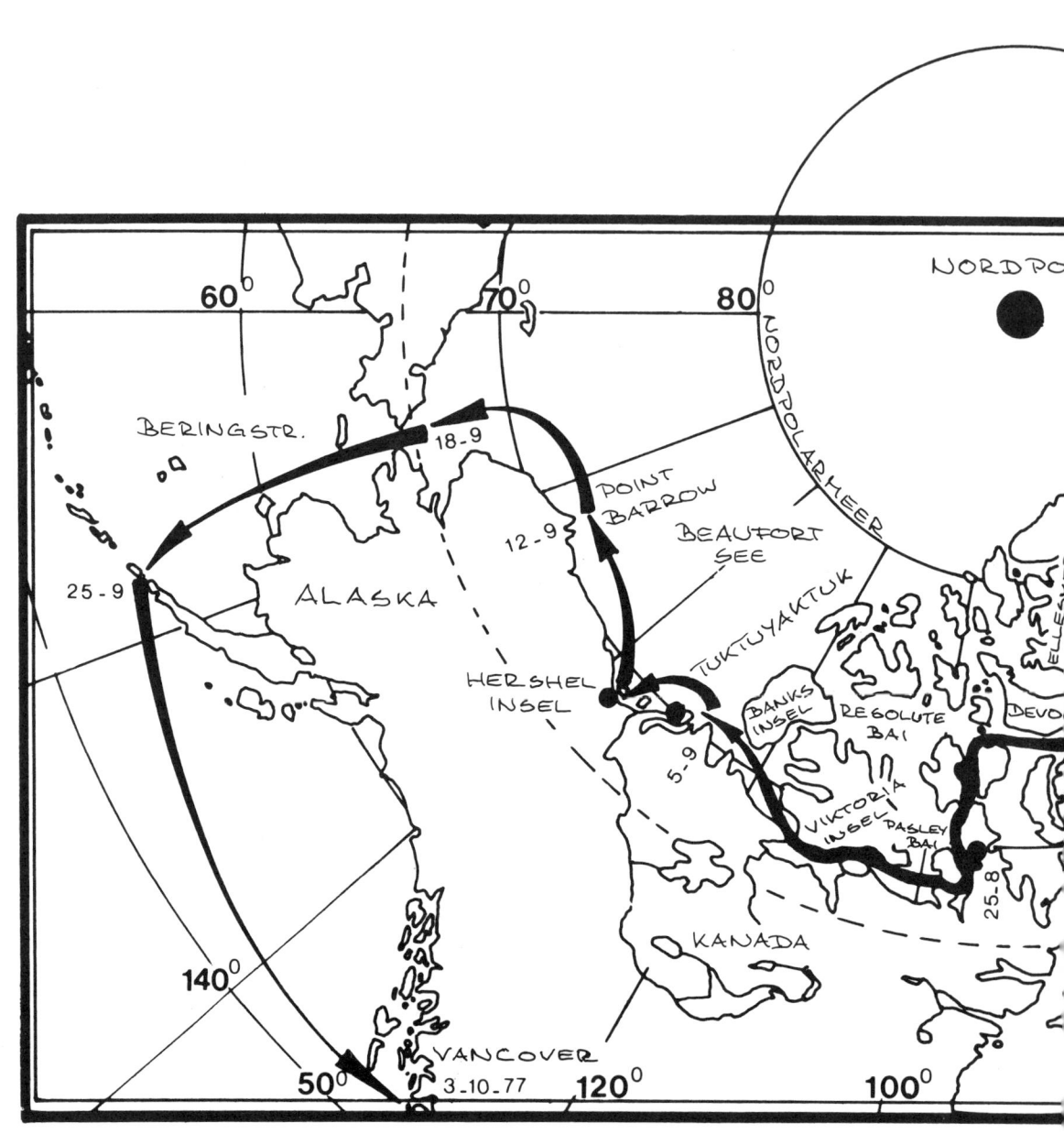

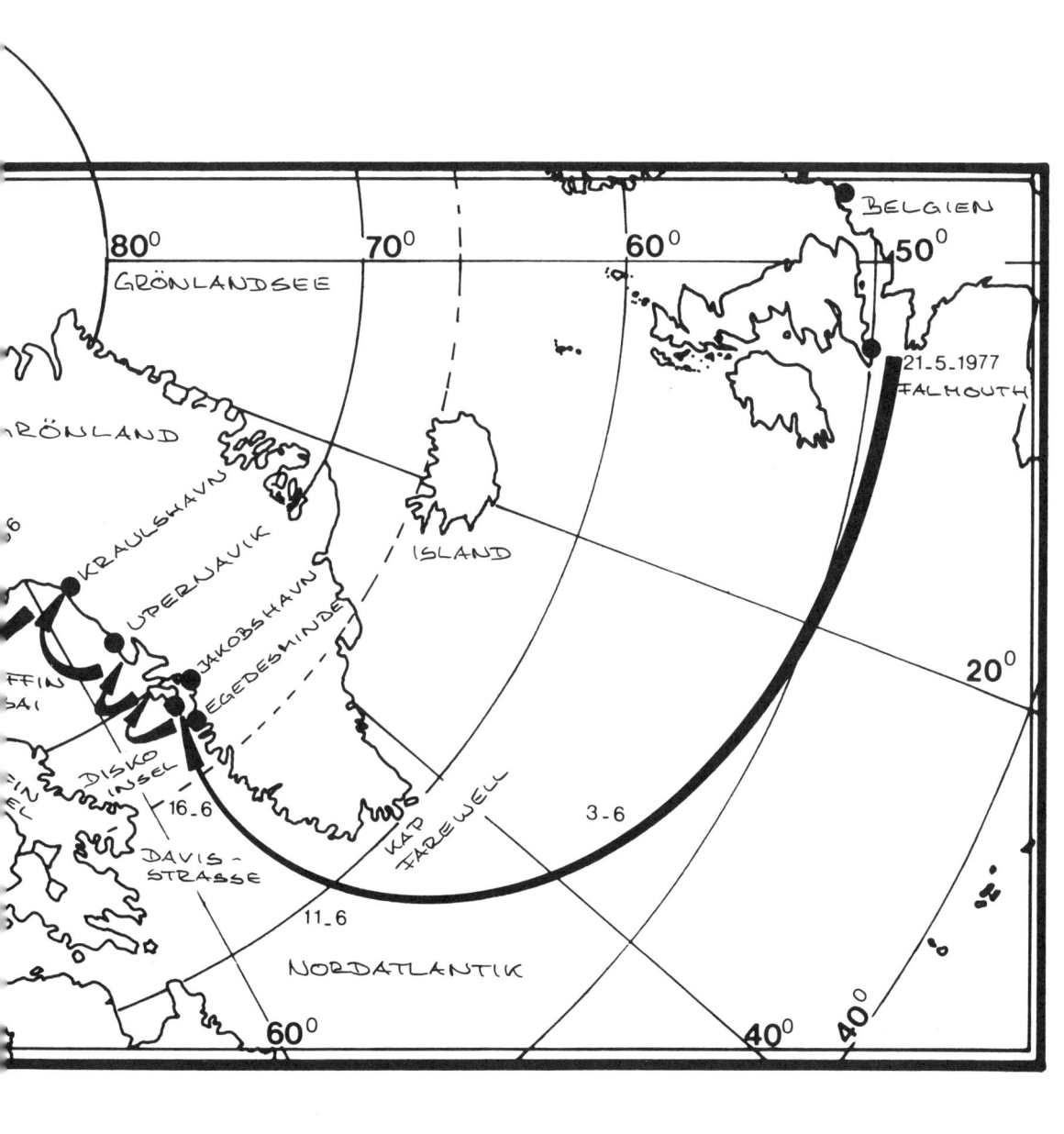

BELGIEN

80°   70°   60°   50°

GRÖNLANDSEE

21-5-1977
FALMOUTH

RÖNLAND

KRAULSHAVN

UPERNAVIK

JAKOBSHAVN

EGEDESMINDE

ISLAND

20°

FFIN
BAI

DISKO
INSEL

16-6

DAVIS-
STRASSE

KAP
FAREWELL

3-6

11-6

NORDATLANTIK

60°   40°   40°

Kompaß aufgrund von magnetischen Störungen streikt. Der Sonntagsmaler de Roos begeistert sich an dem herrlichen Anblick: »Helle Eiswände, die in der Sonne leicht antauen und dann wie Spiegel glänzen, dunkle Schatten, die von einem scharfen Grat begrenzt werden, der das Licht in Rot-, Violett- und Blautöne aufspaltet.« Sie müssen einen riesigen Eisberg weit umfahren und erreichen Kraulshavn in der Gewißheit, sich auf einem Breitengrad zu befinden, der normalerweise erst viel später im Jahr zu erreichen ist. Trotz Schwierigkeiten mit ihrem Wendegetriebe stößt hier die *J. E. Bernier II* wieder zu ihnen.

Am 24. Juli laufen beide Yachten aus. Ihre Kapitäne haben sich dazu entschlossen, im Konvoi zu fahren. »Gegen Mitternacht«, erzählt de Roos, »trafen wir auf das erste wirklich ernsthafte Hindernis in Form einer unüberwindbaren, geschlossenen Packeisbarriere.« Die *Williwaw,* der das kanadische Segelboot folgt, sucht ihren Weg zwischen Packeis und Küsteneis. Beide Yachten erreichen immer wieder kleine Freiwasserflächen, suchen nach Fahrrinnen, machen dann wieder kehrt, werden zum Eisbrecher oder müssen sich auch schnell davonmachen, um nicht zwischen die beweglichen Eismassen zu geraten.

Am nächsten Tag bleibt die *J. E. Bernier* zurück. Willy de Roos macht kehrt und fährt ihr entgegen. Das bereits angeschlagene Wendegetriebe funktioniert nicht mehr. Die belgische Ketsch nimmt die kanadische Slup in Schlepp. Unterdessen ersetzt die Mannschaft das Wendegetriebe durch ein neues, das sie an Bord hatten. Gegen Abend ist die Reparatur beendet. Nach einem erneuten vergeblichen Versuch, im dichten Packeis voranzukommen, machen beide Segelboote mit Haken am Eis fest. Die Mannschaften brauchen dringend Ruhe. Aber schon bald wird Willy de Roos durch ein leises Knirschen aus dem Schlaf geschreckt. Die Freiwasserfläche ist verschwunden. Die beiden Segelboote sind im Eis gefangen, werden gegeneinander gedrückt und hochgehoben. Wie durch ein Wunder läßt der Druck zwei Stunden später etwas nach. Die *Bernier* kann sich hinter die große rote Ketsch setzen. Ein kleines Becken von zwanzig Metern Länge hat sich gebildet, aber um in offenes Wasser zu gelangen, müssen erst einmal zweihundert Meter Eisfläche überwunden werden. Die *Bernier* versucht sich als Eisbrecher und wirft ihre elf Tonnen gegen die Eismauer. Jedoch alles, was dabei herauskommt, ist der Ausfall des Rückwärtsganges. Jetzt ist die *Williwaw* an der Reihe. Mit gut dosierter Geschwindigkeit schiebt sie sich auf das Eis, das unter dem Gewicht der schweren Ketsch bricht. Den letzten Teil der Nacht und einen Teil des Vormittages läßt Willy de Roos immer wieder das gleiche Spiel ablaufen: Rückwärtsgang, volle Kraft voraus, Vorschiff aufs Eis schieben und es so brechen. Dann müssen die größeren Eisstücke mit dem Bootshaken aus der Fahrrinne gestoßen werden, damit die *Williwaw* einen neuen Anlauf nehmen kann.

Nur noch vierzig Meter wären auf diese Art zu überwinden, da ist ein Vorankommen nicht mehr möglich. Beide Boote sind von Eisschollen eingekeilt, die sich dergestalt aufwerfen, daß für die belgische Yacht Bruchgefahr besteht. »Ich sah schon das Ende meines Bootes nahen, das von lauter Rammböcken aus Eis durchbohrt würde«, sorgte sich de Roos. Aber der Eiswall birst, der Druck hebt das über zwanzig Tonnen wiegende Segelboot an. Ihnen bleibt jetzt nichts anderes übrig als abzuwarten und – was noch wichtiger ist – zu schlafen. Gegen 15 Uhr hat sich durch die geheimnisvolle Bewegung des Eises ein Kanal geöffnet. Beide Boote fahren in die Freiwasserzone ein und müssen sich von neuem einen Weg durch dieses Labyrinth suchen, indem sie sich mit dem Steven einen Kanal freikämpfen.

Am 17. Juni gegen ein Uhr nachts befinden sich die Boote in einem so großen Freiwassergebiet, daß beide Mannschaften schlafen können, nachdem sie an einem Schollenfeld festgemacht haben.

Willy schläft jedoch nicht lange, dann sind beide Boote wieder im Eis gefangen. Nach mehrmaligem Angriff mit dem Eisschuh am Steven können sie sich glücklicherweise befreien. In den sich bewegenden Eismassen wird ihre Fahrt durch die ständig veränderten, sich öffnenden, dann wieder schließenden Kanäle problematisch, abenteuerlich und gefährlich. Endlich erreichen sie die offene See, kommen aber in dichten Nebel. Da tritt ein neues Problem auf: Die *J. E. Bernier II* hat wieder einen Schaden am Wendegetriebe, bei dem der Rückwärtsgang schon nicht mehr funktionierte. Der gelernte Mechaniker de Roos macht sich an die Arbeit. Aus den beiden schadhaften Wendegetrieben baut er ein drittes, bei dem wenigstens der Vorwärtsgang funktioniert. Die Ursache der Ausfälle kann er jedoch nicht beheben. Der auf Gummiblöcken beweglich gelagerte Motor ist durch das Wendegetriebe direkt mit der starren Schraubenwelle verbunden. Ein erneuter Getriebeschaden ist unvermeidlich. Zwischen dem entgegenkommenden und peinlich genauen Willy de Roos und Réal Bouvier, der während der Reparatur- und Liegezeiten nur immer schläft, herrscht ein gespanntes Verhältnis.

Die Zwischenfälle haben den Belgier viel Schlaf gekostet. Bis jetzt ist er in 96 Stunden nur acht Stunden zur Ruhe gekommen. Deshalb wird eine Vereinbarung getroffen: Jacques, ein Besatzungsmitglied der *Bernier*, kommt auf die *Williwaw*, um Jean-Louis beizustehen, damit de Roos zum Schlafen kommt. Kap York ist nur noch sechzig Seemeilen entfernt. Am 29. umfahren sie das Kap mit gut zwei Wochen Vorsprung gegenüber Amundsen. Das ist eine Flasche Champagner wert! Eine wichtige Etappe ihrer Strecke ist geschafft, denn dieser bläuliche Felsvorsprung, der von einem Denkmal zur Erinnerung an Peary gekrönt wird, ist die Landmarke für die Einfahrt in das North Water, eine Freiwasserfläche, die schon die Walfänger des 19. Jahrhunderts kannten.

Aber auch hier nehmen die Schwierigkeiten kein Ende: Kälte um den Gefrierpunkt, eisiger Ostwind, Nebel, der sich aber zum Glück schnell auflöst – und aufs neue Packeis. Die vorausfahrende *Bernier* sucht nach einer direkten Durchfahrt in westliche Richtung, stößt aber immer wieder auf festes Eis. Sie müssen kehrtmachen, das Packeis nördlich umfahren und im Zickzack-Kurs zwischen den Schollen hindurch. Sie treffen auf ein Schiff: den Öltanker *Irlando* aus Kopenhagen. Die *Williwaw* geht längsseits, die Mannschaft klettert an Bord der *Irlando*. Der aus Thule kommende Öltanker hat fünfzehn Seemeilen weiter nördlich bessere Bedingungen angetroffen. Am 30. Juli, um drei Uhr morgens, stoßen beide Segelboote auf 75° 6′ Nord auf freies Wasser. Die *Williwaw* ist am nördlichsten Punkt ihrer Reise angelangt und weniger als neunhundert Seemeilen vom Nordpol entfernt.

Hier auf dem offenen Wasser nimmt der Wind zu, und eine hohe Dünung baut sich auf. Der von der *Bernier* ausgeliehene Mann wird krank. »Weil ich nicht genug gegessen habe«, gibt er vor. De Roos ist skeptisch, aber dann schickt er ihn großmütig in die Pantry, wo Jean-Louis ihm etwas zu essen geben soll. Kurz darauf sieht Willy ihn wieder an Deck kommen – mit einem Teller Käse. »Mein Käse«, jammert der Belgier, der einen Gouda mitgenommen hatte, den er normalerweise in ganz dünne Scheiben schneidet und dann mit Parma-Schinken ißt. Ein Leckerbissen, den man mit Andacht genießt. Und Jean-Louis schneidet ihn in fingerdicke Scheiben! Zwei Minuten später erbricht Jacques den gerade gegessenen Käse, läßt den Teller ins Cockpit fallen und zertrampelt ihn. »Armer Jacques. Er ist sonst ein braver Junge, da kann ich ihm jetzt nicht böse sein«, meint Willy dazu. Aber trotzdem, hier in der Arktis hat dieser Käse einen unersetzbaren Wert. Eine Expedition in diese rauhen Breiten bedeutet Sparsamkeit, Überlegung und ständiges Bewußtsein, daß der relative Komfort und die reichlich vorhandenen Lebensmittel möglicherweise plötzlich Lebensbedingungen weichen müssen, in denen die geringste Nahrungsquelle, die geringste Kalorienzufuhr lebenswichtig werden können.

Bald ist Kanada in Sicht, aber die *Bernier* hält unverständlicherweise weiter Nordkurs und verschwindet. An der Einfahrt zum Lancastersund dreht die *Williwaw* bei, um die auf Funkrufe nicht mehr reagierende *Bernier* zu erwarten. Die kanadische Yacht muß nämlich Jacques wieder aufnehmen, für den es an Bord der Ketsch auf Dauer gesehen weder ausreichend Lebensmittel noch den nötigen Platz gibt. »Ich habe dir ja geraten, nicht auf sie zu warten; daß du Ärger mit ihnen bekommst, war mir klar«, erinnert ihn Jacques. Aber Willy erachtet es als seine Pflicht, auf die Kanadier zu warten, die jederzeit mit dem Motor wieder neue Schwierigkeiten bekommen können, was bei diesen Bedingungen ein ernster Notfall wäre. »Im Sommer 1903«, erinnert sich de Roos, »dem Jahr, in dem Amundsens *Gjöa* ohne erkennbare Schwierigkeiten die Melville-Bai überquerte, wurde die *Vega* vom Eis zerdrückt und sank. Die *Balanea* war 24 Tage im Eis gefangen.«

Endlich kommt die *Bernier* gegen Mitternacht in Sicht. Jacques steigt um, und die *Williwaw* fährt vorneweg in südliche Richtung auf die eisfreie Meerenge zu. Um acht Uhr morgens ankert das Boot bei stark auffrischendem Wind nahe der Wallatson-Inseln. Jean-Louis ruht sich aus, während de Roos ein Leck in der hydraulischen Steuerung abdichtet. Plötzlich rückt Jean-Louis mit der Absicht heraus, von Bord zu gehen. Er untermauert dies mit drei Argumenten: Die Expedition sei auf kein wissenschaftliches Ziel ausgerichtet; sie müßten mindestens zu dritt an Bord sein; die Überlebensausrüstung sei seiner Meinung nach unzureichend.

Zwar besagt die Absprache zwischen Willy und Jean-Louis, daß jeder frei sei und jederzeit die Gemeinschaft aufkündigen könne, aber der Skipper fragt sich, was wohl die wirklichen Gründe für Jean-Louis' Entscheidung sein mögen. Enttäuscht, überrascht und auch ziemlich verärgert bittet er ihn, sich die ganze Sache noch einmal bis zum nächsten Tag zu überlegen und sich bis dahin in die Einsamkeit der Achterkajüte zurückzuziehen. »Ich leugne ja gar nicht, daß ich Leistung fordere, unnachgiebig, sogar hart bin, aber niemand kann mir vorwerfen, daß ich damit nicht erst einmal bei mir anfange«, sagt de Roos dazu. Aber nicht jeder hat eben seine Energie und seinen Willen.

Am nächsten Tag, dem 3. August, müssen beide Boote wegen des Sturmes weiter vor Anker bleiben. Willy backt Brot, dessen wohlriechender Duft sich in der Kajüte ausbreitet und eine bessere Atmosphäre schafft. Bei Windstärke 6 setzt die Ketsch am 4. August wieder ihre Fahrt fort. Über Funk nimmt die *Bernier* Kontakt mit einem Eisbrecher auf: Ein nahegelegenes Bergwerk verfügt über eine gut ausgestattete Werkstatt, in der das kanadische Segelboot repariert werden kann. Sie nehmen Kurs auf Strathcona-Sound, wo sich der Eisbrecher befindet. Als sie vor dem Bergwerk festmachen, ist schon Besuch für die *Williwaw* da:

»Sie sind Willy de Roos, nehme ich an? Ich bin Captain Penning von der kanadischen Küstenwache. Hat man Ihnen nicht mein Schreiben übermittelt, daß Sie von dieser Fahrt absehen sollen?«

Links und rechts: Ein
Boot wie sein Eigner:
solide und unbedingt
zuverlässig; genau
das, was man braucht
um sich in die Polar-
gebiete vorzuwagen.

Rechte Seite: Der me
rere Kilometer breite
Jacobson-Gletscher
der Westküste Grön-
lands schiebt sich täg
lich dreißig bis vierzig
Meter vor und kalbt d
bei zahllose Eisberge
Von hier an wird der
Weg in den Norden b
sonders gefährlich.

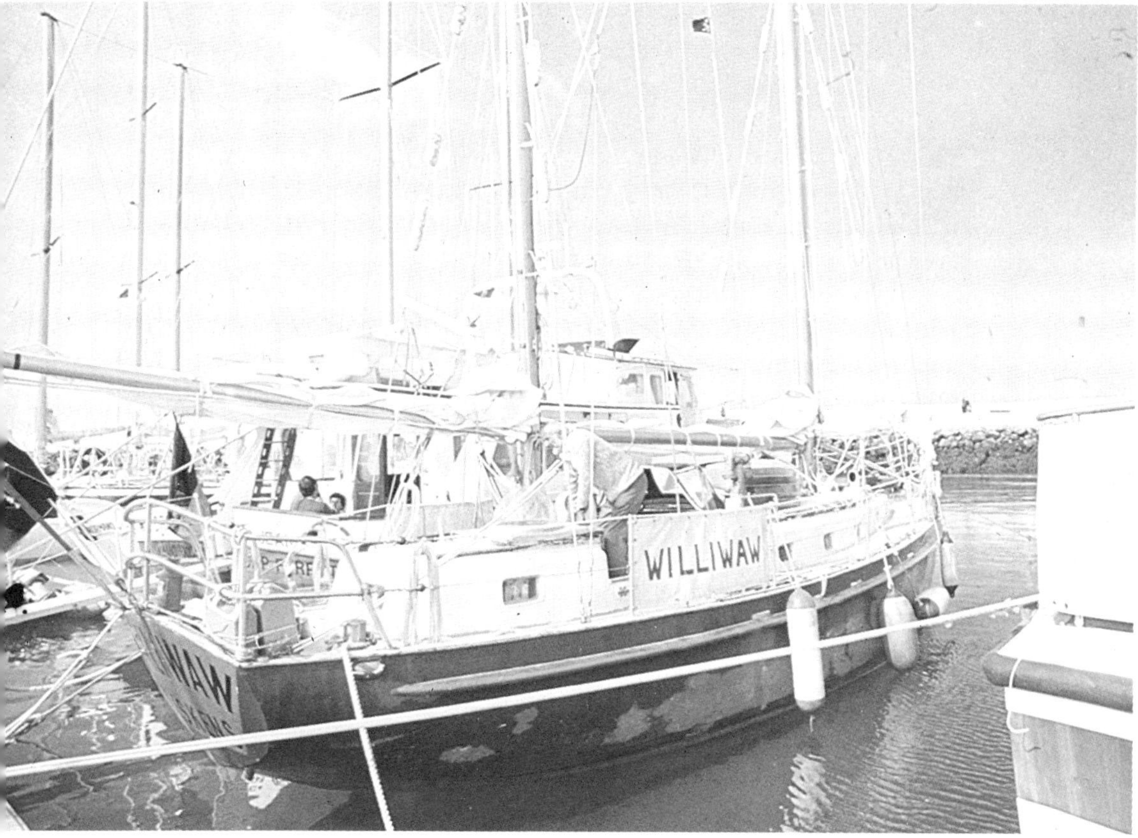
WILLIWAW

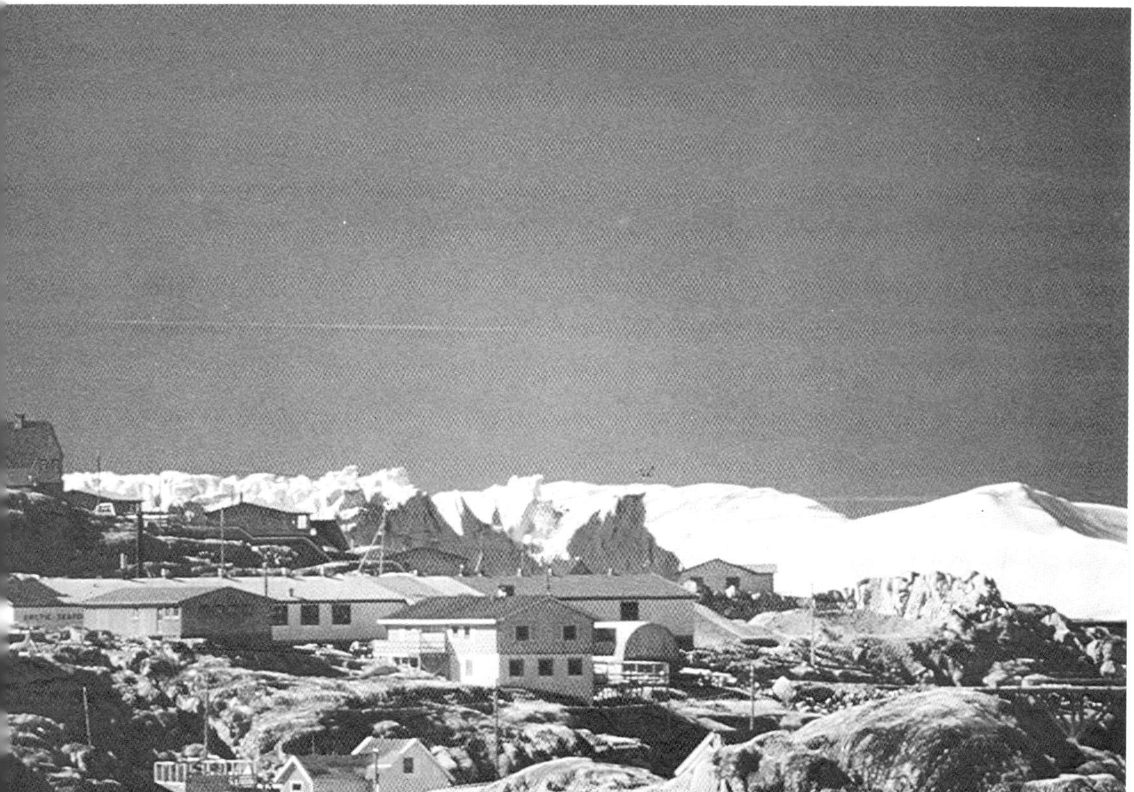

Der Skipper hat den Brief sehr wohl erhalten, jedoch war seine Planung schon zu weit vorgeschritten, um die Fahrt abzubrechen. Ist das Abenteuer jetzt und hier zu Ende? Noch vor zwei Jahren hat die Küstenwache eine polnische Yacht wieder zurückgeschickt, die das gleiche Unternehmen vorhatte. Willy de Roos wird von Captain Penning pausenlos befragt. Ein wahres Examen, was de Roos durchstehen muß. Aber er weiß auch, daß er alle Fragen beantworten kann. Schließlich erhält er die Genehmigung, weiterzufahren; allerdings unter der Bedingung, daß er jeden Tag seine Position über Funk mitteilt.

Beim Auslaufen schleppt die *Williwaw* zum letztenmal die *Bernier,* deren drittes Wendegetriebe zusammengebrochen ist. Jean-Louis hat beschlossen, zumindest bis Resolute Bai an Bord zu bleiben, da es dort einen Flugplatz gibt. Dank des Eisbrechers *MacDonald* kann die belgische Yacht ihre Frischwassertanks auffüllen und 250 Liter Diesel bekommen. Die *Bernier* wird im Hafen des Bergwerks repariert.

Als die rote Ketsch ohne die Last des ehemaligen Gefährten ausläuft, entdeckt Willy einen Brief, der unter das Ruder geklemmt war: Wünsche für eine gute Reise von Marie-Eve, dem weiblichen Besatzungsmitglied der *Bernier.* Man hört aus de Roos' Bericht heraus, daß sich zwischen der jungen Frau und dem rauhen Skipper ein Flirt angebahnt hat. Trotz der dicken Kleidung, die den Körper der jungen Frau verbarg, fand Willy Marie-Eve sehr verführerisch, was Réal Bouvier natürlich überhaupt nicht schmeckte. Das Interesse, das der Belgier Marie-Eve entgegenbrachte, mochte wohl die ohnehin schon gespannten Beziehungen zwischen beiden Männern nicht gerade verbessert haben.

Während des Zwischenhaltes am Bergwerk hat sich der Eisstau im Lancastersund aufgelöst. Mit einer schönen Brise nimmt die Ketsch problemlos Fahrt auf. Die Mißweisung des Kompasses wird durch Bezugspunkte an Land ausgeglichen. Die Nordküste der Meeresenge kommt in Sicht mit ihren vier- bis sechshundert Meter hohen, abgerundeten Bergen, die von Schneefeldern getrennt sind. Bis zum 12. August wird die Mitternachtssonne ständig am Himmel stehen.

Am 8. August ankert die *Williwaw* in der Erebus-Bai, wo 1845 die 129 Mann der *Terror* und der *Erebus* ihr Winterlager aufgeschlagen hatten. Drei Gräber zeugen noch davon. Von hier liefen beide britischen Schiffe zu ihrer Reise ohne Wiederkehr aus.

Als die Ketsch die Kai wieder verläßt, stößt sie auf Eis. Wieder einmal ist das Vorankommen schwierig und rein zufällig, denn es muß eine Fahrrinne durch das Packeis gesucht werden. Ein Hubschrauber, etwas Seltsames in dieser Landschaft, überfliegt die *Williwaw* und geht auf einer Eisscholle vor ihrem Bug nieder. Drei Männer steigen aus und rufen herüber. »Dann waren wir in Rufweite«, erzählt Willy de Roos, »und ich verstand zwar den Klang der Worte, die der eine an mich richtete, den Sinn jedoch verstand ich nicht.« Und dabei spricht de Roos gut englisch. Was ist los? Hat Jean-Louis vorne am Bug etwas verstanden?

«Nein», antwortet der, »ich kann nicht so gut Holländisch.«

Jetzt klärt sich alles auf. Der vom Himmel gekommene Besucher spricht Niederländisch, die Muttersprache von Willy de Roos, der aber hier damit überhaupt nicht gerechnet hat. Der Mann ist Niederländer und gelandet, weil er wissen möchte, was ein Boot mit den niederländischen Farben hier macht. Er selbst ist Biologe und beobachtet die Tierwelt in diesem Gebiet – um in Erfahrung zu bringen, welche Tiere zu kommerziellen Zwecken getötet werden können, ohne dabei die Art zu gefährden. Dies regt natürlich de Roos, der ein Liebhaber der Natur sowie jeglicher Form von Leben ist, auf. Er würde ein Tier nur töten, wenn es zwingend notwendig wäre.

Beide Männer verabreden ein Treffen in Resolute Bay. Dann setzt die *Williwaw* ihren schwierigen Weg durch Eis und Nebel fort. Die Navigation im Packeis ist anstrengend; Willy und Jean-Louis sind todmüde, als sie in Resolute Bay festmachen. Am Kai scheint neben einem Lieferwagen jemand nach ihnen Ausschau zu halten. Sicher ein Polizist, vermutet de Roos. Aber das wichtigste ist jetzt erst einmal schlafen. Am nächsten Tag wartet die Gestalt wieder am Kai. Das Beiboot wird zu Wasser gelassen, Willy und Jean-Louis rudern hin. Die Kleidung der Gestalt hat etwas Vertrautes. Was ist das bloß für eine Uniform? Mit einem Mal vestehen sie: Sie selbst tragen doch die gleichen Jacken und Stiefel. Das ist Polarkleidung für Segler!

»Donnerwetter«, ruft de Roos, »das ist doch eine Frau!«

Jean-Louis springt so heftig hoch, daß das Ruderboot beinahe gekentert wäre.

»Ich heiße Cathy Glougley«, begrüßt die Frau die Ankömmlinge. »Ich habe hier auf Sie gewartet, weil ich glaube, eine heiße Dusche und ein gutes Essen würden Ihnen guttun.«

In der Arktis kann man die wunderlichsten Dinge erleben. Cathy und ihr Mann Maurice haben ein Jahr vor Willy de Roos die Welt umsegelt. Und natürlich haben sie viele gleiche Freunde und Erinnerungen. Maurice ist Lehrer, und Cathy arbeitet in der Verwaltung. Hier in dem Dorf Resolute Bay haben sie gutbezahlte Stellen gefunden. So können sie genug auf die Seite legen, um bald wieder loszuziehen.

Resolute Bay ist ein wichtiger Zwischenhalt, denn hier gibt es alle Versorgungsmöglichkeiten. Die *Williwaw* kann die Dieseltanks auffüllen und bekommt über den Luftstützpunkt auch alle Informationen über das Eis. Hier muß sich Willy de Roos nun entscheiden, welchen Weg er nehmen will. Von all den vielen Routen durch das Labyrinth der Kanäle und Meeresengen ist die Mac-Lure-Straße als einziger noch nie von einem Boot befahren worden, da das Alteis ein unüberwindbares Hindernis darstellt. Die *Saint-Roch* war 1944 durch die Prince-of-Wales-Straße gefahren, durch die man über die Melville-Enge in den Amundsen-Golf gelangt. Das wäre der kürzeste Weg. Amundsen selbst hatte die Peel- und die Franklin-Straße, danach die James-Ross-Straße genommen. Diese Route ist seit 1903 nie mehr befahren worden. Sie ist länger, die Fahrrinnen winden sich und haben nur geringe Tiefe. Hydrographisch ist sie nur teilweise erkundet. Aber die Eisberichte ergeben, daß der Westen der Barrow-Straße und die gesamte Melville-Enge durch unüberwindbares Eis versperrt sind. Der einzige Ausweg ist der Peel-Sund, obwohl die Kanadische Küstenwache de Roos nachdrücklich von seiner Befahrung abrät.

Nach einem letzten Abend bei ihren Freunden Maurice und Cathy verlassen Willy und Jean-Louis, der sich entschlossen hat, vorläufig doch weiterzumachen, Resolute Bay. Das Packeis ist nicht zu dicht, und von Becken zu Becken, von Fahrrinne zu Fahrrinne, stößt die *Williwaw* nach Süden vor. Der Herbst naht und mit ihm einige Stunden Nacht, während derer sie eigentlich Halt machen müßten. Aber im Augenblick geht das inmitten des Treibeises auf keinen Fall. Zum Glück erleichtert ihnen die Ebbe das Runden von Kap Granit. Hinter dem Kap ist das Wasser frei. Die *Williwaw* fährt an nur vereinzelten Schollen vorbei und passiert am 14. August den kleinen La-Roquette-Archipel. Magnetische Strömungen irritieren den Kompaß, der »hier so unnütz ist wie ein Tropenhelm«. Es ist fast warm: außen +4° C und unter Deck +7° C. Um 16 Uhr hat die *Williwaw* die Peel-Straße durchfahren; vor ihr liegt die Franklin-Straße. Von hier aus versuchte 1858 und 1859 McClintock mehrmals, durch die Bellot-Enge zu fahren, die die Somerset-Insel von der Boothia-Halbinsel trennt. Vergeblich. Er mußte hier zwei Jahre verbringen.

Um diese Durchfahrt zu schaffen, hat Willy, der ständig auf der Hut ist, seit 48 Stunden nicht mehr geschlafen. Dafür konnte Jean-Louis aber etwas zur Ruhe kommen. Der nächste sichere Ankerplatz liegt noch 25 Seemeilen vor ihnen. Wie schon am Kap Granit hat die Gezeitenströmung auch die Zufahrt zum Kap Hobson von Eis freigespült. Die Ebbe wird ihren Tiefstand erreicht haben, wenn sie bei den Tasman-Inseln ankommen, wo Willy vor Anker gehen will. Für diesen Teil der Küste sind auf der Karte keine Tiefenwerte

160

verzeichnet. Radar, Echolot, Motor, alles ist bereit, damit sie trotz einbrechender Nacht in den Shortland Channel einfahren können. Um 23 Uhr 30 fällt der Anker. Die Yacht hat einen ruhigen Platz gefunden. Beide Männer sind erschöpft; sie haben seit Resolute Bay 220 Seemeilen zurückgelegt. Und die *Williwaw* hat eine Woche Vorsprung gegenüber Amundsens *Gjöa* vor 74 Jahren.

Der Morgen des 16. August beginnt friedlich. Es weht ein schwacher Wind, das Wasser der Bai ist flach. An einigen auf Grund gelaufenen Eisschollen erkennt man, daß der Grund hier stark ansteigt. Ein klarer Bach schlängelt sich zwischen Moosbüscheln, auf denen ein Karibu äst.

Voller Optimismus geht die Besatzung der *Williwaw* gegen sieben Uhr Anker auf. Aber ein Funkgespräch mit dem Eisbrecher *Louis Saint-Laurent* bereitet Unruhe. »Etwas südlich Ihrer Position liegt zehn Zehntel mehrjähriges Alteis. Da kommen Sie nie durch.«

Die Erfahrung hat Willy jedoch gezeigt, daß die Bedingungen sich überraschend ändern können. Und sie kommen auch schnell voran. Am Nachmittag gelangt die *Williwaw* vor die Pasley Bay, von der drei Meeresarme abzweigen. Der Nordwestarm läßt hoffen, daß er eisfreier ist als die anderen, da in ihn mehrere Flüsse münden. Hier hatte auch 1941–42 die *Saint-Roch* überwintert. Aber so lange es noch geht, muß die *Williwaw* weiterfahren. Im klaren Wasser sieht man jedoch, daß der Grund ständig ansteigt. Auch hier verzeichnen die Karten keine Tiefenwerte. Mit halber Kraft macht die Ketsch langsame Fahrt voraus. Der Grund steigt weiter an. Gibt es ein Durchkommen? Eisblink, jener weiße Schein am Himmel, der Eis ankündigt, erscheint zunächst an Steuerbord, dann voraus. Obwohl der Wind schwach ist, kündigt der Himmel eine Wetterverschlechterung an. Um 19 Uhr liegt Kap Francis nur noch wenige Seemeilen voraus. Die Mannschaft der *Williwaw* kann hoffen, dahinter ein Freiwassergebiet vorzufinden. Aber alle Hoffnungen sind vergebens. Die *Williwaw* stößt auf eine unüberwindbare Barriere aus Alteis, das fest, dick und hart ist. Mit einem Mal frischt der Wind auf und dreht auf West. Alles deutet darauf hin, daß diese riesige Eismasse in Bewegung gerät, die *Williwaw* einschließt, in die Zange nimmt und mit schrecklicher Kraft zermalmt. Es ist bereits 21 Uhr, und der sichere Ankerplatz in der Pasley Bay liegt dreißig Seemeilen hinter ihnen.

»Jean-Louis, wir müssen zurück, schnell!«

Ihr Heil liegt in schneller Flucht, bevor das Packeis seine Falle schließt. Das wäre dann das Ende.

Es beginnt zu schneien. Die Nacht kommt; der Wind wird immer stärker. Jean-Louis steht am Bug, späht in die Dunkelheit und warnt rechtzeitig vor

Willy de Roos (Mitte) mit seinen un-
zertrennlichen Funkfreunden: rechts
von ihm, Noël, ON 6 FN (Amateur-
funkrufzeichen, Belgien), und links
von ihm Maurice, F 6 CIU (Amateur-
funkrufzeichen, Frankreich).

gefährlichen Eisschollen. Willy steuert von innen, läßt das durch Schnee-Echos gestörte Radar und das Echolot nicht aus den Augen. Ständig reagiert er auf die Rufe von Jean-Louis. Die See weist trotz des Starkwinds keine besonders hohe Wellen auf; das Anzeichen dafür, daß das Eis sehr nahe ist. Schnell! Unter Vollzeug und Motor fährt die Yacht mit Höchstgeschwindigkeit. Der Grund ist sehr unregelmäßig und steigt manchmal stark an. Mit wachen Sinnen reagiert Willy de Roos schnell auf jedes noch so geringe Zeichen. Dann endlich macht er in dunkler Nacht am Radar die Einfahrt in ihre Ankerbucht aus. Langsam fährt die *Williwaw* weiter, bis sie einen sicheren Platz gefunden hat. Endlich fällt der Anker. Es ist 2 Uhr 15 am 17. August.

Schritte an Deck lassen den Belgier aus seiner Koje aufschrecken. Es ist heller Tag. Fünf oder sechs Eskimos sind an Bord geklettert. Höflich fragt der eine von ihnen in gutem Englisch:

»Entschuldigen Sie bitte, könnten Sie sich hierhin stellen? Bitte etwas zur Seite drehen…« Dann holt er unter seinem Parka einen japanischen Fotoapparat hervor und macht einige Aufnahmen von dem kühnen Skipper.

Die Eskimos brauchen Zucker. Schnell kommt es zum Geschäft: ein Karibubraten gegen drei Kilo Zucker.

Die gleichen Bedingungen, die die *Williwaw* zum Kehrtmachen veranlaßten, zwangen auch die *Saint-Roch,* in dieser Bucht Unterschlupf zu suchen. Das Eis schloß damals das Schiff bis zum August des folgenden Jahres ein. Droht der belgischen Ketsch das gleiche Schicksal?

Schon in der Nacht nach ihrer Ankunft in der Pasley Bay gerät die *Williwaw* in Gefahr. Der Wind hat nach Süden gedreht; das Eis driftet auf die Yacht zu. Gegen Mitternacht verholen sie sich deshalb in den südlichen Meeresarm. Aber noch nicht einmal zwölf Stunden später müssen Willy und Jean-Louis wieder den Anker lichten. Der Wind hat jetzt nach Osten gedreht. Sie wechseln auf das gegenüberliegende, besser geschützte Ufer über. Fünf Stunden später wird auch dieser Ankerplatz unsicher. Eisschollen driften auf sie zu, die Ankerkette droht zu reißen. Die Yacht muß weg.

Ein Auszug aus dem Logbuch der *Williwaw:* »19. August, 11.20 Uhr. Wind jetzt aus West. In der Nacht ist der Anker unter dem Druck der Eisschollen, die sich an der Kette sammeln, ausgebrochen. Müssen aus Sicherheitsgründen dringend in den Nordarm. Westwind Stärke 8, Kabbelsee, Schneefall, Kälte, gefrierende Gischt.«

Bis zum 22. August müssen sie immer wieder den Ankerplatz wechseln. Während des Sturms haben die Eskimos ihr Lager abgebrochen, ohne ihnen vorher den Karibubraten gebracht zu haben. Egal. Dann bessern sich die Witterungsverhältnisse kurzfristig wieder, die vom Eisbrecher über Funk übermittelten Eisberichte sind jedoch immer noch schlecht. Als de Roos die weitere Entwicklung erfragt, bekommt er vom Funker zu hören: »Es wird noch schlimmer.« Aber um den robusten Flamen von seinem Versuch abzubringen, müßte schon mehr passieren.

Unter großen Mühen kämpft sich die *Williwaw* durch das Eis. Manchmal ist sie der Küste so nahe, daß Gefahr besteht, auf Grund zu laufen. Sie erreicht Kap Franklin, rundet es, aber dann ist ihre Fahrt zu Ende. Louis klettert in den Mast. »Kein Durchkommen, Willy!« ruft er von oben. »Voraus ist alles weiß.« Aber auch hinter ihnen beginnt sich das Eis zu schließen. Ganz langsam macht die Ketsch Fahrt voraus, schiebt Schollen beiseite und bricht sich eine Fahrrinne durch das Eis. Endlich erreicht sie relativ freies Wasser. Die Anspannung der beiden Männer läßt nach. Mit einem Mal stößt das Boot erst einmal, dann ein zweites Mal ganz leicht auf Grund, obwohl es noch drei Seemeilen bis zur Küste sind. Sie sind auf eine ausgedehnte Untiefe gestoßen. Durch Eisschollen tastet sich die *Williwaw* mit nur wenigen Zentimetern Wasser unter dem Kiel weiter vorwärts. Dann nimmt die Tiefe endlich wieder zu.

Seit der Pasley Bay ist Willy ständig aufs äußerste konzentriert gewesen, jetzt verspürt er eine schwere Mattigkeit. Aber er muß weitermachen. Die geringe Tiefe verwehrt ihnen die Einfahrt in die Kent Bay. Beide Männer finden kaum Zeit, sich an der Umgebung zu erfreuen. Dabei herrscht herrliches Wetter und weite Fernsicht. »Der Sonnenuntergang«, so schreibt de Roos, »ist ein märchenhafter Anblick, ein wahres Eisfeuer.«

Es wird Nacht, trotzdem geht es weiter. Da es hier keinen sicheren Ankerplatz gibt, haben sie keine andere Wahl. Nur wenn de Roos die *Williwaw* möglichst nahe am Kap Cloucester hält, kann er an dem großen Eisstau vorbeikommen, der sich an der Untiefe bildet, wo die *Gjöa* aufgelaufen war und Amundsen einen Teil seiner Ladung leichtern mußte. Die Einfahrt in die Roos-Straße ist relativ eisfrei: Jean-Louis hält im Licht des Suchscheinwerfers am Bug Ausschau. Willy beobachtet Radar und Echolot, ist jederzeit darauf gefaßt, die Maschine zu stoppen oder einer Gefahr auszuweichen. Kurz vor 22 Uhr sind sie so erschöpft, daß sie ankern müssen. Sie fallen sofort in Schlaf. Aber nicht für lange. Ein Schlag erschüttert das Boot, ein Eisblock schrammt knirschend am Rumpf entlang. Dann ein zweiter Schlag. Die Ankerkette schliert über Grund, der Anker ist ausgebrochen.

Mit dem Motor kommt de Roos von der Eisscholle frei. Jean-Louis ist durch das Manöver geweckt worden und holt den Anker ein; sie müssen weiterfahren. Zum Glück ist Vollmond. Sie werden für ihre Beharrlichkeit und ihren Mut belohnt. Am 23. August läuft die *Williwaw* um 21.05 Uhr in Gjöa Havn ein, nachdem sie zuvor das eisfreie Ross-Becken durchquert hat. Hier in Gjöa Havn haben Amundsen und seine Gefährten von 1903 bis 1905 überwintert. Jetzt gibt es hier nur noch eine kleine Eskimoansiedlung.

Ihr Ankerplatz ist sicher. Willy und Jean-Louis können endlich ruhig und in voller Zufriedenheit schlafen. Daß sie in einer einzigen Saison, ohne Hilfe von außen und trotz der schlechten Witterungsverhältnisse diesen wichtigen Meilenstein erreicht haben, das ist allein schon ein großer Erfolg, der alle Anstrengungen und Opfer rechtfertigt. Willy verspürt auch eine innere Befriedigung darüber, Jean-Louis bewiesen zu haben, daß dieser Erfolg überhaupt möglich war. Und nichts steht jetzt mehr der Hoffnung entgegen, daß die *Williwaw* vor der Überwinterung noch weiter nach Westen, zumindest bis zur Cambridge Bay, gebracht werden kann.

Den Tag über streift de Roos im Dorf herum, trifft zwei belgische Priester und wundert sich über die Unterschiede zwischen den Eskimos auf Grönland, die sich viel von ihrer Tradition bewahrt haben, und denen aus Kanada, bei denen die finanzielle Hilfe der Regierung nur den Müßiggang fördert. Ein wenig überrascht ihn auch der Handelserfolg der Hudson-Bai-Company, die hier mühelos Kühlschränke, parfümierte Seifen, verschiedene Arten von Deodorant und andere nutzlose Dinge absetzen kann, die nur in der soge- nannten zivilisierten Welt als unerläßlich gelten.

Die Tanks der *Williwaw* werden aufgefüllt; die Ketsch ist klar zum Auslaufen. Abends macht Jean-Louis einen Landgang, kommt in der Nacht zurück und weckt de Roos: Ein Flugzeugpilot, der am nächsten Tag um sechs Uhr morgens nach Resolute Bay abfliegt, will ihn mitnehmen. Aber er überlegt es sich noch einmal: »Ich will dich nicht allein lassen. Ich bleibe bis Cambridge Bay an Bord.«

Dann ändert Jean-Louis de Gerlache seine Meinung wieder. Kurz vor sechs Uhr setzt Willy de Roos ihn an Land ab. Wieder an Bord, fühlt er sich allein: »Ein harter Schlag, aber ich lasse den Mut nicht sinken. Ob es jetzt schwerer wird? Egal, ich beiße die Zähne zusammen.« Dann läuft er sofort aus. Er hat weniger als 36 Stunden in Gjöa Havn zugebracht, und davon die meiste Zeit für das Boot und seine Versorgung, für Jean-Louis und seinen Wankelmut geopfert.

Bei schönem Wetter und eisfreiem Wasser kann Willy de Roos in die Simpson-Straße einfahren. Der nahe magnetische Nordpol erzeugt beim Kompaß extreme Mißweisungen, danach zu steuern ist unmöglich. De Roos muß sich anhand des Sonnenstandes – sofern die Sonne sichtbar ist – oder nach charakteristischen Landmarken orientieren. Zuweilen richtet er sich auch nach einer Eismasse oder einer markanten Wolke. Da die Selbststeuerung kompaßabhängig ist, kann de Roos auch sie nicht verwenden. Jetzt, da er allein ist, sitzt er die ganze Zeit über am Ruder. Da er seit dem Auslaufen um sieben Uhr morgens nichts mehr gegessen hat, macht er gegen 16 Uhr in einer Bucht südlich der King-William-Insel fest. Er kocht sich einen Teller Spaghetti Bolognese und bereitet Teig vor, um später Brot zu backen. Da er in der kommenden Zeit seinen Platz am Ruder nicht verlassen kann, schmiert er sich ein paar Brote und füllt eine Thermoskanne mit Suppe. Willy de Roos achtet sehr auf seine körperliche Verfassung und meidet jedes Anregungsmittel, sogar Kaffee. Er zieht heißes Honigwasser vor, das auch der Gesundheit zugute kommt. Er trinkt keinen Alkohol und raucht nicht. Dabei ist der Belgier kein Asket; er schätzt den Geschmack des Parmaschinkens, den er von einem Freund geschenkt bekommen hat, sehr.

Der Weg von Gjöa Havn zur Beaufort-See führt durch Meerengen, die großflächige Golfe verbinden. Nach den Angaben des *Atlas of the Polar Seas* sollen diese Meerengen jetzt in dieser Jahreszeit relativ eisfrei sein, jedoch sind nur bestimmte Routen mit Tiefenangaben versehen. Wenn das Eis es zuläßt, will de Roos diese Routen also tunlichst nicht verlassen, zumal ja auch der Kompaß streikt.

Bei grauem Himmel segelt de Roos am frühen Morgen los. Nach dem Sonnenstand kann er sich jetzt nicht richten. Die als Landmarken dienenden Inseln sind flach und kaum sichtbar. Seit einigen Tagen hat er am Radar einen geringen Leistungsabfall festgestellt. Gegen zehn Uhr versperrt Packeis die Weiterfahrt. De Roos sucht sich einen Weg, fährt im Zickzackkurs zwischen den Schollen hindurch und muß manchmal kehrtmachen. Ohne jeglichen Bezugspunkt, ohne Kompaß und bei bedecktem Himmel geht jeder Richtungsänderung eine genaue Beobachtung des Horizontes, von charakteristischen Eisstücken oder Wolken voraus, um hinterher wieder auf den richtigen Kurs zu kommen. »Äußerst schwer, immer Nord zu finden!« schreibt de Roos in sein Logbuch.

Dann legt sich eine Nebelwand über alles, hüllt das Boot ein und verbirgt auch die letzten Bezugspunkte. De Roos macht das Boot in ruhigem Wasser zwischen zwei Schollen fest. Der Kompaß zeigt wieder genau an. Mit Erleichterung bemerkt er nach kurzer Zeit, daß sich der Nebel auflöst. Am Spätnachmittag kommt Land in Sicht: ein Beweis, daß er trotz aller Hindernisse den richtigen Kurs gehalten hat. Bei Einbruch der Nacht macht die *Williwaw* über einer Untiefe fest, an deren Außenrand große Packeisstücke auf Grund gelaufen sind und zurückgehalten werden.

166

Gegen ein Uhr nachts gibt es einen Schlag – wahrscheinlich durch eine Scholle, die sich bei Flut vom Grund gelöst hat. Dann folgt ein zweiter, viel härterer Schlag, der sich in der Kabine gräßlich anhört. De Roos schreckt auf. Große Schollen stoßen gegen den Steven. Der Bugspriet hat sich in einen Eisblock gebohrt und hält ihn zurück. Die Ankerkette ist zum Bersten gespannt. Mit ganz langsamer Motorfahrt schiebt de Roos den Eisblock zurück. Im Rückwärtsgang befreit er seinen Bugspriet aus dem Eis, dann dreht er ab. Eisschollen schieben sich am Rumpf entlang. Den Rest der Nacht verbringt de Roos damit, die Schollen vom Boot fernzuhalten. Nachdem er seinen Kurs für den nächsten Tag festgelegt hat, setzt er die Fahrt im Morgengrauen fort. Der Wind kommt mit Stärke fünf aus Nordwest. De Roos segelt hart am Wind, was den Vorteil hat, daß er in tiefem und eisfreiem Wasser das Ruder festlaschen kann. Tagesziel ist die geschützte Jenny-Lindt-Bai, wo Willy de Roos hofft, sich ausruhen und nach all den anstrengenden Tagen und kurze Nächten neue Kräfte sammeln zu können. Er muß dringend schlafen, »seine Batterien aufladen«, da er in den letzten Wochen viel von seinen Kraftreserven verbraucht hat.

Gegen Mittag ist die Jenny-Lindt-Insel in Sicht. Jedoch bemerkt de Roos auch einen ganz feinen hellen Streifen, der keinen Zweifel aufkommen läßt. Wenig später muß er vor diesem unüberwindbaren, alten Packeis kehrtmachen.

Nach Süden ist jedoch ein Vorankommen möglich – also wird aus dem geplanten Zwischenhalt nichts. Erst bei Einbruch der Nacht kann de Roos im Schutz der Melbourne-Insel ankern. Der lange Tag hat ihm zu einer schönen Strecke verholfen. Fast der gesamte Queen-Maud-Golf ist durchfahren. Das wiegt die entgangene Ruhe auf.

Unabhängig von seinem Wunsch, auf der Nordwest-Passage schnell voranzukommen, wird de Roos noch von einem anderen, verständlichen Motiv geleitet: immer vor der *Bernier* zu liegen. Über ein Amateurfunknetz hält er loyal die Mannschaft des kanadischen Segelbootes über sein Vorankommen auf dem laufenden, informiert sie über die angetroffenen Bedingungen und gibt Untiefen an. Aber die Existenz des anderen Bootes schafft gleichzeitig auch eine Art Wettbewerb. Willy de Roos will auf jeden Fall der erste sein – trotz der Navigationsschwierigkeiten und trotz des für ihn ungünstigen Crewverhältnisses von eins zu fünf. Er weiß jedoch nicht genau, wo sich Réal Bouvier, die gute Marie-Eve und ihre drei Gefährten befinden. Er vermutet sie in der Peel-Straße. Willy will seinen Vorsprung halten und läuft um fünf Uhr morgens wieder aus.

Um sieben Uhr kommt er vor einer vier bis zehn Meter hohen Barriere aus mehrjährigem Packeis nicht mehr weiter. De Roos macht kehrt und entdeckt, daß er entlang der Küste weiterkommen kann, wo sich mehrere Fahrrinnen öffnen. Allerdings ist dieses Gebiet hydrographisch nicht erfaßt; die Karte verzeichnet jedenfalls keine Wassertiefen. So muß er sich auf die Farbe des Wassers und auf die Höhe des Eises zwischen Küste und Boot verlassen. Und dem nie verzagenden Belgier gelingt die Durchfahrt. De Roos hatte sich versprochen, in Cambridge Bay auszuschlafen, aber die Zufahrt ist versperrt. Also geht es weiter. Zu Hause in einem Sessel ist dies leicht zu schreiben oder zu lesen. Aber man muß sich de Roos einmal vorstellen, wie er seit mehreren

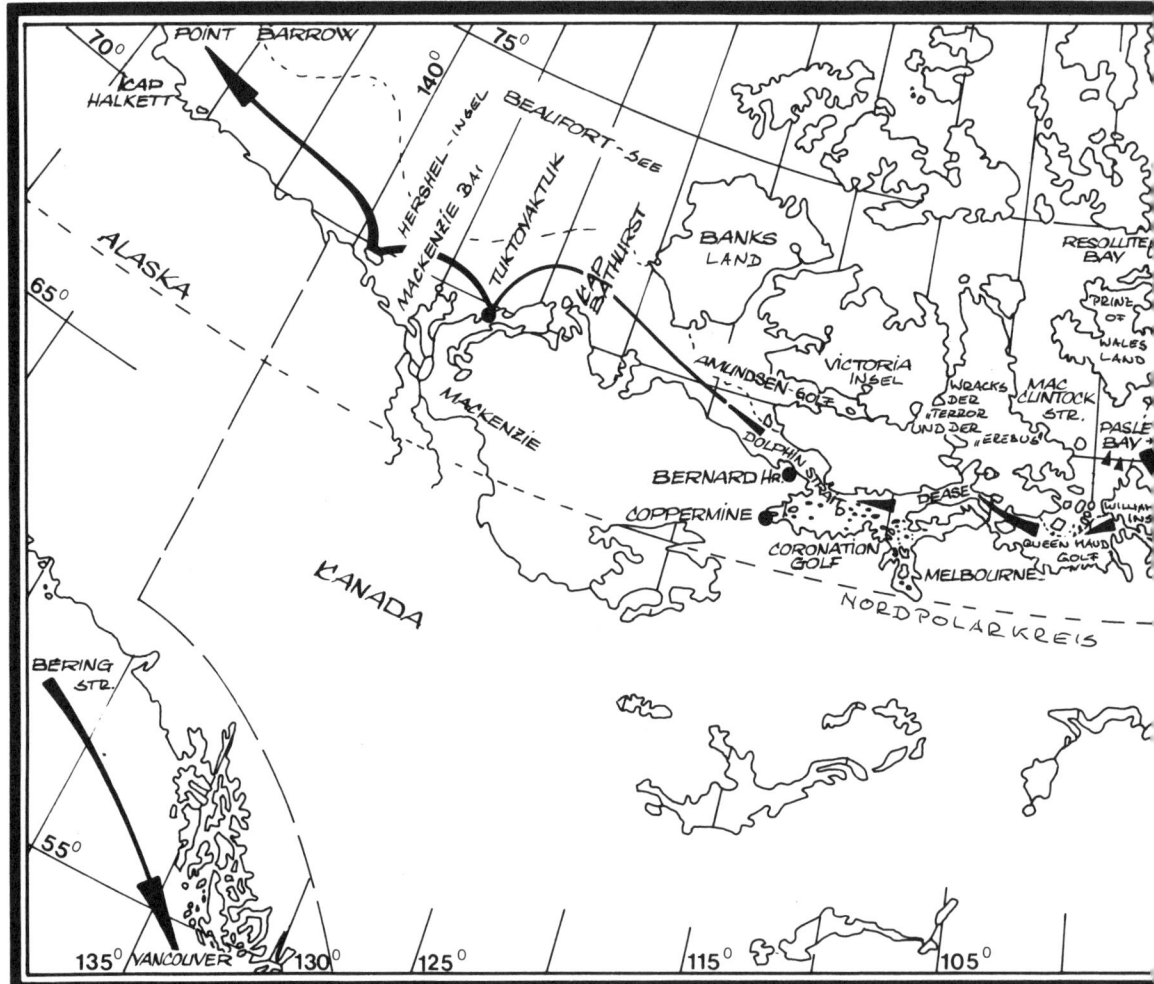

Tagen mit nur ganz wenig Schlaf der Kälte und dem Wind ausgesetzt ist. Dazu kommt noch die ständige Anspannung, in Gefahrenmomenten Entscheidungen treffen zu müssen, die im ungünstigsten Fall Tod, Ende des Unternehmens, Verlust des Bootes oder auch eine Überwinterung unter schlechtesten Bedingungen zur Folge haben können.

De Roos ist von dem unbezwingbaren Willen zum Erfolg beseelt. Aber er ist sich auch seines inneren Zwiespaltes bewußt, der Müdigkeit oder dem Verlangen nachzugeben, immer weiter zu fahren. »Mache ich einmal keine

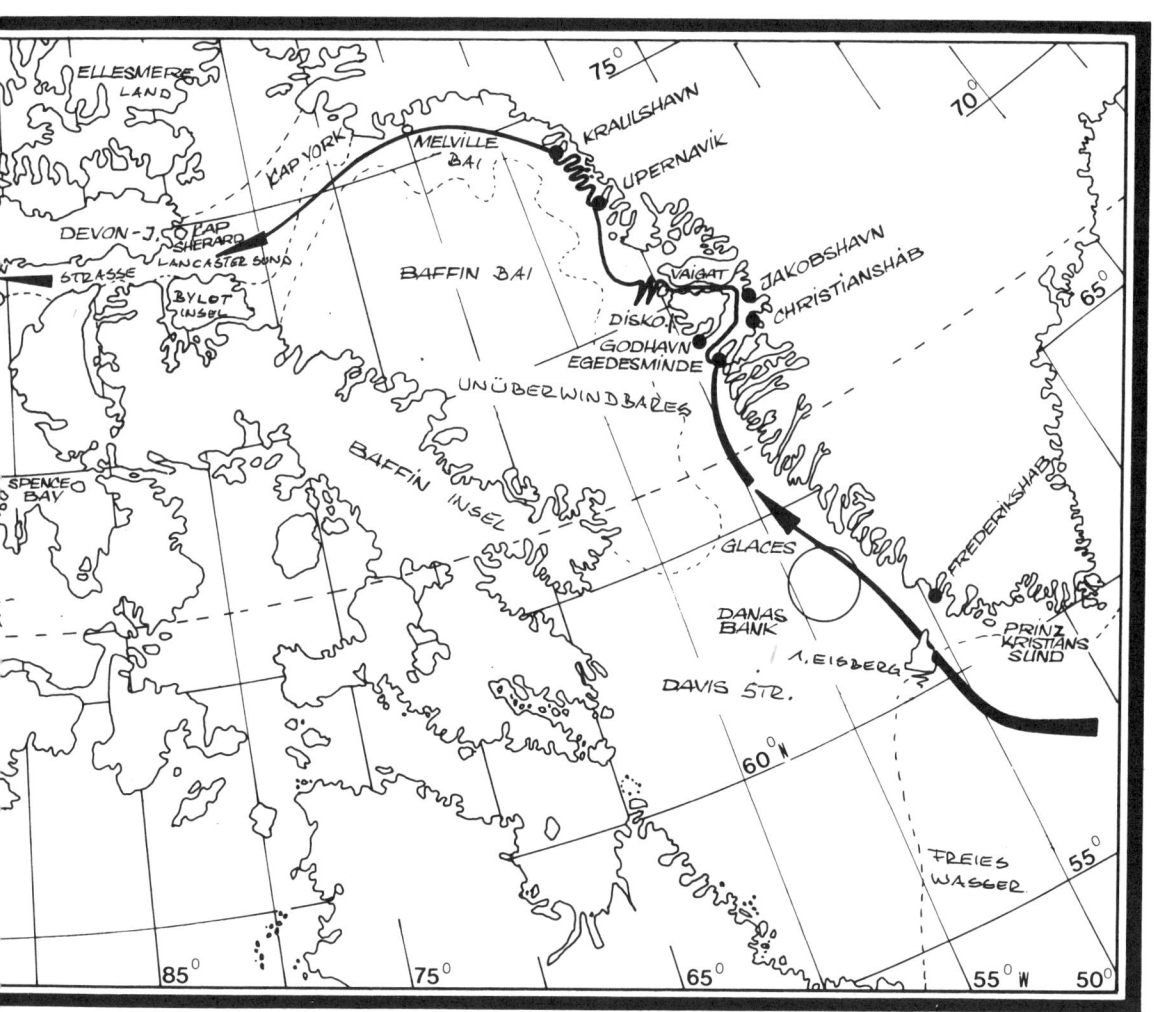

Fahrt, verspüre ich sofort Gewissensbisse«, stellt er fest. Aber wie kann er sich von dem Druck der ständigen Anspannung befreien? Ihm kommt eine Idee: mit Musik! Und dann ertönen mitten in der Arktis die vollen Klänge des 5. Klavierkonzerts von Beethoven und die getragenen Harmonien der *Pastorale*.

Am Abend des 29. August fährt die *Williwaw* in den Coronation-Golf ein. Zuvor hat sie die 65 Seemeilen der Dease-Straße schnell und ohne Behinderung durch Eis zurückgelegt. Auch der Kompaß zeigt wieder etwas zuverlässiger an. De Roos kann die Selbststeuerungsanlage wieder benutzen und sich etwas entspannen. 22 Uhr; es ist Nacht. Trotzdem fährt de Roos weiter. Der Wind frischt auf. Der Krängungswinkel des Bootes beeinträchtigt die Zuverlässigkeit der Kompaßanzeige. De Roos' Hände sind blaugefroren, ihm schmerzen die Finger, aber trotzdem steuert er selbst. Der Wind dreht nach Osten, wird rauher. Das Boot krängt weniger, und der Autopilot wird wieder voll funktionsfähig. Langsam verstreicht eine schlaf- und ruhelose Nacht. Im Verlauf des Tages kommt Sturm der Stärke acht bis neun auf, die *Williwaw* läuft nur unter Fock. »Ich bin todmüde«, gesteht Willy de Roos.

Aber erst gegen 18 Uhr findet die Ketsch bei sintflutartigem Regen, der die Sicht auf eine Seemeile begrenzt, bei der Edingburgh-Insel eine Zuflucht. Willy legt sich hin und schläft sofort ein. Er wird neun Stunden durchschlafen – für ihn sehr ungewöhnlich. Am nächsten Tag ist die Moral des Belgiers wieder hergestellt. Der Wind hat sich gelegt. Sein Vorankommen auf der Nordwest-Passage hat eine unverhoffte Wende genommen. Ursprünglich hatte er in seiner Planung zwei Überwinterungen vorgesehen. Jetzt bietet sich ihm die Möglichkeit, die Passage mit nur einer Überwinterung zu schaffen. Amundsen selbst hatte dafür drei Jahre gebraucht. Point Barow liegt noch tausend Seemeilen entfernt. Dieses Kap, das wie ein Hindernis in das Nordpolarmeer vorspringt, ist zugleich auch der nördlichste Punkt dieser Küste. »Im vorigen Jahrhundert«, schreibt de Roos, »mußten die Walfänger dieses Kap vor dem 1. September passiert haben. Im Jahre 1891 wurde eine komplette Walfangflotte von etwa zehn Schiffen vom Eis eingeschlossen und vollständig zerstört.«

Willy hofft, die Herschel-Insel zu erreichen, um dort zu überwintern. Bis dahin sind es noch sechshundert Seemeilen: bei eisfreiem Wasser einige Tage, bei störendem Packeis jedoch unter Umständen Jahre. De Roos erinnert sich an Amundsen, der 1904 in einer Saison nicht von Gjöa Havn bis zur Herschel-Insel kam.

Willy will es trotzdem wagen. Schon vor sechs Uhr segelt die *Williwaw* unter Vollzeug, bei schönem Wetter, wolkenlosem Himmel und mit einem West-

170

nordwestwind der Stärke drei los. Gegen zehn Uhr nähert sich die Ketsch der Dolphin-and-Union-Strait, die den Coronation-Golf mit dem Amundsen-Golf verbindet. Schnell bezieht sich der Himmel, und innerhalb weniger Minuten kommt ein stürmischer Nord auf. Um zum nächsten sicheren Ankerplatz zu gelangen, müßte de Roos kehrtmachen. Ein Teil der gewonnenen Strecke wäre verloren. Also entschließt er sich, weiterzufahren. Auf der Höhe von Cache-Point liegt ein Schiff vor Anker: die *Baffin,* ein ozeanographisches Forschungsschiff aus Ottawa. Wissenschaftler und Matrosen begrüßen ihn winkend und klatschend. Einer von ihnen wirft aus Begeisterung sogar seine Mütze in die Luft, die vom Wind fortgerissen wird. »Ich vermute, daß er Wissenschaftler war«, bemerkt de Roos humorvoll, »denn ein Seemann wäre nie so gedankenlos gewesen.«

Der Belgier ankert in der Nähe der *Baffin,* denn die Weiterfahrt stünde bei dem zu erwartenden mäßigen Vorankommen in keinem Verhältnis zu der damit verbundenen Kraftanstrengung. Über Funk erfährt er, daß die *Bernier* fünf Tage hinter ihm liegt. Der Vorsprung ist gering gegenüber dem kanadischen Segelboot, das in dem eisfreien Wasser und mit seiner fünfköpfigen Besatzung Tag und Nacht Fahrt machen kann. Die *Williwaw* ist jedoch schneller und, so schätzt de Roos, auch besser vorbereitet.

Um acht Uhr lichtet die rote Ketsch wieder den Anker. Der Wind ist abgeflaut und hat auf Nordost gedreht. »Da schönes Wetter ist, das Segeln Freude bereitet, die Segel vollstehen und ich den ganzen Tag über kein Eis gesehen habe, will ich auch die Nacht durchfahren«, erzählt Willy de Roos. Jetzt spielen Müdigkeit und Schlafmangel keine Rolle, die guten Bedingungen müssen genutzt werden – die *Bernier* ist nicht mehr weit entfernt!

Am 1. September, um zwei Uhr nachts, fährt die *Williwaw* in den Amundsen-Golf ein. Hier frischt der Wind auf, schralt und kommt böig von vorn. De Roos muß gegen eine unangenehm schwere See ankämpfen. An dieser Küste gibt es keinen Unterschlupf. Gegen zehn Uhr dreht er bei, denn er ist zu erschöpft und muß schlafen. Allerdings steht er in bestimmten Abständen auf und kontrolliert die Abdrift. Gegen 22 Uhr ist der Wind auf Stärke sechs abgeflacht. De Roos macht sich wieder auf den Weg, aber schon eine Stunde später muß er wegen starker Böen wieder beidrehen.

»Die Nacht erscheint mir lang, ja unendlich. Ich fürchte, daß ich durch den Wecker nicht aufwache.« Um sich zu beschäftigen, setzt sich de Roos an das Funkgerät. Die *Baffin* hört ihn nicht. Aber die *Pandora II,* ein anderes ozeanographisches Forschungsschiff, das etwa hundert Seemeilen nordwestlich von ihm liegt, antwortet. Obwohl ihm der Funker ein neues, sich näherndes Sturmtief ankündigt, klingt seine Stimme so warm und freundlich, daß de Roos neuen Mut schöpft. »Im nächsten Winter kannst du schlafen, so lange du willst!« Er bleibt weiter beigedreht, schläft einige Stunden und fährt am nächsten Morgen mit verkleinerter Segelfläche bei einem frischen Nordnordost weiter. Die See ist rauh, das Wetter feuchtkalt. Das Schlimmste aber: Die morgendliche Tiefenmessung hat ergeben, daß das beigedrehte Boot um dreißig Seemeilen zurückgedriftet ist.

Am 3. September dreht der Wind gegen Mitternacht auf West. De Roos kann es sich nicht leisten, noch weiter zurückzudriften. Also muß er gegen den Wind ankreuzen, was an seinen Kräften zehrt. »Jetzt habe ich keine Wahl; ich muß es zu Ende bringen.« Noch 65 Seemeilen bis Pearce Point. Willy de Roos setzt auf alles oder nichts. Das Boot segelt mit dichtgeholten Schoten, die Segel sind hart wie Stahl. Die Masten knarren unter der Belastung. Der Belgier beißt die Zähne so fest zusammen, »daß es bis zu den Ohren schmerzt«. Die Nacht wird schrecklich; der Sturm erreicht Stärken um neun. Obwohl die Segel voll ziehen und noch vom Motor unterstützt werden, kommt der *Williwaw* kaum voran. Am Morgen ankert die Yacht endlich am Pearce Point. De Roos hat blutunterlaufene Augen, seine Gesichtshaut schmerzt, die Hände sind steifgefroren. Jetzt gesteht auch dieser harte Mann sich ein, daß die körperlichen Leiden groß gewesen waren.

Nach dieser durchwachten, anstrengenden Nacht könnte man meinen, daß de Roos jetzt todmüde in seine Koje fällt. Aber nein! Er hat am Motor eine undichte Stelle entdeckt, aus der Öl austritt. Die beschäftigt ihn zu Recht, denn wenn er fluchtartig seinen Ankerplatz verlassen müßte, wie es schon oft vorgekommen ist, würden ihm diese Breiten keine Nachlässigkeit verzeihen. De Roos stellt fest, daß ein Bolzen der Motoraufhängung gebrochen ist. Er kann das Gewinde herausdrehen und setzt einen neuen, passenden Bolzen ein. Dann reinigt er das Boot, da Wasser durch einen Lüfter eingedrungen ist. Danach wäscht er sich das Salz von der Haut und kocht sich Essen. Erst danach legt er sich hin.

Es ist vier Uhr morgens und schönes Wetter. Willy hat gut geschlafen und neue Kräfte gesammelt. Der Offizier der *Pandora* übermittelt ihm über Funk eine aufregende Neuigkeit: Das Delta des Mackenzie ist eisfrei, und das Packeis hat sich fünfzehn Seemeilen weit nördlich von Kap Bathurst zurückgezogen, das den Amundsen-Golf von der Beaufort-See trennt und einer der Meilensteine der Passage ist. Jetzt muß er um jeden Preis vorankommen, auch wenn die meteorologischen Voraussagen nicht gesichert sind. Aber, so hat der Offizier der *Pandora* erzählt, zwei Techniker, die in der Nähe des Ankerplatzes der Ketsch kampieren, besitzen die neuesten Wetterinformationen. De

Roos rudert an Land und wird von den Männern herzlich empfangen. Sie fragen ihn sofort: »Kaffee, Eier mit Schinken, okay?«

Die beiden Männer müssen in zwei Tagen ihr Lager wieder abbrechen. Als Willy wieder zur Ketsch hinüberrudert, ist sein Beiboot voller Lebensmittel. »Damit der Hubschrauber nicht überlastet ist«, haben sie ihm gesagt und das Ruderboot mit Konserven, Orangen und Pampelmusen vollgeladen.

Erst an Bord der Ketsch fällt dem Belgier ein, daß er vergessen hat, nach der Wetterprognose zu fragen.

Noch achzig Seemeilen bis Kap Bathurst. De Roos muß diese Nacht durchsegeln und die von der *Pandora* angekündigten günstigen Bedingungen ausnutzen. Um 07.48 Uhr fährt die *Williwaw* nach einer Strecke ohne besondere Vorkommnisse in die Beaufort-See ein. Die Hoffnung, die Nordwest-Passage zu bezwingen, ist größer denn je. »Ich glaube, daß die Einsamkeit jetzt am schwersten auf mir lastet. Ich hätte gern einen Freund an Bord, um ihm in diesem Augenblick großer Freude in die Arme zu fallen...« vermerkt de Roos in seinem Logbuch.

Am 5. September 1977 segelt zum erstenmal in der Geschichte ein von Osten kommendes Sportboot in den hellgrünen Gewässern der Beaufort-See. Die Eisverhältnisse in dieser See sind ganz anders als in den Meerengen, da die Beaufort-See der südliche Teil des Nordpolarmeeres ist und keine Landmassen die Bewegung des Packeises beeinflussen. Die Saison ist schon sehr vorangeschritten. Wird die *Williwaw* es noch bis zur Herschel-Insel schaffen, um dort zu überwintern? Der Skipper sucht die Karte nach kleinen, geschützten Buchten mit geringer Tiefe ab, in denen er überwintern kann. Dieser Schutz ist wichtig, damit rauhe oder hohe Seen das Eis nicht aufbrechen können, das dann in Schollen gegen das Boot treiben würde. Die Bucht muß aber auch flach sein, damit große Eismassen schon vorher auf Grund laufen, aber wiederum auch nicht so flach, daß das Meer bis zum Grund gefriert. Ansonsten könnte es passieren, daß das Boot auch den kommenden Sommer über noch eingefroren bleibt. Die Mündung des Mackenzie, etwa dreißig Seemeilen südostwärts der Herschel-Insel, würde sich anbieten, Amundsen hatte dort mit der *Gjöa* überwintert, als er seit Ende August eingefroren war.

Willy de Roos will schnell weiterkommen, aber er hat zwei Probleme. Das erste ist, den Dieseltank aufzufüllen, denn er braucht für die Überwinterung dringend Brennstoff. Das zweite besteht darin, daß er zu schnell vorangekommen ist. Deshalb hat er keine Seekarten von Alaska, die er sich erst im Winter besorgen wollte. Bei Südostwind Stärke sechs bis sieben ankert die *Williwaw* am 5. September gegen 21 Uhr im Schutz der Tuk-Halbinsel. Bis zur Herschel-

Insel sind es noch sechzig Seemeilen, bis zum Hafen von Tuk vierzig. Beide Orte bieten gute Überwinterungsmöglichkeiten, aber im Schutz der Herschel-Insel suchte die Walfängerflotte während der langen Polarnacht Zuflucht.

Als Willy am frühen Morgen des 6. September den Anker lichtet, ist er tief beunruhigt. Er hat Schmerzen und befürchtet eine schwere Nierenkolik. So etwas hat er schon einmal durchgemacht, aber jetzt wäre wohl der ungeeignetste Augenblick dafür.

Die *Pandora* hat über Funk mitgeteilt, daß ein kanadisches Schiff, die *Nahidik,* die in diesen Gewässern geologische Untersuchungen durchführt, ihn mit Treibstoff versorgen könnte. Unterwegs bekommt de Roos von einem Frachtschiff, das von seinem Kartenproblem erfahren hat, in einem Plastikbeutel die Seekarte »Herschel-Insel – Point Barrow«, einige Sardinendosen und die guten Wünsche der Mannschaft für ein erfolgreiches Gelingen. Bei Einbruch der Nacht macht die Yacht längsseits der *Nahidik* fest. Vom Forschungsschiff wird ein Gummischlauch herübergereicht, um die *Williwaw* mit Diesel zu versorgen (dieser Schlauch bereitet dem stets vorsichtigen de Roos Sorgen, da Diesel den Gummi auflöst). An Bord des kanadischen Schiffes wird de Roos zu einer Dusche sowie zu einem Essen in der Messe eingeladen. Nach einem fröhlichen Abend unter neuen Freunden kehrt er mit einem großen Lebensmittelpaket auf sein Boot zurück.

Der Wetterbericht kündigt starken Südwest an. Aber als de Roos lossegelt, ist das Wetter noch erträglich. Der Wind frischt langsam auf und wird ungünstig. Bei Windstärke sieben und in rabenschwarzer Nacht fährt de Roos mit Radar und Echolot in die Thetis Bay nahe der Herschel-Insel ein. Er hat einen sicheren Ankerplatz gefunden, kann aber trotzdem nicht richtig schlafen. Ein Funkgespräch mit der *Pandora* hat die Gedanken des Einhandseglers etwas durcheinandergebracht: »Sieh einmal zur Insel hinüber, da wirst du ein Licht bemerken.« Tatsächlich! »Es kommt aus dem Haus von Bob Mackenzie, einem Eskimo-Fallensteller, der dort mit einer hübschen Frau wohnt. Laß dein Beiboot zu Wasser und verbringe den Abend bei der kleinen Mackenzie.« – »Ich bin doch nicht zum Amüsieren hier«, gibt de Roos mit dem bitteren Humor eines Mannes zurück, der seit drei Monaten nicht mehr mit einem weiblichen Wesen zusammengetroffen ist. »Und außerdem, der Wind ist viel zu stark, um mit dem Beiboot über die Bucht zu fahren. Schade, aber man kann ja träumen…«

Am Tag ist er noch unschlüssig. Alles spricht dafür, hier zu bleiben. Sicher, es wäre wunderbar, noch in dieser Saison Point Barrow zu runden, aber das Kap liegt noch vierhundert Seemeilen entfernt – und auf dem Weg dorthin gibt es keinen geeigneten Platz zum Überwintern. Auch die *Pandora* und die

WILLIWAW

Stahlketsch, erbaut in der Michot-Werft in Thuin (Belgien)
Orangefarbener Rundspanter
Lebensmittelvorrat für 800 Tage
Benzin-Generator von Honda
Diesel-Generator von Lister

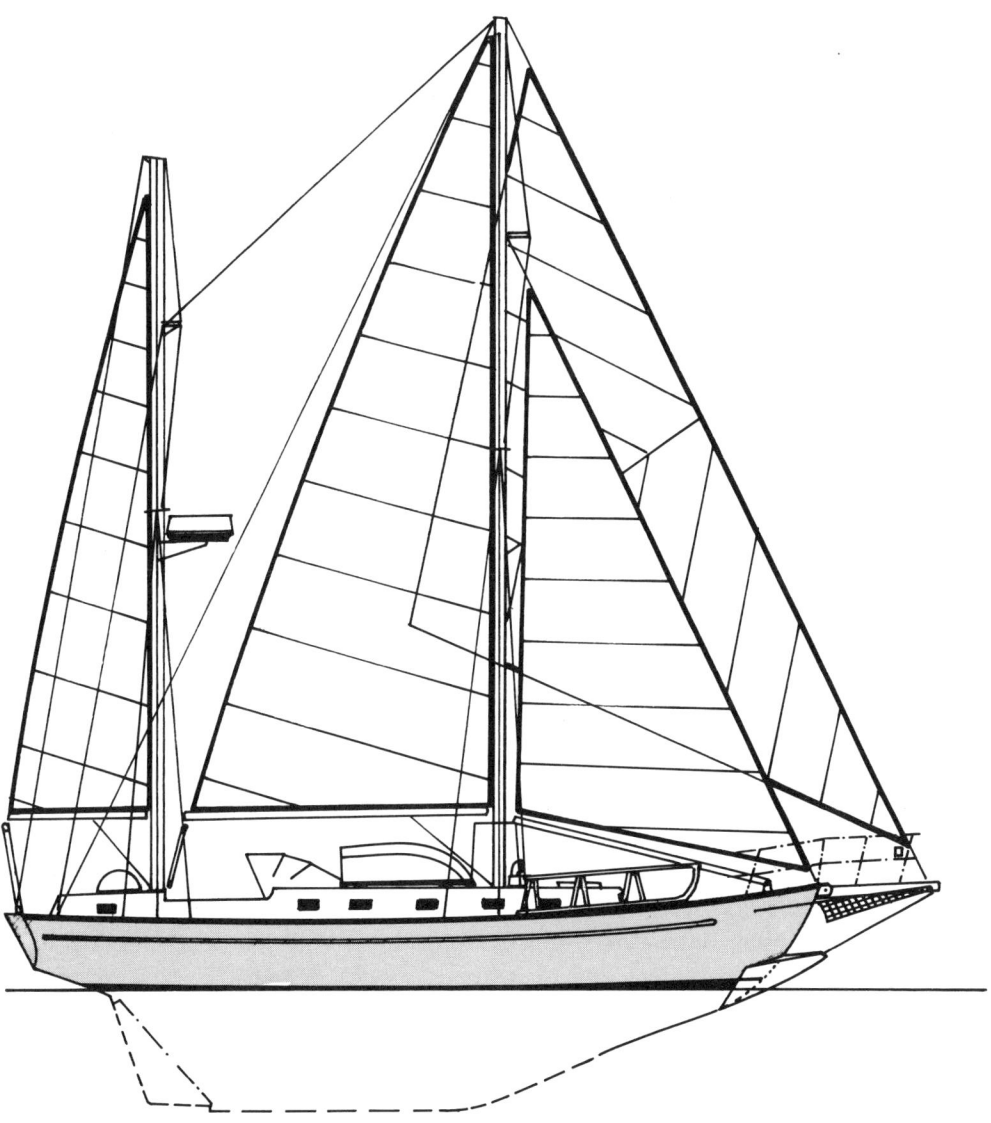

Länge des Rumpfes: 13 m
Breite: 3,80 m
Wasserverdrängung: 19 Tonnen
Arbeitsbesegelung 100 m²
Treibstoff: 1300 Liter
Wasser: 1300 Liter

Nahidik sind schon auf dem Rückweg. Die *Williwaw* ist das letzte Boot, das noch in diesem Jahr Point Barrow runden will. Und dann ist da noch diese Nierengeschichte. Außerdem weht über dem Haus der Mackenzies wie eine Einladung eine Rauchfahne...

Willy ist jedoch ein willensstarker Mann, der für einen Sirenengesang unempfänglich ist, wenn er sich zu einer Sache entschlossen hat. Im Morgengrauen lichtet er den Anker. Am Abend hat er nach einem guten und langen Tag neunzig Seemeilen zurückgelegt – fast ein Viertel der Strecke bis Point Barrow. Als er für die Nacht ankert, hat er die Grenze hinter sich: Von jetzt ab befindet er sich in den Gewässern von Alaska. Ein Problem gibt es jedoch: Der von der *Nahidik* stammende Diesel enthält relativ viel Kondenswasser. De Roos muß Tankleitungen und Filter reinigen. Er ist sehr müde, aber nach kurzem Schlaf setzt er seine Fahrt noch vor vier Uhr fort.

Am Nachmittag stößt die *Williwaw* auf Packeis, und wieder einmal muß sie hin- und hermanövrieren, um eine Durchfahrt zu finden. Abends muß Willy sich eingestehen, daß er sich durch die ganzen Anspannungen, die Kämpfe und die übermenschliche Anstrengung total verausgabt hat. Er wirft im Lee einer auf Grund gelaufenen Eisscholle Anker. Während er sich eine Suppe kocht, wirft er instinktiv einen Blick nach draußen. Himmel! Die Eisscholle liegt nicht mehr auf Grund, sondern driftet, ist nur wenige Meter entfernt, bedroht die *Williwaw*, kann ihr zumindest Anker und Kette abreißen. De Roos muß schnell fort von hier und in der beginnenden Nacht eine Durchfahrt zur offenen See suchen, eine relativ eisfreie Stelle, um unter Besan beizudrehen. Es weht ein heftiger Wind, und die See geht hoch. De Roos ist so müde, daß er fast das Nautische Jahrbuch nicht mehr lesen kann und die einfache Berechnung des Stundenwinkels des Mondes und der Windrichtung nicht schafft, die er aber wegen des ausgefallenen Magnetkompasses dringend braucht.

Die ganze Nacht über läßt er in regelmäßigen Abständen den Wecker klingeln, um an Deck nach dem Rechten zu sehen. Kurz vor Morgengrauen sind die Positionslichter eines Schiffes in Sicht: recht ungewöhnlich zu dieser Jahreszeit in diesen Gewässern. Es ist die *Mariner,* die ihm über Funk mitteilt, daß bei Point Barrow Sturm von sechzig Knoten herrscht, und ihm rät, sich möglichst nahe unter Land zu halten, da weiter seewärts zu viele Growler trieben.

Die *Williwaw* segelt mit einem kräftigen Nordostwind entlang der flachen Küste weiter. Am Abend ankert de Roos in den offenen Gewässern von Kap Halkett. Er hat keine Wahl, unter diesen Bedingungen kann er nachts nicht weitersegeln. Außerdem muß er dringend essen und schlafen. Die Nacht ist

176

unwirtlich. Es hat zu schneien begonnen und ist klirrend kalt. Bei dem starken Seegang muß de Roos mehrmals an Deck, um nachzusehen, ob der Anker noch hält. Am nächsten Tag schreibt er in sein Logbuch: »Bin sehr müde. Fürchte, schwach zu werden. Meine Beine zittern ständig. Nur mein Wille bringt mich noch dazu, die Segel zu setzen.«

Die günstigen Bedingungen müssen jedoch genutzt werden: kein Eis, raumender Wind, der auf Ost, dann auf Südost dreht und das Packeis seewärts treibt; dazu trotz Regen und Schneefall gute Sicht. Am 12. September um 17.45 Uhr liegt Point Barrow querab, und Willy de Roos ankert im Schutz von Kap Smyth. »Ich schlafe auf der Stelle ein«, gesteht er.

Nach durchschlafener Nacht gönnt sich Willy de Roos einen Ruhetag. Am Nachmittag ist er sehr erstaunt, am Horizont einen Mast zu sehen. Eine Ketsch von etwa fünfzehn Metern Länge wirft nahe der *Williwaw* Anker. Die zwei Besatzungsmitglieder lassen das Beiboot zu Wasser und kommen längsseits. Der eine von beiden stellt sich vor: »Bob Mackenzie.« – »Von der Herschel-Insel?« – »Ja.«

Am Abend kommt die Besatzung zu einem Drink auf das belgische Boot. Die Atmosphäre wird so herzlich, daß Willy sich getraut, seinem neuen Freund einzugestehen, wie stark die Versuchung gewesen war, dem Vorschlag der *Pandora* Folge zu leisten, und daß er nur aufgrund des schlechten Wetters das Beiboot nicht habe zu Wasser lassen können. Worauf ihm Bob Mackenzie lachend antwortet: »Oh, Willy, wie schade, das hätte ihr so viel Freude gemacht.«

Nachdem Willy de Roos dankend die Einladung des Eskimos abgelehnt hat, zu dritt den Winter auf der Herschel-Insel zu verbringen, nimmt er am nächsten Morgen den letzten Teil der Strecke in Angriff. Der Wind ist stark, aber de Roos stößt nicht auf Eis. Am 18. September, um 15.15 Uhr, rundet die *Williwaw* den Fairway Rock an der Einfahrt zur Beringstraße. Die Nordwest-Passage ist bezwungen.

JACQUES DALET

Seit dem Morgen sitzen fünfzehn Personen um einen grünen Tisch. Sie beraten über den ersten Preisträger eines Finanzierungswettbewerbs für ein einzigartiges, ungewöhnliches Abenteuer, der aus vielen Einsendungen ausgewählt werden muß. Die aufeinandergestapelten Akten mit den jeweiligen Vorhaben sind von beeindruckender Höhe. Nach und nach kristallisieren sich zwei Pläne heraus: die Einzelexpedition nach Grönland von Jacques Dalet und eine Expedition mehrerer Bergsteiger zum Annapurna.

Christian Prost erläutert den Plan Jacques Dalets: alleine an der Westküste Grönlands überwintern, ein genauso einfaches Leben wie die Eskimojäger führen, die Kälte, die Polarnacht und die Einsamkeit überdauern. Er wird von niemandem unterstützt.

Pierre-François Desgeorges stellt mit Leidenschaft das Annapurna-Projekt vor: Ruhm für Frankreich, großangelegte Expedition mit wesentlicher logistischer Unterstützung, sieben Hochgebirgsführer mit Hilfe offizieller Organe, Verweildauer etwa drei bis vier Wochen.

Die Wahl ist schnell getroffen. Die von der Firma Rank Xerox gestifteten Mittel gehen an Jacques Dalet: mit vierzehn gegen eine Stimme.

»Kennen Sie ihn?« fragt mich etwas später ein anderes Jurymitglied.

»Nein, aber ich kenne die Gegend, in der er überwintern will. Und ich glaube, daß das während der Polarnacht sehr, sehr schwer ist; vor allem allein…«

(Paris, den 19. 03. 1979)

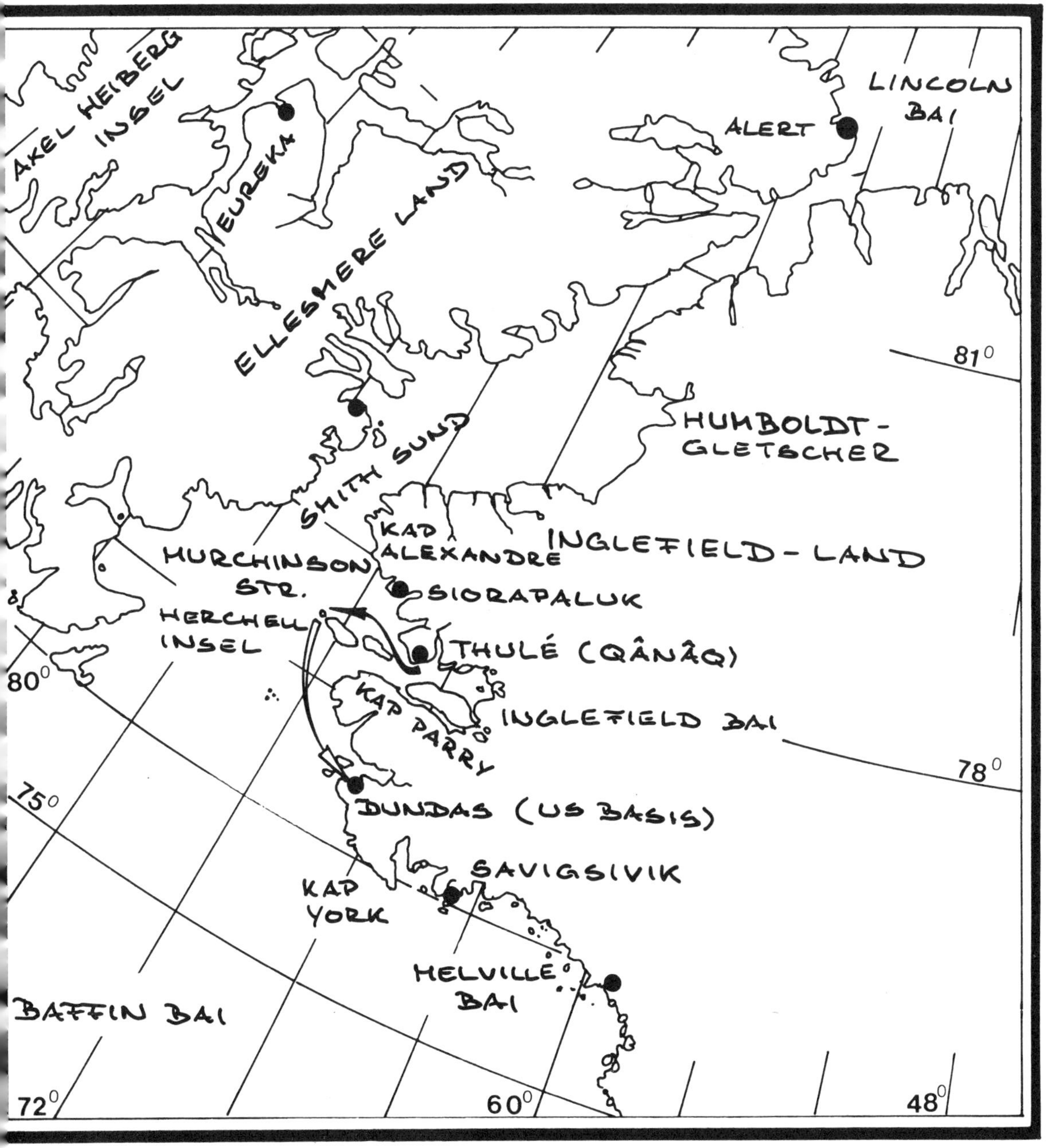

AKEL HEIBERG INSEL

EUREKA

ELLESMERE LAND

LINCOLN BAI

ALERT

81°

HUMBOLDT-GLETSCHER

SMITH SUND

KAD ALEXANDRE

INGLEFIELD - LAND

MURCHINSON STR.

SIORAPALUK

HERCHELL INSEL

THULÉ (QÂNÂQ)

80°

KAP PARRY

INGLEFIELD BAI

78°

75°

DUNDAS (US BASIS)

SAVIGSIVIK

KAP YORK

MELVILLE BAI

BAFFIN BAI

72°

60°

48°

7 Mit dem Kajak im Packeis

Der 1936 geborene Jacques ist das, was man einen schwererziehbaren Jungen nennt. Er liest viele Bücher der Reihe »Signes de Piste«, träumt von Abenteuern und fühlt sich in dem christlichen Heim für schwererziehbare Kinder, in das ihn seine Eltern schließlich gesteckt haben, sehr eingeengt. Eines Nachts klettert er über die Mauer und läuft durch den Wald zu seinem Elternhaus, wo er nicht gerade freundlich empfangen wird. Er ist noch keine zwölf Jahre alt. In welcher Erziehungsanstalt er auch untergebracht wird, immer wieder nimmt er Reißaus, bis er schließlich mit vierzehn Jahren endgültig durchbrennt. Per Anhalter gelangt er nach Italien, wo er zehn Monate die unterschiedlichsten Arbeiten ausführt. Dann zieht es ihn weiter nach Osten. Auf einem Kamel reitet er durch die Türkei. Mit einem Jeep kommt er bis in den Libanon. Er ist jetzt achtzehn Jahre alt. Das französische Konsulat greift ihn auf und befördert ihn nach Frankreich.

Afrika übt auf den jungen Mann in abenteuerlicher und sportlicher Hinsicht einen großen Reiz aus. Er verpflichtet sich bei den französischen Fallschirmjägern, kämpft drei Jahre in Algerien, lernt dort seine Angst zu überwinden und die Müdigkeit zu besiegen.

Nach seiner Entlassung versucht er, sein Leben in geordnete Bahnen zu bringen. Er heiratet, wird Vertreter für geländegängige Fahrzeuge und baut ein Verkaufsnetz auf. Als Hobby betreibt er Freifallspringen. Mit 29 Jahren geht er 1967 nach Afrika, wo man ihm eine interessante Stellung angeboten hat. Aber seine Frau weigert sich, ihm zu folgen, und so kehrt er nach einigen Monaten wieder in das bürgerliche Leben und nach Frankreich zurück. Also keine Abenteuer mehr und Schluß mit dem ruhelosen Leben? In den Büchern der anderen Abenteuerhungrigen durchlebt Jacques Dalet deren Expeditionen. Er verschlingt die Berichte von Amundsen, Nansen und trifft auf Paul-Emile Victor. Er muß wieder los; der Norden reizt ihn. In den Jahren 1968 und 1969 reist er nach Norwegen, Schweden und Finnland. Er ist begeistert von der Schönheit der Landschaft und der Freundlichkeit der dort lebenden Menschen. 1973 fliegt er mit seiner Frau nach Grönland in die Ferien. Er klettert über Gletscher, entdeckt das Land und erwirbt Grundkenntnisse der Sprache. Dieser erste Vorstoß weckt in Jacques Dalet eine große Bewunderung für Land und Leute und eine starke Wißbegierde über die Eskimos, ihre Sitten, ihre Legenden, ihre Traditionen und ihre Lebensart. Im Sommer 1976 unternimmt er sein erstes großes Abenteuer: Er fährt allein mit dem Kajak in der Provinz Thule in Nordgrönland herum. Man mag sich fragen, warum? Die Erklärung ist einfach. Weil so ein Abenteuer mit all seinen Gefahren und Verrücktheiten der Welt eines freien Mannes entspricht, der sich nie mit einer organisierten Reise zufriedengeben würde. Weil Jacques Dalet ein tiefes Verlangen hat, sich selbst zu überwinden, hart gegen sich zu sein und die Grenzen seiner Widerstandskräfte durch ständiges Training zu erweitern. Und weil er sich für die Eskimos und ihre Lebensart brennend interessiert. Bei der Wahl des Fortbewegungsmittels verfällt Dalet auf den Kajak. Er ist das traditionelle Wasserfahrzeug der Eskimos, erleichtert auch Kontakte und wird ihm einen großen Erfahrungsschatz für zukünftige Vorhaben vermitteln. So kann Jacques Dalet mit dem Kajak sechs Eskimodörfer in der Provinz Thule besuchen und den Bewohnern Grüße von Jan Malaurie übermitteln, an dessen Expeditionen viele Dorfbewohner teilgenommen hatten. Darüber hinaus möchte er einen Film über die Narwaljagd drehen, die immer noch mit Harpunen vom Kajak aus veranstaltet wird.

Auf seiner geplanten Strecke muß er allein sechshundert Kilometer bis zur amerikanischen Basis Thule-Dundas von Thule-Qânâq zurücklegen, wo 1952 die von den amerikanischen und dänischen Behörden bei der Inbetriebnahme der Luftwaffenbasis vertriebenen Eskimos angesiedelt wurden. Unterwegs will Dalet die Küste der Inglefield-Bai, der Murchinson-Straße und der Herbert-Insel erkunden. Dieses Vorhaben beunruhigt nicht nur die dänischen

Behörden, sondern auch die Eskimos selbst, die Dalet vor den Gefahren einer Reise warnen, die nicht einmal sie selbst unternehmen würden.

Am 19. Juli 1976 entfernt sich Dalet mit ein paar Paddelschlägen von den kläffenden Hunden, den lachenden Kindern und dem Krachen des Packeises in die Stille, die nach einem Ausspruch von Amundsen der Schönheit gleichkommt. Bei strahlender Sonne, einer Temperatur von 0° C und ruhiger See ist Jacques' Herz voller Freude. Auf der Höhe der Ansiedlung Innersuissat erspähen ihn Kinder und winken ihm zu. Am Strand zählt Dalet fünf Zelte und sieben Kajaks. Aber er folgt nicht dem Winken der Kinder, an Land zu kommen, wo er sicherlich mit der hier üblichen Freundlichkeit aufgenommen worden wäre. Er will das schöne Wetter nutzen, um den Beaudoin-Fjord zu erforschen. Die Bedingungen dafür sind ausgesprochen günstig. Die Tausende von Quadratkilometern losen Eises sind noch nicht in Richtung offene See in Bewegung geraten, sind noch nicht auf ihrem gefährlichen Weg.

Die Landschaft ist atemberaubend. »Die braunen Klippen von Nungerrupipluk erstrecken sich über Dutzende von Kilometern«, erzählt Dalet. »Ich paddele an Säulen, Statuen und Schlössern aus Fels vorbei.«

Aber an der steil abfallenden Küste kann man nicht landen. Schließlich findet er spät abends eine Geröllhalde. In der sternklaren, herrlichen Nacht braucht er sein Zelt nicht aufschlagen.

Jacques wird durch die warmen Sonnenstrahlen und das Poltern des nahen Gletscher geweckt. Wie jeden Morgen in den vier Wochen kocht er sich Tee, ißt etwas Zwieback, untersucht den Kajak, lädt sein Gerät wieder ein und greift nach dem Paddel.

Heute morgen haben sich jedoch die Bedingungen gegenüber dem Vortag geändert. Das Packeis ist in Bewegung geraten. Drei große Schollen von je etwa dreißig Quadratmetern versperren ihm die Ausfahrt vom Fjord in das freie Wasser. Also muß er an der ersten Scholle aussteigen, den Kajak mit seinen 130 Kilogramm auf das Eis ziehen und alles schleppen. Dabei muß der Kajak ständig im Gleichgewicht sein. Die beiden ersten Schollen überwindet er problemlos. Aber auf der dritten gibt das Eis nach, Jacques fällt in das eisige Wasser. Er weiß, daß er darin nur ein paar Minuten überleben kann. Er bekommt den Kajaksteven zu fassen und zieht sich auf das Eis. So schnell es geht, schiebt er den Kajak ins Wasser. Zum Glück liegt ein kleiner Strand in der Nähe, wo er an Land gehen kann, um sich trockene Kleidung aus dem wasserdichten Sack anzuziehen.

Sein nächstes Ziel ist Siorapaluk, aber zunächst einmal sitzt er in Qânâq fest, das er bei schlechtem Wetter erreicht hat. Er fügt sich den Witterungsverhältnissen und verhält sich gemäß der Eskimophilosophie. »Imaqa«: Morgen

182

sehen wir weiter. Von einer hohen Klippe aus überblickt Dalet das mit Packeis bezogene Meer, ob es nicht doch eine Durchfahrt ins freie Wasser gibt, und versucht zu berechnen, wieviele Tage das Eis wohl brauchen wird, bis es das Meer wieder freigibt. Inzwischen hätte er bei der leichten Brise gut vorankommen können. Aber die Zeit ist nicht verloren. Jacques nutzt das Warten, um die Eskimos besser kennenzulernen. Er geht in Iglus (die immer mehr von zuweilen sehr bunten Holzhäusern ersetzt werden) und schließt Freundschaft mit den Bewohnern: »Haihnang (Hallo).«

»Kraijerit (Komm herein).«

Nerriniarit Pouissit Mamarpoo (Nimm etwas Seehundfleisch, schmeckt gut).«

Sie reden über die Jagd, die Mißerfolge des Nachbarn, loben den Mut des anderen, sprechen über das Wetter, wie es ist und wie es wird, und sie lachen. Eskimos sind lustige Menschen. Ständig lachen sie, und nie hört man sie über etwas klagen. Dann tritt schließlich Stille ein. Sie trinken Tee oder Kaffee. Zuweilen ruft dann ein Alter Erinnerungen wach, erzählt mit halbgeschlossenen Augen Geschichten und Märchen aus der Vergangenheit, worin sich das gesamte Eskimovolk mit seinen Ursprüngen, seinen Wanderungen, seiner Anpassung an die Umwelt und seinen mündlich überlieferten Traditionen und Lehren widerspiegelt.

Am 27. Juli kann Dalet endlich ablegen. Mit Schlingerbewegungen durchbricht der Kajak den vier bis fünf Millimeter dicken Eisfilm. Nach zwanzig Minuten erreicht Dalet freies Wasser und nimmt Kurs auf die Herbert-Insel. Der Himmel ist tiefblau, die See ganz flach, die Luft ist voller Stille. Mit langsamen Paddelschlägen legt Dalet in vier Stunden etwa fünfzehn Seemeilen zurück. Ab und zu wird die Einsamkeit von Seehunden belebt, die ihren Körper halb aus dem Wasser recken, die Umgebung inspizieren und dann wieder schnell wegtauchen, um etwas weiter entfernt neu zu erscheinen. Seehunde sind sehr furchtsame Tiere mit einem feinen Gehör, denen man sich nur selten auf weniger als hundert Meter nähern kann.

Zwei Tage später, am 29. Juli, wird das Wetter schlecht. Seit zwei Stunden fährt der Kajak durch Eisbrei. Die Wasseroberfläche ist relativ ruhig. Jacques Dalet hofft, die Murchinson-Straße ohne große Schwierigkeiten zu überqueren. Doch mit einem Mal überzieht sich das Meer ohne jede Vorankündigung mit weißen Gischtkämmen. Jacques nimmt Kurs auf das nächstgelegene Land, Puilip Nuna, da der Wind in Polargebieten für den Kajakfahrer zur tödlichen Gefahr werden kann. Kraftvoll paddelt der Franzose voran und beobachtet dabei ständig Wind und Meer. Seegang baut sich auf, eine eisige Brise weht vom Pol herab: ein beunruhigendes Zeichen.

Jacques Dalet und sein getreuer Kajak

Rechts oben:
Im Winter wird der
Kajak auf einem
Hundeschlitten
befördert.

Rechts unten:
Ein Winterlager auf
dem Packeis.
Links fischt
Jacques Dalet
in einem Eisloch.

Schnell streift sich Dalet einen Sweater und einen Anorak über, schließt um seine Hüfte die Spritzdecke. Dann überprüft er die Spannung der Gurte, die die auf der Ladefläche verzurrten Säcke zusammenhalten. Schon überspülen die ersten Wellen das Verdeck. Der Wind nimmt zu. Weit vorgebeugt, um ihm weniger Angriffsfläche zu bieten, paddelt Jacques Dalet mit aller Kraft. Er versucht dabei, regelmäßig zu atmen und sich Energiereserven für den Notfall zu bewahren.

Zwei noch vierhundert Meter entfernte Eisberge werden von einer starken Strömung herangetrieben. Dalet läßt den ersten passieren – eine mindestens zehn Meter hohe und dreißig Meter breite, graugrünliche und beunruhigende Masse, die ein Eisbreifeld nach sich zieht. Dalet versucht, ins Kielwasser des Eisbergs zu gelangen, denn er hofft, dort Windschutz und ruhigere See anzutreffen. Die Säcke auf der Ladefläche bieten dem Wind jedoch zuviel Angriffsfläche. Wellen schütteln das leichte Boot, das immer mehr ins Schlingern gerät. Jacques Dalet läuft Gefahr, jeden Moment zu kentern. Er kann gerade noch dem anderen Eisberg ausweichen, dann gibt er auf. Seit acht Stunden kämpft er, drückt Knie und Schenkel fest an das Holzgerippe, um mit dem Kajak Körperkontakt zu halten. Die Beine werden ihm steif, aber er darf sich bei den zwei Meter hohen, steilen Seen nicht bewegen. Trotz kräftigen Paddelns kommt er nicht näher an das Ufer heran. Er muß kehrtmachen und zur Herbert-Insel zurück. Unter Ausnutzung eines Wellenkamms führt er ein schwieriges Wendemanöver aus. Mit achterlichem Wind wird der Kajak jetzt von See zu See vorangetrieben. Der kleinste Fehler, und Dalet kentert.

Die Herbert-Insel ist noch neun Seemeilen entfernt. In der Nähe der Ostspitze befindet sich ein Dorf. Aber die Insel ist von einem zwei Kilometer breiten Küsteneisstreifen umgeben, den Jacques zuvor noch überwinden muß. Trotz starker Strömung kann er in einen engen Kanal voller Eisbrei einfahren. Er paddelt so schnell er kann. Die Außenhaut des Kajaks stößt an die Bruchkanten der Eisschollen, aber das Boot nimmt keinen Schaden: Dank der luftgefüllten Seitenkammern ist es elastisch genug. Dann kentert er. Aber es sind nur noch vier Kilometer bis zum Dorf Quequertarssaq. Als er erschöpft, aber glücklich an Land geht, hat er einen vierzehnstündigen Kampf gegen Meer, Wind und Eis hinter sich.

Obwohl wieder schönes Wetter herrscht, glaubt Jacques Dalet, daß sein ursprüngliches Vorhaben, die Überfahrt nach Siorapaluk, durch Strömung und Packeis mit zu vielen Ungewißheiten verbunden ist. Daher nimmt er durch den Whale-Sund Kurs auf Itivdleq, wofür er vier Stunden Fahrt veranschlagt. Die See ist ruhig, die Temperatur mit 0 bis 7° C angenehm. Das Problem besteht darin, an Land zu gehen, um sich Tee oder Suppe zu kochen.

186

Im Sommer findet sich an der Grenzzone zwischen Meer und Land eine Anhäufung von Wrackteilen, Treibholz, Kiesel und Eis, die sich mit dem Wechsel der Gezeiten vor- und zurückbewegt. Außerdem muß er einen genügend breiten Strand finden, um den Kajak an Land zu ziehen. Die meisten Küsten bestehen aus steil abfallenden Klippen und hoch aufragenden Bergen. Sie sind von großer Schönheit, mit Farbharmonien in Gelb und Blau, mit Tupfern in Rot und Grün, kräftiger am Morgen und am Abend, etwas weicher am Mittag.

Am Abend des 29. Juli schlägt Jacques sein Nachtlager in der Nähe eines Gletschers auf. Das Wetter bleibt beständig. Er braucht also das Zelt nicht aufzubauen.

Am nächsten Morgen verläßt er eine Stunde nach dem Aufbruch den Schutz des Landes. Die See ist rauh, der Wind heftig. Um voranzukommen, paddelt er erst seewärts, dann landwärts. Als er schließlich auf die Höhe von Kap Ivisae gelangt, dreht der Wind auf Ost, kommt jetzt von achtern und treibt den Kajak mit zehn Stundenkilometern vor sich her. Dalet hat große Schwierigkeiten, den Kurs zu halten und ein Kentern zu vermeiden. Auf die offene See hinauszufahren wäre heller Wahnsinn. Der Strand von Iniartofik, der sich mehrere Kilometer weit bogenförmig erstreckt, wäre ein idealer Platz zum Haltmachen; allerdings nur, wenn es ihm gelänge, die Fahrt des Kajaks ausreichend zu verringern, um ohne Bruchgefahr landen zu können.

An Land deutet ein altes Lager mit Steinhütten und Walknochen darauf hin, daß von hier aus Jagd und Fischfang betrieben wird. Aber Jacques zieht sein Zelt den niedrigen Hütten vor. Ein kleiner Bach löst das Trinkwasserproblem. Die ganze Nacht über heult der Wind und zerrt am Zelt, das jedoch gut befestigt und mit großen Kieseln zusätzlich gesichert ist. Auch der Kajak ist mit Tauen festgezurrt und zwischen großen Steinen eingekeilt. Aber trotz dieser Vorsichtsmaßnahmen schläft Dalet nicht besonders gut. Denn wenn sein Boot davongetragen würde, müßte er die dreihundert Kilometer bis Thule zu Fuß zurücklegen.

Am 31. Juli und auch am 1. August ist der Wind für eine Fahrt mit dem Kajak zu stark. Erst am 2. kehrt die Stille zurück. Wie so oft beim Ablegen nimmt Dalet auch dieses Mal wieder das unvermeidbare Fußbad in dem 0° C kalten Wasser. In den Gewässern vor Kap Parry versetzt eine starke Strömung den Kajak seewärts. Dalet kämpft dagegen an und kommt mit achterlichem Wind auch wieder in Küstennähe, doch hier ist die Brandung so stark, daß sie ihn leicht zum Kentern bringen könnte. Eis tritt immer häufiger auf und wird dichter. Die zahlreichen Eisberge sind ein Anzeichen dafür, daß die Einfahrt in den Granville-Fjord durch einen Eisstau blockiert ist. So muß Dalet zwei

Manchmal ist das Packeis eben, aber in den meisten Fällen ist es durch die Einwirkung von Sonne, Wind und Eisdruck aufgeworfen, was das Vorankommen des Hundeschlittens beeinträchtigt.

Schlittenhunde sind der ständige Begleiter des Nordgrönländers.

Tage lang nahe dem alten Eskimodorf Nudglêt warten. Diesen Zwischenhalt nutzt er, um das Eis zu studieren, seine abstrakten Formen zu bewundern, Ähnlichkeiten mit der Silhouette eines Menschen, eines Gesichtes oder eines Tieres festzustellen und sich an seinen blauweißen oder mattblauen Farben und seinem inneren Leuchten zu erfreuen, wenn das Licht durch die Seitenwände dringt.

Nach zwei Tagen schlechten Wetters und erholsamer Ruhe kann Dalet am 5. August wieder ablegen. Aufgrund der Eisschollen muß er weiter seewärts fahren, wo er in dichte Nebelbänke gerät. Er kann seinen Kurs nur auf Vermutungen stützen. Tausende von spitzen und scharfkantigen Eisschollen treiben um ihn herum. Jederzeit könnte eine davon die Segeltuchwand des Kajaks aufreißen und sein Boot versenken.

In einer kurzzeitigen Aufhellung kann er sich wieder der Küste nähern, weiß jedoch überhaupt nicht, wo er sich befindet. Nach fünf Stunden auf See, dem ständigen Ausweichen vor Eis und starker Strömung kann er die Entfernung zu seinem Ziel, dem Dorf Moriussaq, nicht bestimmen. Die Küste ist hier flach, ohne Klippen oder auch nur Gletscher, die ihm etwas über seinen Standort verraten würden. Zum Glück ist das Landen leicht. Erneut legt sich eine Nebelbank über den Küstenstreifen. Der mit Eistropfen wie glasierte Kajak sieht aus wie ein kleines Andenkenschiff aus feinem Glas. Einige Felsen und eine kleine Bucht sind durch den Nebel erkennbar. Dalet will lieber an Ort und Stelle eine Aufhellung abwarten. Er zieht den Kajak an Land, schaut hoch und entdeckt in dem grauen Nebel Fertighäuser. Kinder laufen zur Bucht hinunter, lachen, rufen, reden durcheinander. Hunde kläffen.

»Noak Moriussap Nunakarfik, Ila?« (Wo liegt Moriussaq?), fragt Jacques.

»Na hier! Willkommen!« antworten die Kinder.

Dreißig Menschen kommen näher, untersuchen den Kajak und sind erstaunt über den Bericht, den Dalet von seiner Reise gibt. Er hat seine einsame Fahrt geschafft.

*

Die Expedition hat jedoch länger gedauert als der Jahresurlaub des Vertreters für geländegängige Fahrzeuge. Zwar zeigen seine Arbeitgeber Verständnis, aber Jacques Dalet muß eine Entscheidung treffen, da derartige Großprojekte in einem einzigen Urlaubsmonat nicht zu bewältigen sind. Er kündigt seine Stelle. In den Jahren 1977/78 und 1978/79 überwintert er allein auf Grönland. »Ich habe in Afrika schon Erfahrungen mit mehrköpfigen

Expeditionen gemacht«, meint Dalet dazu, »aber die Leute interessieren sich nur kurzzeitig für ein Abenteuer. Man muß schon stark motiviert sein, um eine mehrmonatige Expedition durchzuhalten.«

Jacques Dalet weiß genau, was er will: den Spuren der Alten folgen, ihre Traditionen wieder aufspüren, frühere Lebensweisen kennenlernen, aber auch beweisen, daß man auf sich allein gestellt handeln kann, hart gegen sich selbst sein kann, seine Ausdauer noch ausweiten und sein Wissen vergrößern kann. Er reist in das Dorf Inglefield; drei Kilometer davon entfernt hat ihm ein grönländischer Freund eine Hütte zur Verfügung gestellt. Die Eskimos akzeptieren ihn, denn sie verstehen, daß seine Absichten ihnen keinen Schaden zufügen und daß er wie sie leben will. Dalet kauft Hunde, läßt sich einen Schlitten bauen und knüpft selbst das Geschirr. Wie die Eskimos lebt er von Wal, Fisch, Rentier und vor allem von Seehundfleisch. Er spricht die Eskimosprache jetzt besser und kann ihnen erklären, daß er einen Film über ihr Leben drehen will, um französischen Schulkindern zu zeigen, daß es auch 1980 noch Polarjäger gibt. Die Jäger sind mit seiner Begleitung einverstanden. Der Franzose beobachtet, untersucht und macht Fortschritte. Er wird mutiger und zieht auch allein los. Zunächst entfernt er sich nicht sehr weit von seiner Hütte. Er hat noch Schwierigkeiten mit den Hunden, die seine in einem Gemisch aus Französisch und Grönländisch erteilten Befehle kaum verstehen und mit seinen Peitschenschlägen nicht zurechtkommen. Er lernt Fallen zu stellen und ein Gebiet so genau kennenzulernen, daß er sich sogar in der Polarnacht nicht verirrt.

Die fast ständige Dunkelheit beginnt Mitte Oktober, wird nur von einem ein- bis zweistündigen Aufhellen gegen Mittag unterbrochen und dauert bis Mitte Februar. Aber bei sternklarem Himmel kann man im Mondschein sehr weit sehen.

Dalet hat keine Zeit, sich zu langweilen. Er muß sich um seine elf Hunde kümmern, ihnen etwas zu fressen geben, sie erziehen, tausend kleine Arbeiten ausführen, jagen und angeln, um für sich und seine Hunde Nahrung zu beschaffen. An manchen Tagen ist der Nebel so dicht und der Wind so stark, daß er nicht ins Freie kann. Die Kälte ist ein weiteres Hindernis. »Eine Kälte von $-40°$ C ohne Wind ist erträglich, und $-30°$ C ist bei bedecktem Himmel und Pelzkleidung die ideale Temperatur«, meint Dalet. »$-10°$ C mit Wind ist gefährlich und $-50°$ C problematisch, man muß langsam atmen und darf sich nicht anstrengen.«

Das Dorf hat 140 Einwohner und 600 Hunde. Jacques besucht jedes Haus und schließt mit den Kindern Freundschaft. Vor allem aber ist er immer darum bemüht, die Grenzen seines Wissens und seiner Ausdauer zu erweitern. Im

April geht er allein auf eine Expedition, die ihm zeigen soll, auf welchem Stand sich sein Training befindet. Er hat vorher schon Lebensmittellager angelegt, aber er fährt trotzdem mit einem Schlitten los, der mit allen notwendigen Ausrüstungsgegenständen für eine Fahrt von fünf Wochen schwer beladen ist. Das Gebiet, in dem er lebt, eignet sich bestens für diese Art von Training, denn bei Schnee und Eis muß man dort den Hundeschlitten sechs Monate im Jahr verwenden. Aber zuweilen wird das Gelände schwammig, der Schnee pappig, und Dalet durchfährt ein sumpfiges Gebiet, wo er sich sogar selbst das Geschirr umlegen und mit aller Kraft den Hunden beim Ziehen helfen muß, um dann doch nicht mehr als fünf Kilometer am Tag voranzukommen.

Aber das ist genau das, was dem Franzosen gefällt. »Etwas Einfaches mag ich nicht«, meint er dazu. Ihm gefällt auch die Freundschaft mit den Eskimos, die Besuche in ihren Häusern, die sich durch ein Räuspern und das Kläffen der Hunde ankündigen. Er mag es, wenn er zum Platznehmen aufgefordert wird und an den Gesprächen teilnehmen kann, die von langen Schweigepausen unterbrochen werden, in denen Tee oder Kaffee getrunken und ein Stück Seehundfleisch gekaut wird. In diesem Dorf mit seinen 42 Häusern, das nur über Funk mit der übrigen Welt verbunden ist und das nur im Sommer von einem Küstenfrachter angelaufen wird, der es mit Erdöl versorgt; in diesem Dorf, in dem man Treibholz am Strand aufliest, um es als Bau- oder Brennholz zu verwenden, und in dem das Überleben von der Geschicklichkeit der Jäger und der Gewandtheit der Fischer abhängt, hat Jacques Dalet gelernt, so zu leben wie die Eskimos seit alters her.

Er ist bereit für weitere Expeditionen, die noch länger dauern, noch weiter führen und noch härter sind; Expeditionen, bei denen dieser Abenteurer bis an die Grenzen seiner Fähigkeit gelangen wird.

192

UEMURA

In der Kajüte der *Vagabond* wird die Atmosphäre sehr schnell freundschaft-
lich. Anfangs waren Peter Peary und seine Frau noch etwas schüchtern, aber
sie haben sich schnell entspannt, und jetzt lachen wir herzlich.

Peter ist schon erstaunlich. Sein Großvater, Robert Peary, ist wahrscheinlich der Bezwinger des Nordpols (man weiß auch heute noch nicht mit
Sicherheit, wer den Pol zuerst erreicht hat, er oder Dr. Cook).

Seit einigen Jahren ist Peter Vorsteher des kleinen Dorfes Siorapaluk – »der
feinsandige Strand« –, des nördlichsten ständig bewohnten Dorfes, mit seinen
sechzig Einwohnern. Hier an dem für diese Breiten seltenen Strand hat er uns
als erster willkommen geheißen.

Er kennt alle kleinen und großen Geschichten über den hohen Norden,
denn alle Forscher sind auf ihrem Weg zum Pol durch sein Dorf gekommen.
Einige hat er auch begleitet.

»Ich habe gehört, daß ein Japaner mit einem Hundeschlitten allein zum
Nordpol will«, erzähle ich ihm.

»Unmöglich«, antwortet Peter lachend, »er muß verrückt sein.«

(Aufenthalt bei den Polareskimos, Siorapaluk, August 1977)

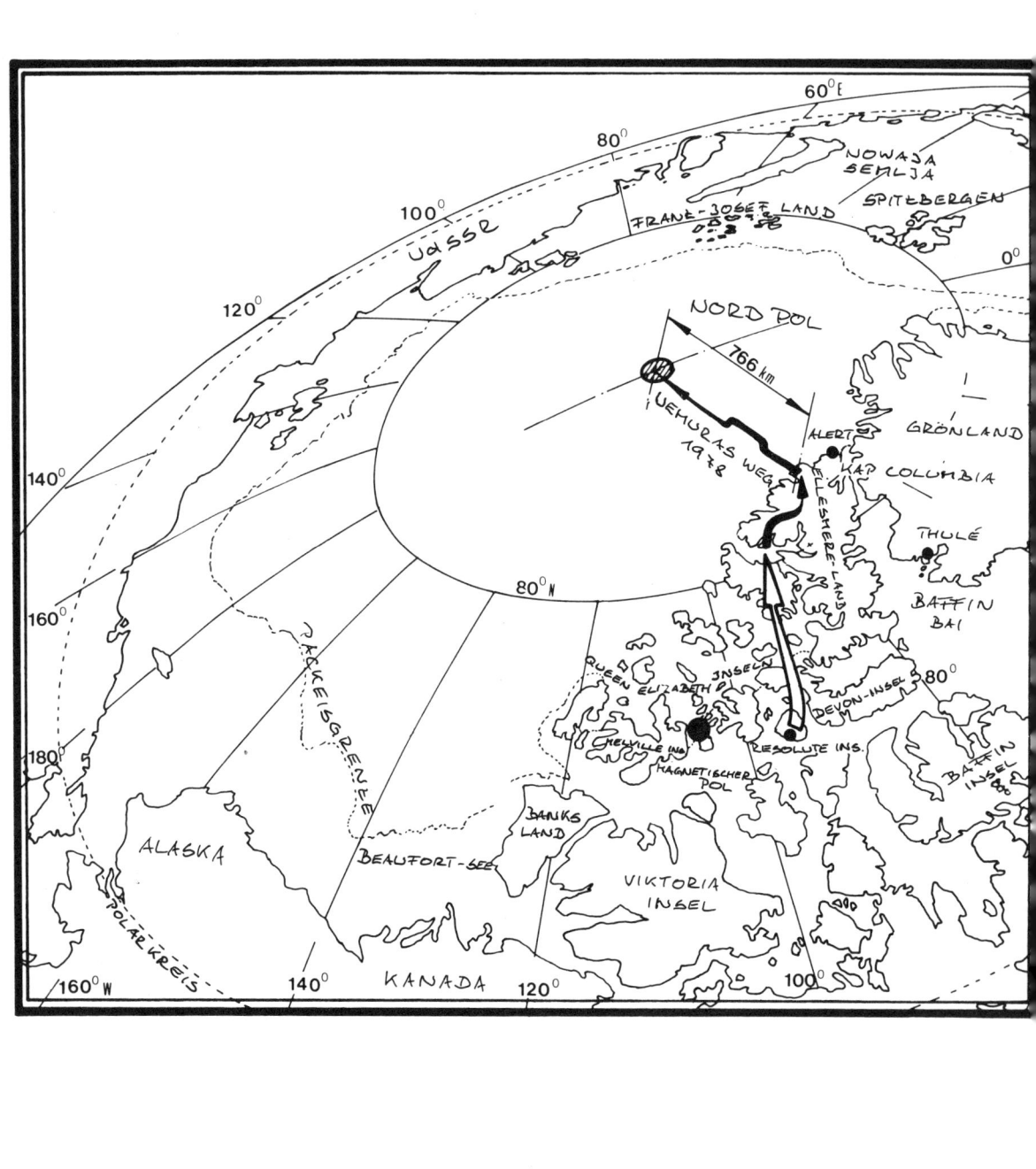

8 Zu Fuß zum Nordpol

Naomi Uemura ist Japaner. Nach Abschluß seines Studiums 1968 hat ihn seine Abenteuerlust durch die ganze Welt geführt. Er ist in sechzig Tagen von Peru aus den Amazonas mit einer Piroge hinabgefahren. Er hat die höchsten Berge der Welt bestiegen: den Everest zusammen mit der ersten japanischen Seilschaft nach vier erfolglosen Versuchen, den McKinley in Alaska, den Mount Kenia und den Kilimandscharo. Aber das alles war für ihn nur eine Art Vorspiel.

Am 29. Dezember 1974 verläßt der damals 34jährige Naomi Uemura Jacobshavn auf Grönland. Er hat sich zwölf Hunde und einen Schlitten gekauft, den er mit Seehundfleisch und Fisch beladen hat. Seine Kleidung ist der der Eskimos angepaßt. Ein Schiff bringt ihn bis zur Packeisgrenze und setzt ihn dort allein ab. Vor dem Japaner liegen zehntausend Kilometer, denn er will nach Nome gelangen, das an der Westküste Alaskas liegt.

Er macht sich mitten im Winter auf den Weg, als es fast ständig dunkel ist und die Temperaturen auf $-60°$ C sinken. Aber der Winter ist die einzige Jahreszeit, in der man die im Sommer auftauenden Buchten überqueren kann. Schon in der ersten Woche stirbt ein Hund an Erschöpfung. In einer Nacht ist er so todmüde, daß er seine Hunde nicht fest genug anbindet: Die fünf stärksten Tiere entlaufen. In einem kleinen Dorf muß Uemura sich neue

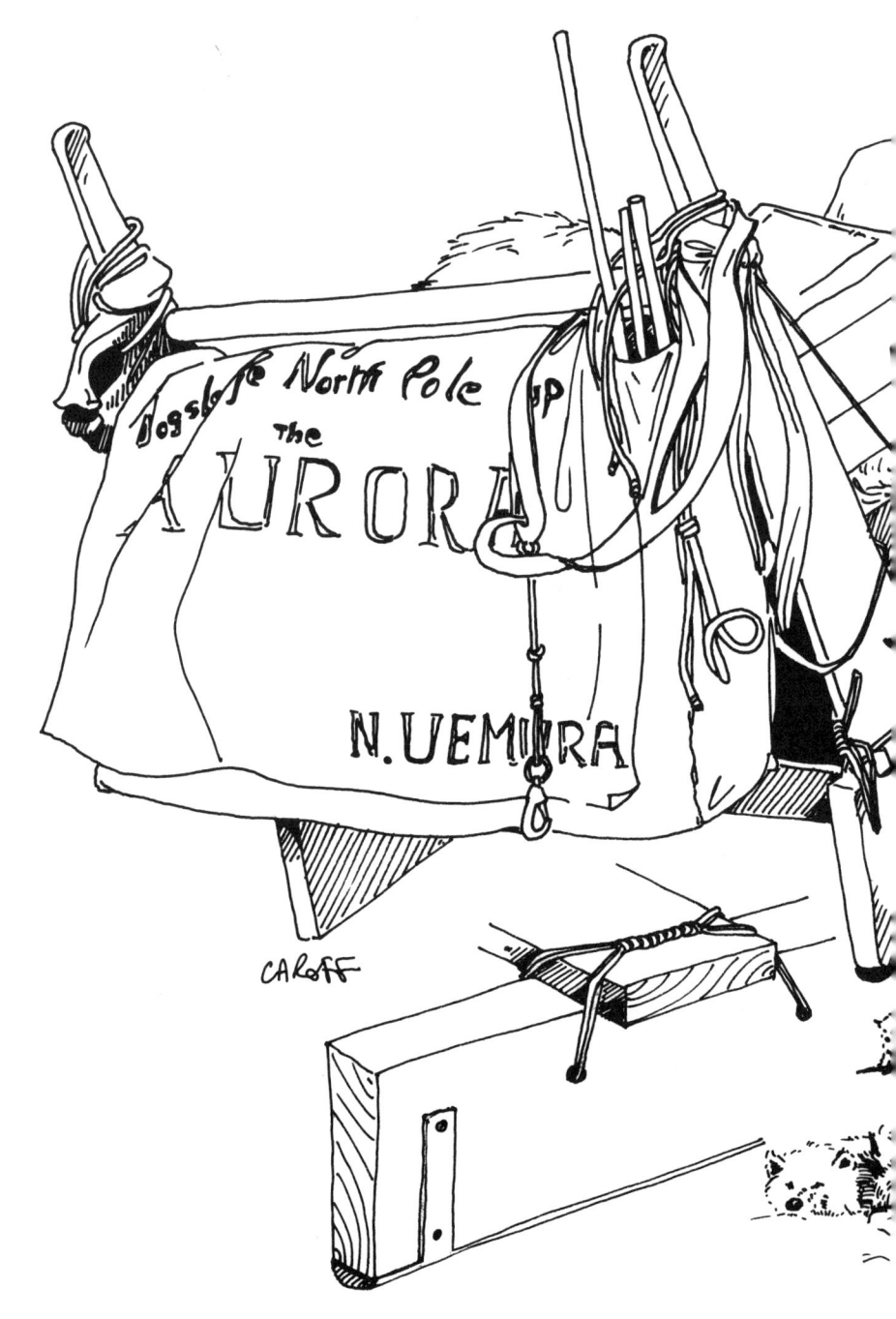

Schlitten
Länge: 4,15 m
Von 17 Hunden gezogen
Gewicht bei voller Beladung: 450 kg
Luftstützpunkt: Resolute-Inseln

Hunde kaufen. Die Fahrt geht die Melville-Bai entlang weiter. Er macht nur in einigen Camps halt, um sich mit Lebensmitteln zu versorgen. Aber es gibt dort nicht viel. Bald leidet Naomi unter dem Fleischmangel. Zum Glück kann er ein Rentier erlegen.

Hier, an der Melville-Bai, erlebt der Japaner auch sein schlimmstes Abenteuer. Das Alteis ist mit dem Schlitten nicht befahrbar, deshalb wechselt Uemura auf das Jungeis über, das auch viel glatter ist. Mit einem Mal bricht das Eis ohne jegliches Vorzeichen. Hunde und Schlitten stürzen in die eisige See. Der Japaner wirft sich auf den Bauch und kriecht zu einem festeren Eisfeld. Auch die Hunde können bis zu dickerem Eis schwimmen und den Schlitten nachschleppen. Aber die meisten Lebensmittel sind vom Schlitten gefallen und schwimmen im Wasser. Uemura kann die wertvollsten Dinge mit der Peitsche herausangeln.

Nach fünf Monaten hat der Japaner etwa viertausend Kilometer zurückgelegt und Cambridge Bay erreicht. Da das Eis zu tauen beginnt, kann er nicht weiter. Er verbringt den Sommer in einem Eskimolager und setzt seine Fahrt fort, als es wieder zu frieren beginnt. Schließlich erreicht er Nome. Er hat die längste Reise mit einem Hundeschlitten hinter sich, die je alleine unternommen wurde.

Doch für ihn war dies nur Training. Naomi Uemura hat ein anderes Ziel: den Nordpol. Auch das wieder allein und nur mit einem Hundeschlitten. Da der Japaner von der Presse seines Landes stark unterstützt wird, verfügt er über die finanziellen und technischen Mittel, die zu einem Erfolg des Unternehmens erheblich beitragen können: Funkverbindung zu einem Basislager, Versorgung durch Flugzeuge. Aber zwischen Kap Columbia, dem nördlichsten Punkt Kanadas, und dem Pol liegen immer noch achthundert Kilometer. Diese Entfernung mag im Vergleich zu den zehntausend Kilometern der vorangegangenen Expedition gering erscheinen, jedoch sind die Bedingungen hier ganz anders.

Am 6. März 1977 verläßt Uemura das Basislager. Er ist jetzt 37 Jahre alt und verfügt über außergewöhnliche Erfahrungen. Von einem Eskimohandwerker hat er sich einen 4,50 Meter langen, mit Tauen zusammengelaschten Schlitten aus Eichenholz bauen lassen. Seine Kleidung besteht wieder aus der bekannten Eskimogarderobe: Jacke aus Rentierfell, Hose aus Eisbärpelz und Stiefel aus Seehundsfell. In Qânâq bei Thule kauft Naomi siebzehn Schlittenhunde. Er versucht, die besten Tiere zu erstehen, aber das Geschäft wickelt sich in langen Verhandlungen ab, bei denen der Japaner auch manchmal weniger starke Hunde nehmen muß, um dann doch die stärksten Tiere zu bekommen.

Es ist unerläßlich, daß die Hunde auch wirklich kräftig genug sind, um den Schlitten ziehen zu können, der voll beladen immerhin 450 Kilogramm wiegt.

Drei Tage nach dem Start entgeht der Japaner nur knapp einer Katastrophe. Naomi Uemura berichtet das im *National Geographic Magazine* so:

»Der Bär greift kurz vor Morgengrauen an. Ich höre in meinem Schlafsack im Zelt das Bellen der Hunde und spüre ihre Angst. In der Arktis gibt es nur zwei Lebewesen, von denen sich die Hunde fürchten: Das eine ist der Mensch, das andere der Eisbär.«

Die entsetzten Hunde beißen ihre Leinen durch und flüchten. Uemura hört, wie der Bär sich mit schweren Schritten, die im Eis knirschen, auf das Zelt zubewegt. Durch die dünne Nylonwand spürt der Mensch den schnaubenden Atem des nahen Tieres.

»Das ist das Ende«, denkt Naomi. »Er wird mich töten.« Der Japaner denkt an seine Frau. Er betet. Heil kann er nur davonkommen, wenn er sich nicht bewegt und möglichst wenig und leise atmet. Sein Gewehr liegt nicht in Reichweite, außerdem ist es nicht geladen. Schweißüberströmt vernimmt er einige Zentimeter entfernt die schmatzenden Geräusche des Eisbären, der sich über den Pemmikan und das gefrorene Seehundfleisch hermacht. Danach schleckt er noch einen ganzen Eimer Waltran aus.

»Jetzt wird er wohl genug haben«, hofft Uemura. Aber nein, der Eisbär wendet sich nun dem Zelt zu und schlägt bummend mit seinen großen Tatzen auf die Plane ein. Der Japaner hält den Atem an. Durch die Nylonwand spürt er, wie die Schnauze des Eisbären an seinem Rücken entlangfährt:

»Jetzt ist wirklich alles zu Ende. Das Fleisch eines lebenden Menschen ist doch viel verführerischer als Pemmikan.«

Und dann, ohne jeden ersichtlichen Grund, macht sich der Eisbär wieder davon, nachdem er noch einmal an der Zeltwand geschnüffelt hat. Das Geräusch seiner Schritte wird immer leiser. Uff! Das Lager ist verwüstet. Die Hunde sind auf und davon. Sie haben ihr Geschirr zerrissen und die Spur einer heißen Hündin aufgenommen. Naomi gelingt es, sie wieder einzufangen. Dann ruft er über Funk das Basislager. Ein Flugzeug bringt ihm ein neues Zelt sowie Nahrungsmittel für ihn und die Hunde. Der Zwischenfall war dem Japaner eine Lehre; er lädt sein Gewehr und ölt es gut, damit es auch bei $-40°$ C noch funktioniert.

24 Stunden nach dem ersten Angriff kommt der Eisbär zum zweitenmal. Aber jetzt ist der Japaner darauf vorbereitet. Er läßt das riesige Tier nahe herankommen und schießt auf fünfzig Meter Entfernung. Der Eisbär richtet sich auf, brummt und zieht sich etwas weiter zurück. Mit ein paar weiteren Schüssen treibt der Japaner das Tier endgültig in die Flucht.

Am 11. März kommt er nur sehr langsam voran. Die Eisfläche ist unregelmäßig; es gibt fast keine ebene Strecken. Ab und zu erheben sich kleine Hügel mit steil abfallenden Kanten. Hindernis um Hindernis muß überwunden werden. Oft muß sich Uemura mit der Brechstange einen Weg bahnen, damit die Hunde den Schlitten ziehen können. Manchmal sind auch zwanzig bis dreißig Stunden Arbeit nötig, um ein paar Meter voranzukommen. An einigen Tagen legt der Japaner nur zwei Kilometer zurück. Er ist bereits hinter den Zeitplan zurückgefallen.

Am 12. März muß er frontal gegen einen eisigen Wind ankämpfen, bei dem ihm Nase und Wangen zu erfrieren drohen. Auch den Hunden geht es kaum besser. Zwei von ihnen haben sich an scharfkantigem Eis die Pfoten aufgerissen und können den Schlitten nicht mehr ziehen. Sie humpeln hinterher und verzögern die Fahrt noch mehr. Die Oberfläche des Eises bleibt weiterhin sehr schwergängig. Naomi steigt auf Hügel, um so einen besseren Weg zu suchen. Aber was er sieht, ist entmutigend.

Am 16. März ergibt sich ein neues Problem: Durch die ständige Bewegung des Packeises bilden sich Kanäle, ja sogar richtige Meeresarme von zuweilen unüberwindbarer Breite. An diesem Tag steht Uemura vor einem fünfzig Meter breiten Kanal. Ihm bleibt nichts anderes übrig, als darauf zu warten, daß sich der Kanal schließt. Schließlich friert der Spalt bis auf 1,50 Meter zu. Mit einem Sprung setzen die Hunde auf die andere Seite über.

Am 26. März kommt der Schlitten schneller voran. Die Oberfläche ist weniger zerfurcht und mit einer Neuschneedecke überzogen. Die Hunde schwimmen mehr, als daß sie laufen, und Naomi sinkt bis zu den Knien ein. Unter diesen Bedingungen schafft er schwere zwanzig Kilometer.

Die Hunde bereiten dem Japaner Ärger. Eine der Hündinnen ist läufig, und die Rüden kämpfen um sie. Trotz der Nahrung, die sie bekommen, sind sie ständig hungrig. Sie zernagen alles, was der Japaner unvorsichtigerweise in ihre Reichweite kommen läßt: die Riemen der Peitsche aus Seehundleder, Handschuhe. Doch obwohl er die kämpfenden Tiere immer auseinanderhalten muß, empfindet er eine große Zuneigung für seine Reisegefährten. Er belohnt den, der immer geradeaus zieht, den, der bellt, obwohl ihn die Peitsche nicht getroffen hat, den, der nie widerwillig ist, und den, der seinen Herrn immer so ansieht, als ob er sagen wollte: »Merkst du denn nicht, daß ich mein Bestes gebe?«

Es ist jetzt fast den ganzen Tag über hell. In seiner Ungeduld gönnt sich Uemura kaum Ruhe, kocht selten und ernährt sich fast nur von gedörrtem Fleisch. Wenn er unter der Zeltplane den Kocher anheizt, gefriert der Wasserdampf an den Zeltwänden sofort.

200

Auf einer ebenen, schneebedeckten Fläche kann ein Flugzeug mit Schnee-kufen landen, das ihm zwei neue Hunde, einen leichteren Schlitten, Lebens-mittel, Werkzeug und ein neues Paar Handschuhe bringt. Die beiden verletz-ten Hunde werden zum Basislager zurückgeflogen. Da jeder von ihnen 150 Dollar wert ist, werden sie natürlich nicht zurückgelassen.

Die läufige Hündin ist trächtig. Darauf hätte der Japaner gerne verzichtet. Er hat sich auf alles vorbereitet, nur an einem Hebammenkurs hat er nicht teilgenommen. Aber auch das wird zu schaffen sein. Trotz Kälte und Wind geht es weiter. Am 5. April hat Naomi ein Drittel des Weges zurückgelegt. Vor ihm liegen jetzt noch 520 Kilometer.

In der Nacht zum 9. April wirft die Hündin. Die beiden ersten Welpen werden noch außerhalb des Zeltes geboren und sofort von den anderen Hunden gefressen. Die vier anderen, darunter eine Totgeburt, kommen im Schutz des Zeltes zur Welt. Der Japaner tut sein Bestes als Geburtshelfer und ist vom ersten Bellen der Jungen tief bewegt. Um sie warm zu halten, wickelt er sie in ein altes Rentierfell und wacht die ganze Nacht bei ihnen. Von jetzt an reist die Hündin Shiro mit ihren drei Welpen auf dem Schlitten. Sie sind zwar ein zusätzliches Gewicht, aber dies garantiert ihr Überleben. Dann, am 11. April, kommen noch drei Welpen zur Welt. Einer ist bereits tot, der andere übersteht die Kälte nicht.

»Am 12. April«, gesteht Uemura, »begehe ich einen schweren Fehler.« Ein etwa fünf Meter breiter Kanal versperrt ihm die Weiterfahrt. Er läßt Hunde und Schlitten zurück, macht sich auf die Suche nach einer passierbaren Stelle, findet sie, probiert den Übergang und geht ein Stück weiter, um einige Fotos zu machen. Als er wieder an die Übergangsstelle zurückkommt, hat sich der Spalt verbreitert. Der Japaner ist von seinen Hunden und dem Schlitten abgeschnitten! Er geht in westliche Richtung und sucht nach einem Übergang. Doch an seiner engsten Stelle mißt der Kanal immer noch fünf Meter. Von Eisscholle zu Eisscholle springt Uemura über den Spalt. Aber auf der anderen Seite ist er abermals gefangen. Ein neuer Kanal von acht Meter Breite hat sich gebildet. In zweistündiger Arbeit schneidet der japanische Ingenieur aus dem Eis Schollen heraus, aus denen er sich eine Art Schwimmbrücke baut. Akrobatisch wechselt er über dem 0° C kalten Wasser auf die andere Seite über, von der aus er zu seinen Hunden und dem Schlitten mit Zelt und Lebensmitteln gelangt.

Aber wie soll er mit dem Hundeschlitten den Spalt überwinden? Auf die gleiche Art wie zuvor natürlich! Der Japaner hat herausgefunden, daß das ganze Geheimnis in der Schnelligkeit liegt. Er treibt die Hunde mit der Peitsche voran, dirigiert sie auf die Schollen, schiebt den Schlitten mit an und ermutigt die Tiere, von Scholle zu Scholle zu springen. Mit einem kräftigen Satz überwinden die Hunde den Spalt zwischen der letzten Scholle und der anderen Seite. Doch dann bleiben sie plötzlich stehen und ziehen nicht mehr weiter. Die treibende Scholle, auf der sich der Schlitten noch befindet, gerät ins Wanken. Das hintere Ende der Kufen rutscht ins Wasser. Mit Peitschenschlägen und wildem Schreien zwingt der Japaner die Hunde wieder vorwärts. Der Schlitten rutscht auf das Festeis.

Am 13. April ist die Hälfte des Weges geschafft. Am nächsten Tag landet das Flugzeug, bringt frische Hunde und nimmt Shiro mit ihren Welpen zurück. Naomis Moral ist wieder gestiegen: nur noch 360 Kilometer, bei günstigen Bedingungen ein Weg von zehn Tagen.

Aber schon am folgenden Tag muß der Japaner in einem Schneesturm haltmachen. Die Sicht ist gleich null. Aus Nordost weht ein eisiger Wind. Die Hunde verkriechen sich im Windschatten des Zeltes und verwandeln sich in kleine Schneehaufen.

Als der Wind sich wieder legt, ist durch die dicke Schneedecke ein neues Problem aufgetreten. Sie erschwert das Vorankommen noch zusätzlich und verdeckt jede Unebenheit. Zwar ist die Sicht wieder gut, aber sie zeigt ihm eine weitere Gefahr: Das Packeis verschiebt sich. Risse, Schrägen, Berge bilden sich. Uemura ist vorsichtig geworden und bleibt immer in der Nähe des Schlittens mit all seinen Lebensmitteln und Werkzeugen. Die allgemeine Bewegung des Eises treibt ihn in südliche Richtung. Er kommt sich wie auf einem Fließband vor. Wenn er anhält, um sich auszuruhen, wird er wieder ein Stück zurückgetragen. Der nahende Frühling verschärft noch die Bedingungen. So findet sich Naomi am Abend des 18. April abgeschnitten auf einer zweihundert Meter breiten Eisinsel wieder. Er errichtet sein Lager über der Stelle, die ihm am stärksten erscheint. Er hat gerade sein Zelt aufgebaut, als er ein lautes Krachen hört. Die Eisinsel ist zwanzig Meter vom Zelt entfernt zerbrochen. Der Teil, auf dem er sich befindet, hat nur noch ein Drittel der ursprünglichen Fläche. Ein Eisblock bietet sich als Brücke an, über die eine weniger gefährliche Stelle zu erreichen wäre. Als der Japaner auf den kleinen Eisberg steigen will, kentert er. Was jetzt? Das Basislager ist zu weit entfernt, um schnelle Hilfe zu senden.

Unter erneutem Krachen bricht die Restinsel ein zweites Mal. Sie driftet jetzt mit der Strömung und stößt gegen Packeis. Uemura zieht Hunde und Schlitten mit sich. Er springt – und erreicht das Festeis. Aber er ist noch nicht ganz gerettet. Es wäre Wahnsinn, immer so weiterzumachen, wenn das Packeis ständig in Schollen zerbricht, was nicht immer vorhersehbar ist. Das

Beste ist, niedrige Temperaturen, also unter −20° C, abzuwarten, die das offene Wasser wieder zufrieren lassen.

Drei Tage wartet Naomi Uemura. Von Zeit zu Zeit prüft er die Dicke des Eises mit seiner Brechstange. Seine Geduld zahlt sich aus. Als er sich am 21. April wieder auf den Weg macht, sind die Bedingungen so günstig, daß er an diesem Tag vierzig Kilometer und am nächsten sechzig Kilometer zurücklegt. Aber schon am folgenden Tag wird die Route durch Eisbuckel so schwierig, daß die Hunde schnell erschöpft sind und er nur zwanzig Kilometer vorankommt. Am 24. April steht er wieder vor einem Kanal, den er von einer Scholle zur anderen springend überwindet. Um drei Meter breite Kanäle zu überqueren, hat der Japaner eine eigene Technik entwickelt, bei der er seinen 4,15 Meter langen Schlitten als Brücke benutzt. Er legt ihn über den Spalt und läßt die Hunde einen nach dem anderen hinüberwechseln, die den Schlitten dann endgültig auf die andere Seite ziehen.

Die letzten hundert Kilometer sind die schwierigsten. Die Eisoberfläche ist mit zahlreichen Erhebungen durchsetzt. Die Hunde sind erschöpft. Auch der Schlitten zeigt Ermüdungserscheinungen. Eine der Kufen hält nur noch dank einer behelfsmäßigen Reparatur. Zum Glück wird der Schlitten durch den Verbrauch der Lebensmittel immer leichter.

Am Abend des 28. April, um 18.30 Uhr GMT, hat der mutige Japaner sein Ziel, den Nordpol, erreicht. Um auch ganz sicherzugehen, errechnet er seine Position mit dem Sextanten. Der Wert, den er erhält, wird ihm vom Basislager durch eine Satellitenpeilung noch einmal bestätigt: Naomi Uemura ist der erste Mensch, der den Nordpol nach einem Marsch von 55 Tagen zu Fuß und allein erreicht hat.

AXEL CZUDAY

Im Kopfhörer vernehmen wir die ruhige Stimme unseres Freundes, des Amateurfunkers Maurice Uguen. Wir haben heute schon zum drittenmal Kontakt mit ihm, und die Liste der Neuigkeiten, die er uns vorliest, ist nicht sehr lang. Gegen Ende unseres Gesprächs schlägt plötzlich eine englisch sprechende Stimme auf unserer Frequenz durch. Es ist Axel Czuday, der auf dem Weg nach Grönland ist.

Mit jedem Tag dringt sein Boot, die *Solaris,* in immer höhere Breiten vor. Auf unserer Wetterkarte können wir die Schlechtwetterfronten sehen, die er überwinden muß, bis er das freundlichere Gebiet des hohen Nordens erreicht. Und dann reißt der Kontakt ab.

Maurice sitzt fast ständig am Funkgerät. Vergebens. Er alarmiert seine Freunde in Kanada, die über ihr Funknetz die Spur der *Solaris* wieder aufnehmen. Das Boot sitzt vor der Bylot-Insel im Eis fest. Mit Hilfe des Eisbrechers *Labrador* kann sich Axel aus der Packeisfalle befreien. Gerade noch rechtzeitig, denn schon Stunden später kommt ein Sturm auf.

Der Funkkontakt ist wiederhergestellt. Dann, einige Tage danach, Stille.

Einige Monate später erfahren wir durch einen Brief aus Deutschland von dem unglückseligen Abenteuer der *Solaris* und von ihrer Atlantiküberquerung im Herbst, bei der alles unter Deck von Salzwasser zerstört wurde.

Axel Czuday träumt jetzt von einem größeren Boot, das noch besser für das Eis gerüstet ist...

(Irgendwo in den Gewässern vor Grönland, Juli 1979. An Bord von *Vagabond'eux*)

SOLARIS

Stahlbau
Knickspantrumpf
Länge: 9 m
Breite: 3 m
Arbeitsbesegelung: etwa 45 m²
Antrieb: 20-PS-Bukh-Dieselmotor
Treibstoff: 400 Liter

Roter Rumpf, weiße Plicht und weißes Deck, weiße Segel, Rollfock blau gesäumt

9 Der Wille allein genügt nicht

Durch die Nordost-Passage kann man bekanntlich vom Atlantik über die Barentsee, die Karasee und die Beringstraße in den Pazifik gelangen. Zwar verkürzt diese Nordroute die Entfernung erheblich, aber sie wird dafür auch fast ständig von Eis versperrt. Sie kann nur mit Hilfe starker Eisbrecher bezwungen werden, die für speziell verstärkte Frachtschiffe einen Weg bahnen und so die Distanz zwischen den westlichen Seehäfen der UdSSR wie Murmansk und den östlichen Seehäfen wie Wladiwostok um Tausende von Seemeilen verringern. Die Nordost-Passage ist jedoch noch nie von einem Sportboot und schon gar nicht von einem Einhandsegler befahren worden.

Im Jahre 1976 stürzt sich der Deutsche Axel Czuday mit seinem neun Meter langen Stahlboot *Solaris* (nicht zu verwechseln mit dem gleichnamigen Katamaran) in dieses Abenteuer. Aber östlich des Nordkaps zwingt ihn ein Sturm zur Umkehr. Am 29. Juli 1977 wirft er dann im norwegischen Hafen Vardö, nahe dem Nordkap, endgültig die Leinen los. Das Segelboot ist voll beladen mit Lebensmitteln, Treibstoff für den 20-PS-Motor und mit Gerätschaften. Es ist windstill, und Czuday muß fünf Stunden unter Motor fahren. Eine gute Gelegenheit, die Batterien aufzuladen. Endlich kommt eine leichte Brise auf. Er kann die Segel setzen und etwas von den vierhundert Litern Diesel, die er an Bord hat, sparen.

In den hohen Breiten (70° Nord) und in dieser Jahreszeit ist es immer Tag, was das Vorankommen unterstützt. Aber schon am zweiten Tag seiner Reise stellt Axel fest, daß Wasser in der Bilge steht: Das Boot hat ein Leck an der Schraubenwelle. »Ich mag gar nicht daran denken, den Taucheranzug überzuziehen und ins Wasser zu gehen«, schreibt der Deutsche. Also beugt er sich nur über Bord und betrachtet mit Hilfe eines Spiegels, den seine Freundin auf dem Boot vergessen hat, den Rumpf von außen, an dem jedoch keine Beschädigung festzustellen ist. Also muß der Fehler innen an der Stopfbuchse liegen. Er hätte gleich dort nachsehen sollen.

Die Barentssee zeigt sich von ihrer freundlichen Seite: raumender Wind, geringer Seegang. Am dritten Tag flüchtet sich ein Rotkehlchen an Bord, das sich im Nebel verirrt hat. Der Wind flaut ab. Czuday läßt den Motor mit so geringer Drehzahl laufen, daß er in einer Stunde nicht mehr als einen Liter Diesel verbraucht. Im aufziehenden Nebel hält er weiter Kurs Ost. Da er oft treibenden Baumstämmen ausweichen muß, wagt er aus Angst vor einer Kollision nicht zu schlafen. Das auf den Namen »Nix Ponemaju« (»Ich verstehe nicht«) getaufte Rotkehlchen versucht immer wieder, sich auf die rotierende Logleine zu setzen. Als der Wind zulegt, setzt Axel die Segel. Der Vogel erschrickt darüber so, daß er auffliegt, ins Wasser fällt und stirbt. Der Deutsche denkt daran, daß auch ihm das gleiche Schicksal blühen kann, im eisigen Wasser elend zugrunde zu gehen, und bindet sich künftig an.

Am 5. August frischt der Wind weiter auf. Die Schot des Großsegels bricht; zum Glück kann Czuday sie schnell reparieren. Eine Schlechtwetterfront zieht herauf. Der Wind dreht auf Ost, erreicht Stärke 7 und kommt jetzt genau von vorn. Warum soll Czuday sich unnötig anstrengen? Er dreht bei. Als der Wind wieder abflaut, setzt er seine Fahrt fort. Er ist froh, das Boot mit einer Rollfock ausgestattet zu haben. Problemen begegnet Czuday mit Ruhe: Einer der Wassertanks leckt; das Boot nimmt Wasser auf, das herausgepumpt werden muß. Seine größte Sorge ist jedoch die mögliche Reaktion der sowjetischen Behörden. Die *Solaris* nähert sich der Karastraße, der obligatorischen Durchfahrt im Süden von Nowaja Semlja. Der Deutsche besitzt jedoch nicht die Genehmigung, diese Gewässer zu befahren. Mehrere Anträge waren ohne Antwort geblieben. Axel Czuday zog es dann vor, nicht noch weiter auf eine Genehmigung zu drängen: »Warum soll ich schlafende Hunde wecken?« Damit hätte er sich wahrscheinlich nur ein klares und definitives »Njet« eingehandelt.

Vor allem kommt es jetzt darauf an, genau die Mitte der vierzig Seemeilen breiten Straße zu erreichen. Axel Czuday segelt mit Koppelkursen und verfügt nur über einen Kompaß, einen Plastiksextanten und über ein altes Funkgerät, das man ihm geschenkt hat. Die Navigation nach Koppelkurs, fehlende Karten und Ausrüstungsgegenstände sind verwunderlich bei einem Mann, der Pilot und Kapitän auf Flugzeugen vom Typ *Caravelle* und *Fokker* war. Er hat jedoch eine eigene Technik entwickelt, die auf der Beobachtung von Wellen, Wolken, Vögeln und passierenden Schiffen basiert. Diese Beobachtungen kombiniert er, indem er sie Werten seiner Schätzung zuordnet und diese der Theorie gegenüberstellt. Seine Hauptsorge ist, nicht in die Zwölf-Meilen-Zone der russischen Küstengewässer einzufahren. Dichter Nebel zieht auf. Bis zur Meerenge liegen noch etwa sechzig Seemeilen vor ihm. Die *Solaris* driftet. Im Nebel ist das Horn eines unsichtbaren Schiffes zu hören.

Am 6. August sind es nur noch dreißig Seemeilen bis zur Karastraße. Ein Tanker kommt von achtern auf – ein Beweis dafür, daß die *Solaris* auf dem richtigen Kurs ist. Von der Strömung aufgebauter Seegang erschwert das Vorankommen, aber gegen Abend hat der Deutsche die Einfahrt in die Karastraße erreicht. In der Ferne kommen mehrere sowjetische Frachtschiffe in Sicht, aber dann zieht wieder Nebel auf. Czuday läßt die *Solaris* so lange treiben, bis die Sicht sich wieder bessert. Am 7. August scheint dann die Sonne. Eine Beobachtung bestätigt seine Position. Unter seiner Kuppel und mit höchster Drehzahl macht Axel Czuday Fahrt voraus: Er will hindurch.

»Ich stelle mir einen sowjetischen Radarbeobachter vor«, erzählt er. »Es ist Sonntagmorgen, er ist noch etwas schläfrig und hat einen Kater. Er sitzt vor dem Radargerät und beobachtet die Echos. Er käme nie auf den Gedanken, daß das kleine Echo da ein deutsches Segelboot von neun Metern Länge sein könnte. Selbst wenn er mich auf dem Radarschirm sieht, wird er denken, daß ich ein sowjetisches Fischer- oder Walfangboot bin, das sonntags hinausgefahren ist.« Zwei Stunden lang macht Czuday unter Motor acht Knoten, dann entdeckt er die ersten Fahrwassertonnen. Er ist auf dem richtigen Kurs. Er refft das Großsegel zweimal und senkt die Motordrehzahl. Bei Gegenwind der Stärke 5 hält er weiter Kurs Ost. Die Sonne strahlt, die Sicht ist ausgezeichnet. Und die kleine *Solaris* mit den deutschen Farben auf der Windfahne der Selbststeueranlage dringt soeben in sowjetische Hoheitsgewässer ein. Ein rotes Schiff steuert auf die *Solaris* zu. Ein Boot der Küstenwache? Anscheinend. Nein, ein Frachtschiff, das vorlich passiert und dann weiterfährt. Irgendwelche Zeichen wurden nicht abgegeben. Axels Devise lautet noch immer, keine schlafenden Hunde wecken.

Fünf Stunden später verläßt die *Solaris* die Karastraße. Czuday ist hindurch. Der Wind steht gegenan, die See ist rauh. Aber das macht dem Deutschen nichts aus. In seiner Freude setzt Czuday alle Segel und läuft über Steuerbordbug am Wind. Von nun an segelt er in der Karasee. Sein nächstes Ziel ist die dreihundert Seemeilen entfernte Bjelyj-Insel im Norden der Jamal-Halbinsel.

Am 8. August bleibt die *Solaris* die ganze Nacht über bei starkem Nordost beigedreht liegen, was der Deutsche nutzt, um sich auszuschlafen. Am nächsten Tag kreuzt er hoch am Wind weiter, dessen starke Böen das in der rauhen See hart arbeitende Boot immer wieder flach aufs Wasser drücken.

Am 9. August raumt der Wind etwas, Czuday kann hoch am Wind seinen Kurs anliegen. Die See ist hier hellgrün bis milchig-weiß. Im Winter friert sie ganz zu, daher zeigt sie im Sommer keinerlei Spuren von Verschmutzung, wenn man von vereinzelten treibenden Baumstämmen absieht. Im Nebel ist Astronavigation nicht möglich, aber dafür bleibt die Temperatur mit +10°C angenehm. Czuday sitzt unter seiner Kuppel und ist jeden Moment bereit, mit dem Sextanten nach draußen zu gehen, wenn sich die Sonne für zwei oder drei Minuten zeigt. Die Beobachtung mit dem Sextanten erlaubt zwar nur einen Annäherungswert auf etwa zehn Seemeilen, aber der ist für den Augenblick ausreichend.

Der Deutsche kommt auf seiner Route immer weiter voran. Wird der Gegenwind zu stark, dreht er bei und schläft. Sobald es dann abflaut, setzt er seine Fahrt fort. Eine Panne am Echolot kann er nach drei Stunden beheben. Die einzige Sorge, die er hat, sind seine ständigen Rückenschmerzen: eine Folge der schweren Lasten, die er beim Beladen des Bootes getragen hat.

Am 13. August hat er nach 17 Tagen etwa tausend Seemeilen zurückgelegt. Seine Durchschnittsgeschwindigkeit liegt etwas über zwei Knoten. Der Klang eines Nebelhorns reißt den Deutschen aus dem Schlaf. Durch ein Bullauge sieht er den Steven eines Frachters auf sich zukommen. Schnell startet er den Motor und kann dem Schiff gerade noch ausweichen. Mit klopfendem Herzen sieht Axel den Frachter an der *Solaris* vorbeiziehen. An Deck stehen viele russische Seeleute und schauen zu ihm herab. Dann verschwindet das Handelsschiff mit südlichem Kurs am Horizont.

Die *Solaris* ist noch etwa dreißig Seemeilen von der Bjelyj-Insel entfernt. Um 18.15 Uhr kommt von achtern ein anderes Frachtschiff genau auf das Segelboot zu. Czuday bleibt bis zum letzten Moment auf seinem Kurs; erst dann weicht er aus. Auf Kanal 16 (der Kontaktfrequenz auf VHF) ruft der Deutsche das Schiff:

»Russian ship, this is *Solaris*.«

Eine höfliche Stimme antwortete in perfektem Englisch:

»*Solaris*, nennen Sie ihre Nationalität, Ihren letzten Hafen und Ihren Zielort.«

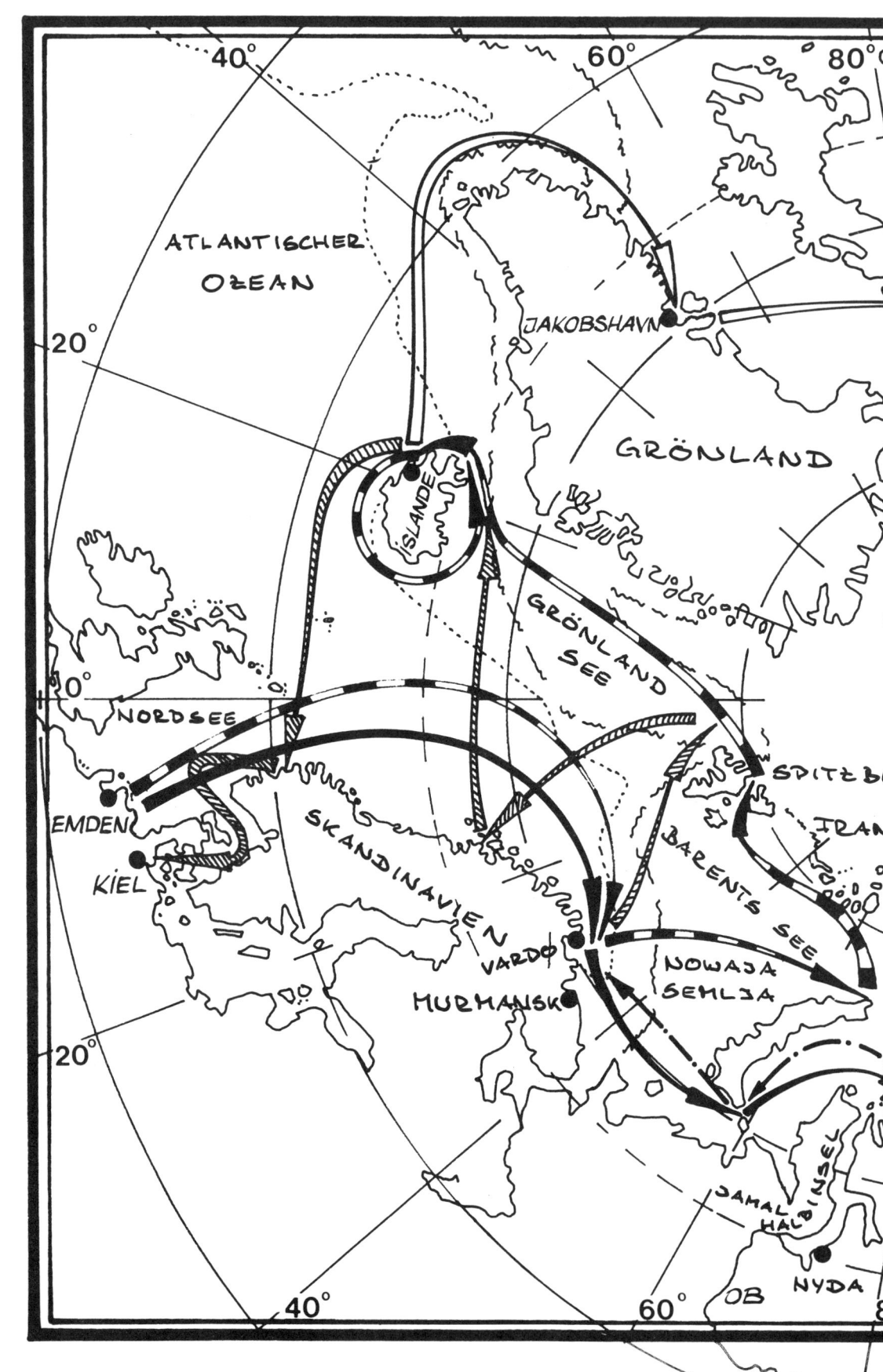

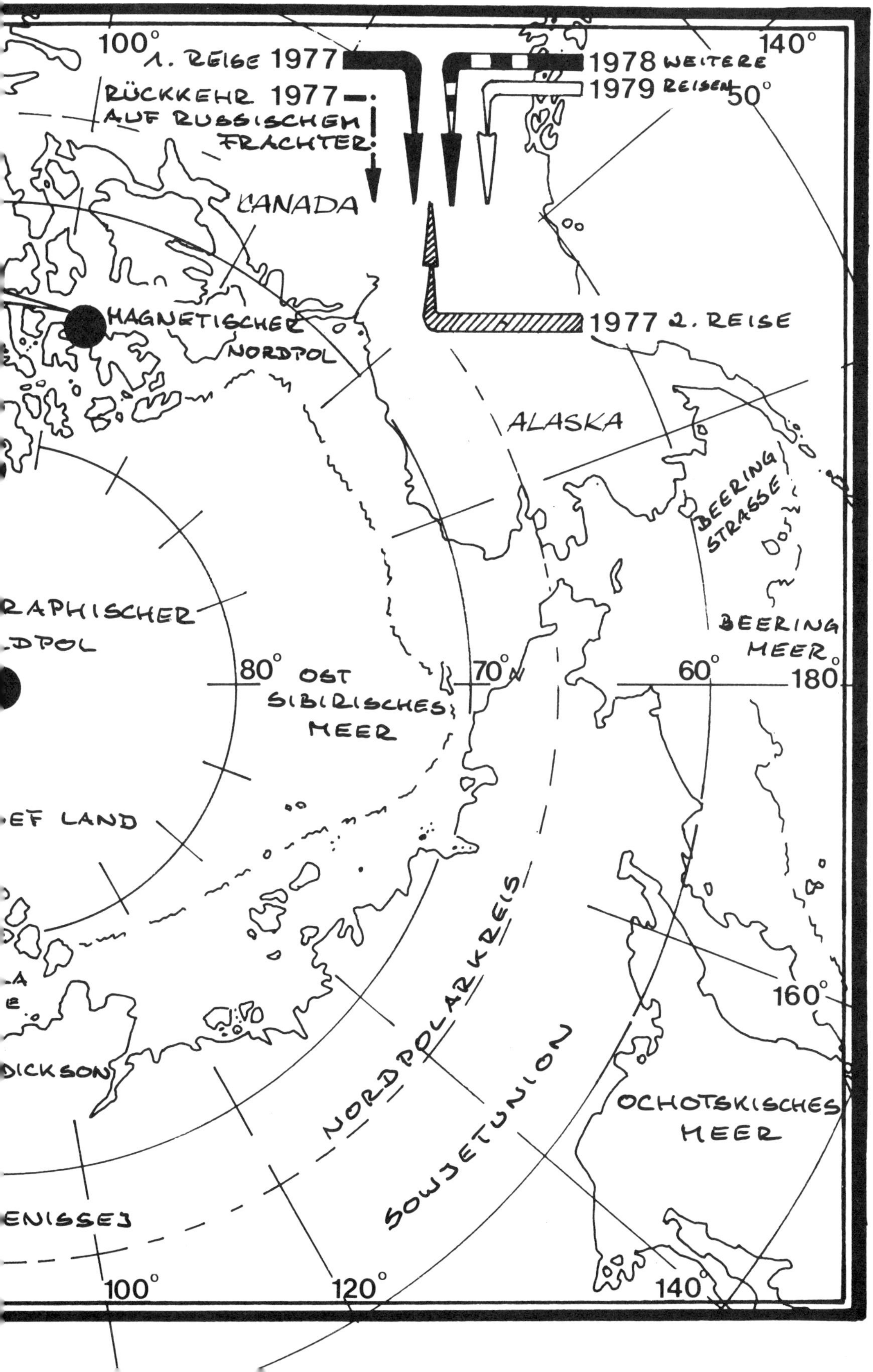

1. REISE 1977
RÜCKKEHR 1977
AUF RUSSISCHEM FRACHTER
1978 WEITERE
1979 REISEN
1977 2. REISE
CANADA
ALASKA
MAGNETISCHER NORDPOL
RAPHISCHER
DPOL
OST SIBIRISCHES MEER
EF LAND
DICKSON
ENISSEJ
NORDPOLARKREIS
SOWJETUNION
BEERING STRASSE
BEERING MEER
OCHOTSKISCHES MEER
100°
140°
50°
80°
70°
60°
180°
160°
120°

»Ich komme aus Vardö und will die Nordost-Passage befahren, nächster Halt in Dickson.«

Czuday hat sich erst in diesem Augenblick zu einem Zwischenaufenthalt entschieden. Denn er sagt sich, daß die Sowjets ihn auf jeden Fall stoppen und überprüfen würden, wenn er seine Absicht bekanntgäbe, ohne Zwischenhalt auf die Beringstraße zuzusteuern; vielleicht würden sie ihn sogar noch vor Dickson abfangen. Er hofft, daß ihn die Behörden nach Bekanntgabe seines Zwischenhaltes und der Identifizierung weitersegeln lassen.

Freundlicherweise gibt das Frachtschiff *Alpha* der *Solaris* noch ihre genaue Position: 73°16′ Nord, 67°57′ Ost.

»Danke für Ihre Hilfe. Ich nehme jetzt Kurs Nordwest, damit ich bei dem aufziehenden Nebel außerhalb der Schiffahrtsroute bin.«

Als Czuday den Steven mehr nach Nord dreht, um die Bjelyj-Insel zu umfahren, fragt er sich, ob er richtig gehandelt hat. Er hat den Eindruck, eine Schachpartie zu spielen, bei der er die Regeln nicht kennt. Aber ihm bleibt keine andere Wahl, als seiner Route weiter zu folgen und seine Gedanken nur auf das Ziel zu richten: die Beringstraße.

Zwei Stunden später bessert sich die Sicht. Motorengeräusch läßt den Deutschen in die Plicht hasten. Eine zweimotorige Iljuschin nähert sich unterhalb der Wolkendecke. Mehrere Male überfliegt sie die *Solaris* im Tiefstflug. Dann ändert sie die Richtung und überfliegt das Boot immer wieder mit Nordostkurs. Czuday versteht das Zeichen: Auch er soll Kurs in diese Richtung nehmen, in der Dickson liegt. Dann dreht die Iljuschin ab.

Am 14. August ist das Segelboot noch ungefähr zweihundert Seemeilen von Dickson entfernt. Aber um diesen Hafen zu erreichen, muß Czuday erst die Mündungsgebiete des Ob und des Jenissej passieren, zwei große Ströme mit einem riesigen, 360 Kilometer breiten Delta, die ihr mit Schwemmstoffen durchsetztes Wasser ins Meer ergießen.

Das Flugzeug kehrt zurück. Die Sonne scheint, es ist wunderbares Wetter. Dieses Mal bedeutet ihm die Maschine, Ostkurs zu nehmen. Axel Czuday gehorcht. »Der Kleine hat gegen den Großen keine Chance«, sagt er sich. Aber für die angegebene Richtung fehlen dem Deutschen die Navigationsun- terlagen. Er besitzt keine Karten über die Strömungsverhältnisse, sondern lediglich eine sieben Jahre alte Seekarte. Auch das Echolot liefert keine genauen Werte mehr. Axel repariert das Gerät und setzt seine Fahrt bei Nacht und Nebel quer zum Strom und bei kabbeliger See fort. Er kann gerade noch einem treibenden Baumstamm ausweichen, der – wahrscheinlich aufgrund seines hohen Harzgehalts – senkrecht im Wasser schwimmt.

212

Bei starkem Schneesturm nähert er sich dem Ostufer des Ob. Jetzt kann er sich auf gar keinen Wert mehr verlassen, da das Echolot und die Karte einander widersprechende Tiefen angeben. An Stellen, wo Czuday eigentlich zwanzig Meter Wasser unter dem Kiel haben müßte, mißt er drei Meter; und dann wieder fünfzehn Meter dort, wo es nach der Karte nur drei sein dürften. Zum Glück wird es in diesen Breiten nie richtig Nacht, und die *Solaris* kann ihre Fahrt in den reißenden Strömungen fortsetzen. Die aufgehende Sonne färbt die Wellen strahlend gelb. Plötzlich schleift der Kiel einmal, zweimal über Grund, der zum Glück nur aus festem Sand besteht. Die Wellen sind an die zwei Meter hoch. Wenn sie ihn zu hart auf die Sandbarre werfen, ist das Boot verloren – und bis zur nächsten Küste sind es noch vierzig Seemeilen. Wenn Czuday in das Gummiboot umsteigen müßte, würde ihn die Strömung auf die offene See hinaustreiben und er hätte wenig Hoffnung, dort gerettet zu werden. Trotzdem versucht er, auch ohne genaue Karten den bestmöglichen Kurs zu finden, und meidet jene Stellen, an denen die See bricht. Langsam nimmt die Tiefe zu; die Gefahr ist überstanden.

Unter der tiefstehenden, kaltweißen Sonne tragen die Seen bei Windstärke 7 Gischtkämme. Die Strömung versetzt die *Solaris* nach Norden. Czuday, müde und über seine Position im unklaren, bekommt Halluzinationen. Er glaubt, einen Gefährten zu haben, und kann kaum noch Realität und Phantasie auseinanderhalten. Er ist der Meinung, daß ihm jemand beistehen will. Laut spricht er mit der nicht existierenden Person und gibt sich selbst Befehle. Er weiß nicht mehr, wo er sich befindet. Um sich herum sieht er nur Brecher. Er erwartet, daß das Boot jeden Moment aufläuft und zerschellt. Er nimmt die Segel weg, startet den Motor und versucht mit voller Kraft voraus, der Falle des Ob zu entgehen. Zwei Stunden später bemerkt er durch die tiefhängenen Wolken ein Leuchtfeuer. Er hält darauf zu, obwohl er nicht weiß, ob er das Licht wirklich oder nur in seiner Vorstellung sieht. Axel legt Ölzeug und Gurtzeug an. Er geht in die Plicht und sucht den Horizont in alle Richtungen ab. Da taucht das Licht wieder auf. Es gibt den Leuchtturm also wirklich. Mit Hilfe seiner alten Unterlagen kann ihn der Deutsche als das Feuer auf der Südspitze von Wilkizki identifizieren. Obwohl auflaufendes Wasser sein Vorankommen hemmt, fährt er mit Vollgas in nördliche Richtung, um endlich dieser Horrorwelt zu entkommen.

Das Flugzeug kommt wieder, wackelt grüßend mit den Flügeln und fliegt davon. An der Nordwestspitze der Wilkizki-Insel ist die Strömung so stark, daß die *Solaris* keine Fahrt über Grund mehr macht. Czuday ist mit seinen Kräften am Ende und würde sich am liebsten auf den Boden werfen. Im Seegang stampft das Boot so heftig, daß es unmöglich ist, sich eine Tasse

Kaffee zu kochen. Auf einmal fällt Czuday ein, daß seine Freundin ihm ein Aufputschmittel in den Arzneibeutel getan hat. Er nimmt zwei Tablettten, refft das Großsegel zweimal und dreht bei, um das Kentern der Tide abzuwarten. Er kann jedoch nicht einschlafen. In der Brust spürt er einen stechenden Schmerz. Da fällt ihm der Beipackzettel des Mittels in die Hände: »Nicht bei starker Anspannung einnehmen.«

Das Flugzeug kreist weiter über ihm. Der Pilot hat verstanden, daß Czuday nicht vorwärtskommt, und wartet die Ebbe ab, bis er das Zeichen zum Aufbruch gibt. Czuday soll nun Ostkurs einschlagen. Der Deutsche wollte eigentlich aus Sicherheitsgründen in nördliche Richtung segeln, um aus dem Gefahrengebiet heraus zu kommen, aber sobald er Anstalten macht, den Kurs zu ändern, hält das Flugzeug sofort auf die *Solaris* zu und zwingt Czuday durch Tiefstflug, wieder den alten Kurs nach Dickson einzuschlagen. »Haben die denn keine Ahnung von einem kleinen Boot?« fragt er sich. Er muß dringend schlafen. Aber so lange sich die *Solaris* in dieser Gefahrenzone befindet, ist an Schlaf nicht zu denken. »Wenn ich jetzt einschlafe, ist alles aus«, sagt er sich. Das Flugzeug schießt eine grüne Leuchtrakete ab und steigt in die Wolken. Czuday behält die Richtung bei. Das Flugzeug kommt wieder zurück, korrigiert seinen Kurs um 20° und verschwindet wieder in den Wolken. Der Deutsche kann den Kurs jedoch nicht halten. Durch irgendeinen Schaden oder zu starke Ablenkung gibt der Kompaß falsche Werte an. Das Flugzeug umkreist ihn jetzt. Mit einer Lampe werden ihm Morsezeichen gegeben:

»Sind Sie in Not?«

Ob die Russen nach einem Grund suchen, mit dem sie ein Eingreifen rechtfertigen könnten? Was soll er auf die Frage antworten? Czuday sieht in seinem Signalbuch nach. Aber die Müdigkeit wirft schwarze Schatten auf die Seiten. Sein Sehvermögen ist immer häufiger gestört. Er hält den Kopf nach draußen und singt, um sich aufzumuntern. Er muß um jeden Preis durchhalten. Das Flugzeug beginnt wieder, im Tiefstflug über ihn hinwegzujagen. Da er zum Segeln zu müde ist, fährt er unter Motor auf ein weißes Blinklicht in der Ferne zu. Plötzlich stellt er fest, daß er nur auf helle Brandung zuhält. Schlimmer noch, er hat unbewußt kehrtgemacht; der Steven der *Solaris* zeigt zur Wilkizki-Insel. Axel kann nicht mehr. Er schaltet den Motor aus, läßt das Boot treiben und legt sich in die Vorderkajüte.

Ein Nebelhorn reißt ihn brutal aus dem Schlaf. Ein russisches Schiff, die *Merkur,* liegt fast längsseits. Sie sind also da. Der Deutsche versucht, alles zu erklären, und schreitet zur *Merkur* hinüber:

»Mein Kompaß funktioniert nicht.«

»Wir helfen Ihnen.«

214

Der *Merkur* geht auf Ostkurs; die *Solaris* folgt ihr. Czuday reibt sich die Augen und trinkt viel Wasser, um die Wirkung der wahrscheinlich für die Sehstörung verantwortlichen Tabletten zu bekämpfen.

Axel Czuday will etwas ausprobieren: Er verlangsamt die Fahrt bis zum Stillstand und gibt vor, an den Segeln zu hantieren. Sofort macht die *Merkur* kehrt und hält sich in der Nähe. Jeder Versuch, eine andere Richtung als die vom sowjetischen Schiff vorgegebene einzuschlagen, ist vergeblich. Er muß der *Merkur* folgen.

Aber Czuday kann nicht mehr. Er hält an und schreit:

»Ich gehe jetzt schlafen!«

»Möchten Sie Kaffee? Wir wollen Ihnen helfen. Kommen Sie an Bord!«

»Nein, ich gehe jetzt schlafen!«

Ein harter Schlag reißt ihn aus dem Schlaf. Der Kiel ist gegen Fels gestoßen. Als der Deutsche aus der Kajüte stürzt, schlägt über ihm ein Brecher zusammen. »Jetzt zu sterben, würde mir nichts ausmachen. Ich bin schon zu weit gegangen.« Aber er kämpft trotzdem weiter, startet den Motor und gibt Vollgas. Mehrmals stößt das Boot in der Brandung auf Grund, aber dann werden die Seen weniger gefährlich, und die Tiefe nimmt zu. Doch nun ist sein Tank fast leer. Czuday füllt einen Zehn-Liter-Kanister nach, gießt dabei die Hälfte daneben. Bei voller Motorleistung reicht der Diesel nur noch für zwei Stunden. Nachdem er das Gefahrengebiet verlassen hat, stellt er deshalb den Motor ab und setzt Segel. Noch sechzig Seemeilen bis Dickson.

Am Nachmittag des 16. August hat die *Solaris* das Mündungsgebiets des Jenissej erreicht. Czuday hat einen Teil seiner Kräfte zurückgewonnen und auch die Zeit gefunden, sich gründlich zu waschen. In der Nacht taucht der erst Growler aus dem Nebel auf.

Für einen Moment schläft Czuday am Steuer ein. Als er erwacht, merkt er, daß er auf eine Untiefe zuhält. Schnell korrigiert er den Kurs. Um sich wachzuhalten, ißt er Kaffeepulver. Am 17. August, gegen zwei Uhr dreißig, nähert sich von achtern ein graues, mit Funk- und Radarantannen bestücktes sowjetisches Boot. Es bleibt auf gleicher Höhe mit der *Solaris*. Matrosen kommen auf die Brücke und fotografieren das Segelboot, dessen Skipper sie wohl für verrückt halten, weil er in der Karasee herumfährt. Die Russen bedeuten Czuday, längsseits zu gehen, sie wollen ihn auf diese Art abschleppen. Nach einigen Verhandlungen sind sie schließlich einverstanden, daß die *Solaris* mit eigener Kraft folgt, stellen aber einen bewaffneten Mann ins Cockpit und zwei weitere in die Kajüte. Einer der Männer nennt sich Jupiter und ist Dolmetscher. Sie stellen Czuday viele Fragen, jedoch ohne Aggressivität. »Ich glaube, sie halten mich nicht für einen Spion«, schreibt der Deutsche.

Die Befragung geht weiter: »Was für einen Motor haben Sie? Wie alt sind Sie? Wollen Sie wirklich die Nordost-Passage befahren? Wann ist das Boot gebaut worden? Und aus welchem Material? Ist es für Fahrten im Eis verstärkt?« Als der Konvoi in den riesigen Hafen von Dickson einläuft, begreift Czuday, daß er keine Chance hat, die Erlaubnis zur Weiterfahrt in die Beringstaße zu bekommen. Die russischen Experten erachten das Boot für zu klein und teilen ihm mit, daß jedes die Nordost-Passage befahrende Schiff eine Eisklasse haben, das heißt, nach eindeutig festgelegten Normen gebaut sein muß.

Das Kriegsschiff legt am Kai an; die *Solaris* macht längsseits fest. Die beiden Männer in Zivil gehen von Bord. Dafür kommt ein anderer Mann, der allem Anschein nach höhergestellt ist.

Eine Stunde lang beantwortet Czuday mit Hilfe des Dolmetschers Frage auf Frage. Sie wollen alles wissen. Aber dann macht Czuday dem Verhör ein Ende:

»Ich kann nicht mehr. Ich habe seit fünf Tagen nicht mehr richtig geschlafen.«

»Haben Sie Hunger?«

»Ja.«

Fünf Minuten später wird ihm Essen an Bord gebracht: Fleisch, Kartoffeln, russisches Brot, Nachtisch und Tee. Danach wird alles an Bord einer genauen Inspektion unterzogen. Die zufällig blockierende Kamera eregt Verdacht. Aber je weiter die Durchsuchung voranschreitet, um so freundlicher wird die Haltung der Russen. Nach zwei Stunden sagt Czuday zu ihnen:

»Tut mir leid, daß Sie so viel Mühe haben, weil auf meinem Boot solche Unordnung herrscht; aber Sie werden nichts finden.«

»Wir bewundern Ihren Mut zu dieser Fahrt, aber Sie haben unsere Grenze verletzt.«

Die Überprüfung geht überaus korrekt weiter. Die Russen bemühen sich, ihre Sympathie für Czuday zu verbergen. Axel Czuday gesteht sich ein, daß er im Augenblick wohl auch eher einem Clown ähnelt als einem mutigen Seemann. Er hat nämlich seine für diese Breiten untauglichen Gummistiefel durch Wollappen und Pullover ersetzt, die er sich um die Füße gewickelt hat. Darüber hinaus zittert er noch vor Müdigkeit und Kälte. Aber wonach suchen seine Befrager? Sie wissen doch, daß er kein Spion ist. Trotzdem blättern sie jedes Buch durch und sehen in allen Unterlagen nach, ob es sich nicht doch um antisowjetische Propaganda handelt.

Ein Arzt kommt an Bord und kontrolliert seine Impfzeugnisse. Der Pockenimpfschein fehlt.

»In diesem Fall muß er in Quarantäne«, entscheidet der hochgestellte Funktionär.

»Dann müssen wir alle in Quarantäne, weil wir Kontakt mit ihm hatten«, meint da schmunzelnd der Arzt, worauf alle zu lachen anfangen.

Nach fünf Stunden Verhör und Durchsuchung wollen die Sowjets das Boot beschlagnahmen und Czuday in ein Hotel bringen. Der Deutsche protestiert und besteht darauf, an Bord zu bleiben. Die Sowjets geben nach, plombieren aber Funkgerät und Fotoapparat. Ein Matrose bringt das Abendessen. »Ich habe es wie ein Tier verschlungen«, gesteht Czuday. Danach schläft er sechzehn Stunden lang.

Der Deutsche muß eine Erklärung unterschreiben, dann fällt die Entscheidung: »Sie sind widerrechtlich in die sowjetischen Hoheitsgewässer eingedrungen, aber wir lassen Ihre Erläuterungen und Ihre Motive gelten. Die *Solaris* wird mit Ihnen auf ein Frachtschiff verladen, das Sie bis Murmansk mitnimmt. Dort sind Sie frei.«

In den folgenden Tagen verbringt Czuday die meiste Zeit mit Essen, Schlafen und Erholen. Er bekommt Besuch von einem Iljuschin-Piloten, der erstaunt ist zu hören, daß Czuday als Kapitän Flugzeuge vom Typ *Caravelle* und *Fokker* geflogen hat. Matrosen bauen einen Ladebock, um das Segelschiff aufs Deck des Frachters setzen zu können. Ein Soldat kommt mit einem Telegrammformular: Axel darf seiner Mutter eine Nachricht schicken.

Ein Kapitän mit Arktispatent besucht die *Solaris*. Er kennt die Nordost-Passage und bestätigt, daß man sie nicht mit einem Boot wie der *Solaris* befahren könne; es gäbe dort zuviel Eis, zu starke Strömung und zuviel Nebel. Axel ist nicht dieser Meinung, denn er hat jahrelang Karten, Satellitenfotos und Berichte von Forschern studiert; außerdem gäbe es zeitweise im Jahr dort nur ein Zwanzigstel Eis.

»Schon ein Zwanzigstel ist für Ihr Boot eine zu große Gefahr.«

›Was weiß er denn schon von unseren Methoden?‹ fragt sich Axel. ›Ist er jemals auf einem Segelboot gefahren? Kann er sich überhaupt vorstellen, wie gut ein kleines Boot der See zu trotzen vermag? Was macht er denn schon in seinem Leben? Er ist Kapitän eines Frachtschiffes, und wenn er dann nach Hause kommt, sieht er fern!‹

Aber das sind Gedanken, die Czuday für sich behält.

Der Mast wird gelegt und an Deck festgezurrt. Obwohl unter Aufsicht der Wache, bekunden einige Zivilisten ihre Sympathie mit dem Deutschen: Drei Mädchen geben Czuday Anstecknadeln, auf einem benachbarten Schiff schenkt man ihm geräucherten Fisch und Wodka. Am 24. August macht die *Solaris* am Frachter *Scheluskina* fest, wird an Bord gehievt und auf den

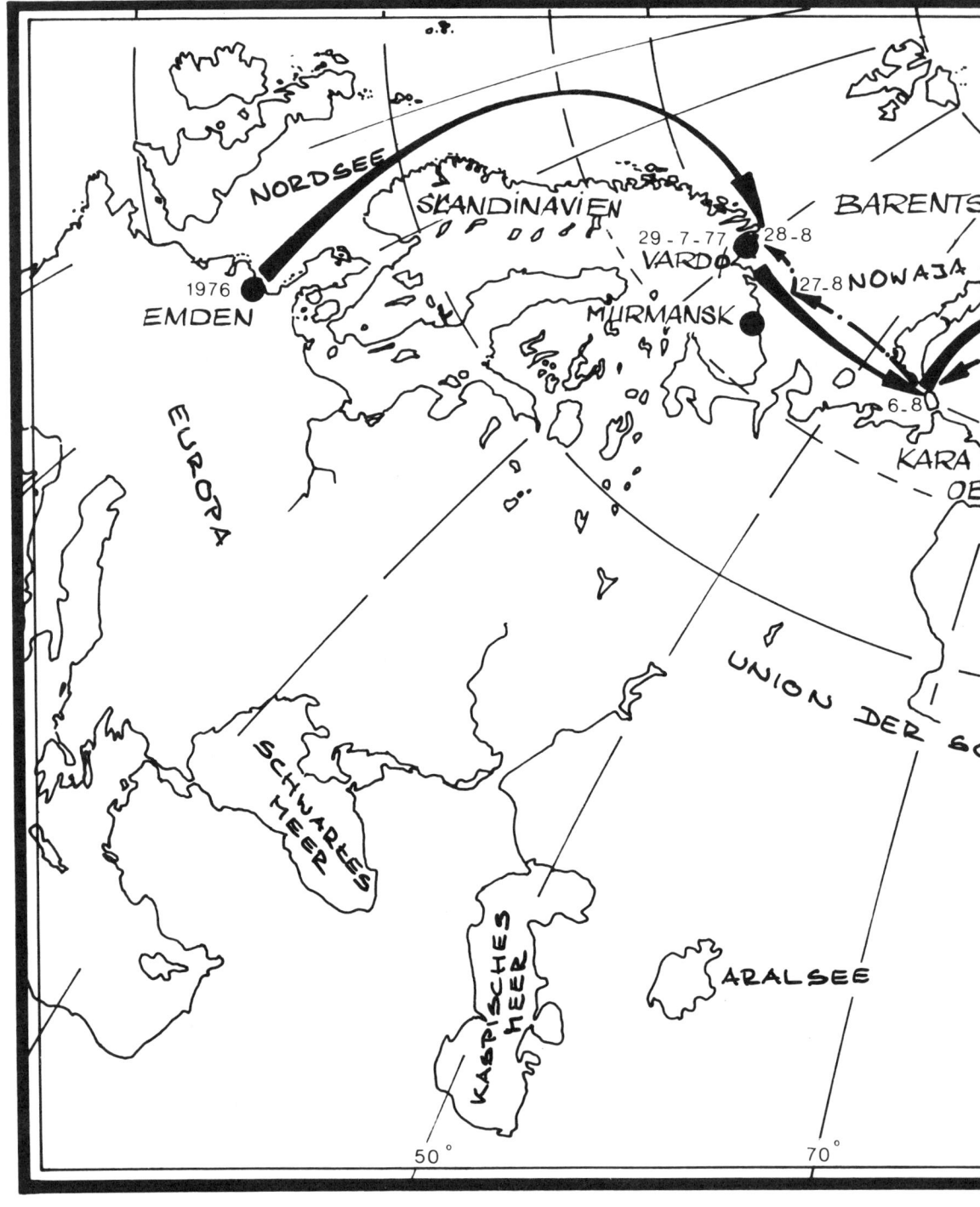

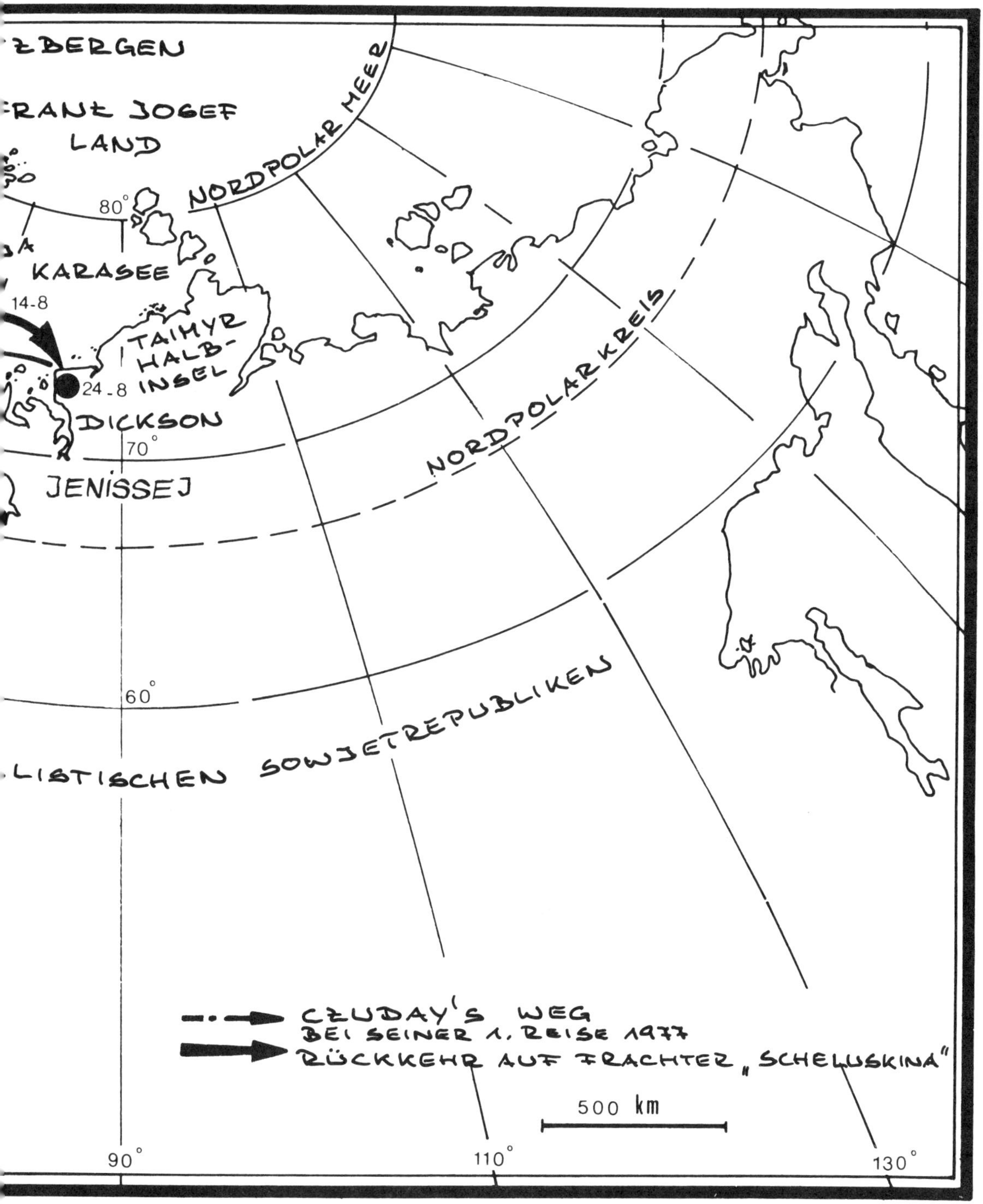

ZBERGEN

FRANZ JOGEF
LAND

NORDPOLARMEER

80°

KARASEE

14-8

TAIMYR
HALB-
INSEL

24-8

DICKSON

70°

JENISSEJ

NORDPOLARKREIS

60°

LISTISCHEN SOWJETREPUBLIKEN

CZUDAY'S WEG
BEI SEINER 1. REISE 1977
RÜCKKEHR AUF FRACHTER „SCHELUSKINA"

500 km

90°   110°   130°

Böcken gesichert. Der Leiter der Lademannschaft spricht gut englisch und sagt Czuday, daß die Reise der *Solaris* in Dickson viel Gesprächsstoff böte.

Kalinko, der Kapitän des Schiffes, das ihn nach Dickson gelotst hat, begleitet Czuday. Beide Männer sind sich sympathisch und unterhalten sich mal auf englisch, mal auf deutsch. Ein Flirt entbrennt zwischen Axel und Natascha, der Bordstewardeß, aber das Abenteuer ist nur von kurzer Dauer. Die junge Frau hat offensichtlich die Aufmerksamkeit der anderen auf sich gelenkt. Jeglicher Kontakt mit dem Skipper wird unterbunden. Czudays Bitte, den Kapitän des Frachters zu begrüßen, wird nicht entsprochen. Seitdem macht auch Natascha ein abweisendes Gesicht und zieht sich zurück, wenn der Deutsche im Gang auftaucht. Czuday verlagert seine Interessen auf seine Wäsche, denn seit Norwegen trägt er die gleichen Kleider. Er darf die Wäscherei des Frachters benutzen. Dort wäscht Axel alles, sogar den Schlafsack.

Am 27. August hat die *Scheluskina* die Gewässer vor Murmansk erreicht. Der Kapitän des Frachters erhält Befehl, die *Solaris* hier zu Wasser zu lassen und Axel Czuday abzusetzen. Der Deutsche protestiert. Das Segelboot sei nicht seetüchtig, der Tank leer, der Mast nicht gesetzt; außerdem scheint die See auch viel zu bewegt für ein solches Manöver. Er hat Erfolg; der Frachter fährt nach Norwegen weiter. In die Tanks der immer noch an Deck des Frachters stehenden *Solaris* werden hundert Liter Diesel gepumpt. Czuday schafft Ordnung an Bord. Etwa dreißig Seemeilen östlich von Vardö, dreizehn Seemeilen von der russischen Küste entfernt, stoppt die *Scheluskina*. In der Nähe befindet sich ein mit Radarantennen bestücktes sowjetisches Küstenwachboot. Die *Solaris* wird trotz der Proteste Czudays von den Böcken gehoben. Czuday weiß sich nur dadurch zu helfen, daß er etwa zwanzig Fotos als Beweis für die Nötigung macht. Dann besteht er darauf, den Kapitän zu sprechen, der über Funk nach neuen Weisungen fragt. Der Befehl, die *Solaris* zu Wasser zu lassen, wird bestätigt. Das Boot wird mit zwei russischen Matrosen an Bord vom Ladekran neben dem Frachter abgesetzt. Erst dann geht Czuday auf die *Solaris,* die von jeder See hart gegen die Bordwand des Frachters geworfen wird. Czuday startet den Motor und legt mit Vollgas ab, nachdem er noch ein letztesmal kräftig gegen den Stahlrumpf gestoßen ist.

Die Sowjets vergewissern sich, daß die *Solaris* auch wirklich Kurs auf den norwegischen Hafen nimmt (in seiner Aufregung hatte Czuday zuerst Fahrt auf die russische Küste gemacht). Um vier Uhr morgens läuft die *Solaris* in Vardö ein. Für Axel ist dies die Rückkehr in eine andere Welt.

Im Herbst desselben Jahres segelt der unermüdliche Deutsche von Oktober bis Dezember in den Gewässern nordwestlich von Spitzbergen, kehrt zur

Westküste Norwegens zurück, fährt nach Island und von dort aus wieder nach Deutschland. Im August 1978 führt ihn ein erneuter Versuch, die Nordost-Passage zu bezwingen, bis in Gewässer nördlich von Nowaja Semlja. Im September setzt er seine Fahrt bis südlich von Franz-Josephs-Land fort, umfährt Spitzbergen im Norden und überwintert dann auf Island. Im Sommer des folgenden Jahres versucht er sich an der Nordwest-Passage und kommt bis zur Insel Bathurst in der Melvillebai auf 100° West. Im November 1979 kehrt er dann nach Island zurück.

Axel Czuday ist zweifelsohne der einzige Segler, der die hohen Breiten von 80° Ost bis 100° West befahren hat.*

---

* Axel Czuday starb im Dezember 1982 in Buenos Aires an den Folgen eines Selbstmordversuchs (Anm. d. Red.)

RUNDÖ

2. August 1979: Scoresbysund (an der Ostküste Grönlands). Werden von Werner Kej, einem Funker aus Cap Tobin, besucht. Nachdem die Modalitäten unserer täglichen Funkverbindung zwecks Positionsangabe festgelegt sind, warnt er uns vor den Gefahren des Eises: »Wissen Sie, zwei Boote sind kürzlich in diesen Gewässern gesunken: die *Rundö* und die *Santhö*. Geben Sie acht.«

9. August 1979: Mersters Vig. Besuch vom Leiter des Flugplatzes. Gleiche Warnung.

Einige Stunden später: Mersters Vig. In der Funkstation: »Die *Santhö* und die *Rundö* sind hier gesunken; vom Eis zerquetscht. Da kommen sie nicht durch!«

14. August 1979: Station Ella O. Peter. Auf die Karte zeigend, erzählt uns der Stationsleiter: »Sie waren hier, wo Sie jetzt sind. Sie sind auf der gleichen Route gefahren, und dann sind sie nicht weit vom Scoresbysund mit unheimlicher Schnelligkeit von altem Polarpackeis zerquetscht worden. Zum Glück hatten sie Funk an Bord!«

(aus *Vagabond'eux*)

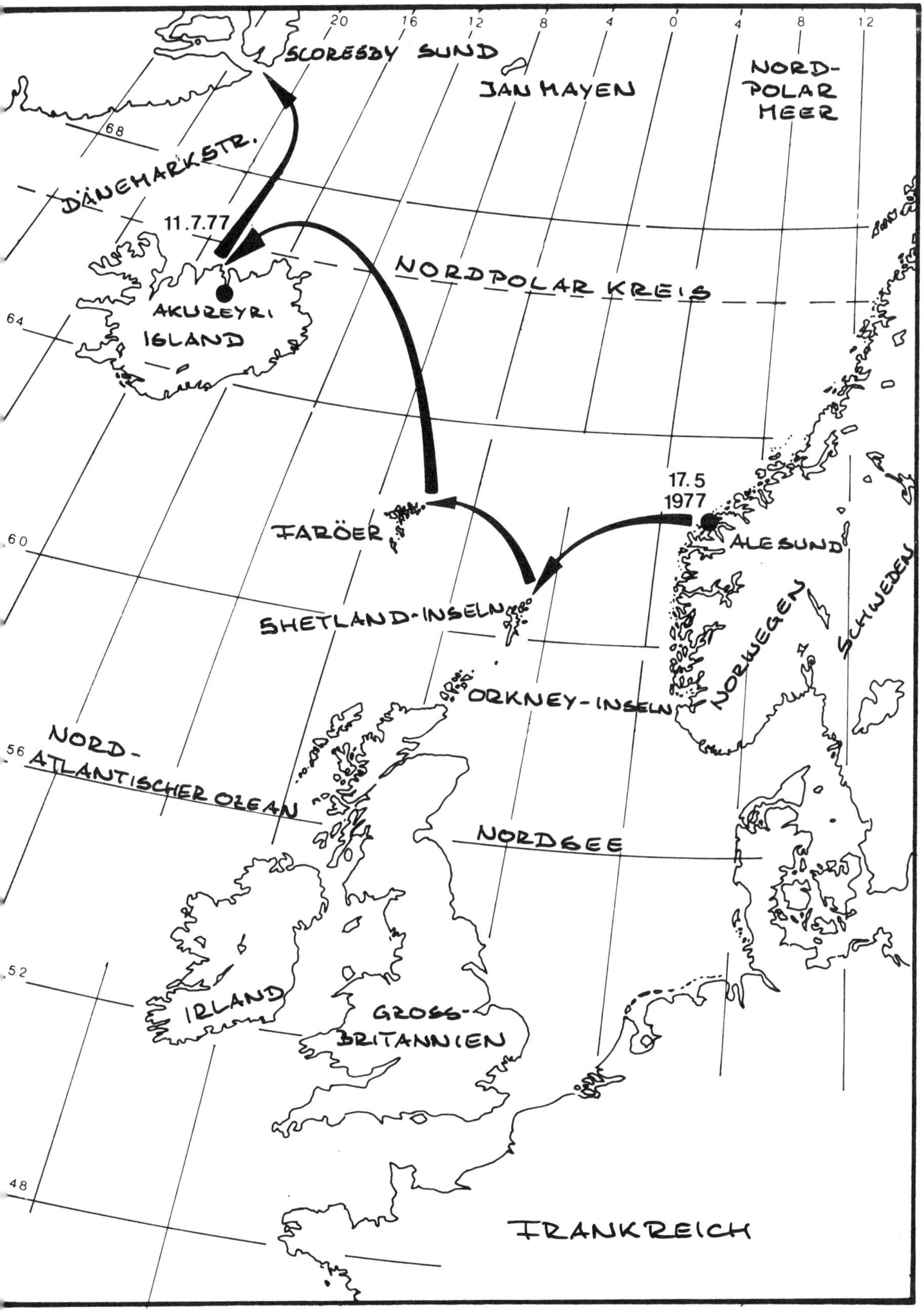
20
16
12
8
4
0
4
8
12
SCORESBY SUND
JAN MAYEN
NORD-
POLAR
MEER
68
DÄNEMARKSTR.
11.7.77
NORDPOLAR KREIS
AKUREYRI
ISLAND
64
17.5
1977
FARÖER
ALESUND
60
SHETLAND-INSELN
NORWEGEN
SCHWEDEN
ORKNEY-INSELN
NORD-
56
ATLANTISCHER OZEAN
NORDSEE
52
IRLAND
GROSS-
BRITANNIEN
48
FRANKREICH

10 Das Eis war stärker

Der Norweger Carl Emil Peterson ist kein Anfänger. Er hat seine erste Weltumsegelung mit der *Rundö* gemacht, einem 13,50 Meter langen Holzboot vom Typ Colin Archer; Archer war ein Konstrukteur, dessen Boote als Lotsen- und Rettungskutter für den Schlechtwettereinsatz konzipiert und für ihre Robustheit berühmt wurden. Im Jahre 1972 ist die *Rundö* das erste Segelboot, das Spitzbergen rundet. Bevor Peterson dann allein nach Grönland segelt, das ihn fasziniert, fährt er erst einmal auf einem Seehundfänger für sechs Wochen zur Ostküste Grönlands. Am 17. Mai 1977 nimmt der damals 52jährige dann Kurs auf Island, mit Zwischenhalt auf den Shetlands und den Faröern. Auf Island verstärkt er seinen Steven und belegt den Rumpf mit Kupferplatten, um ihn so vor dem Eis zu schützen. Er läßt zwei Funkgeräte einbauen, besorgt sich eine Sicherheitsausrüstung für Hochgebirgsbedingungen und nimmt sogar 25 Kilogramm Dynamit an Bord, um sich im äußersten Notfall eine Durchfahrt durch das Eis sprengen zu können.

Am 11. Juli verläßt die *Rundö* Island mit Kurs auf den Scoresbysund an der Ostküste Grönlands. Schon am nächsten Tag trifft er auf Eis und Nebel. Der Goniometer ist defekt, die Sonne nicht zu sehen, das Boot verfügt nicht über Radar, und so wird die Navigation zum Problem. Endlich erreicht die *Rundö* den Scoresbysund, wo sie von den dreihundert dort wohnenden Eskimos herzlich empfangen wird.

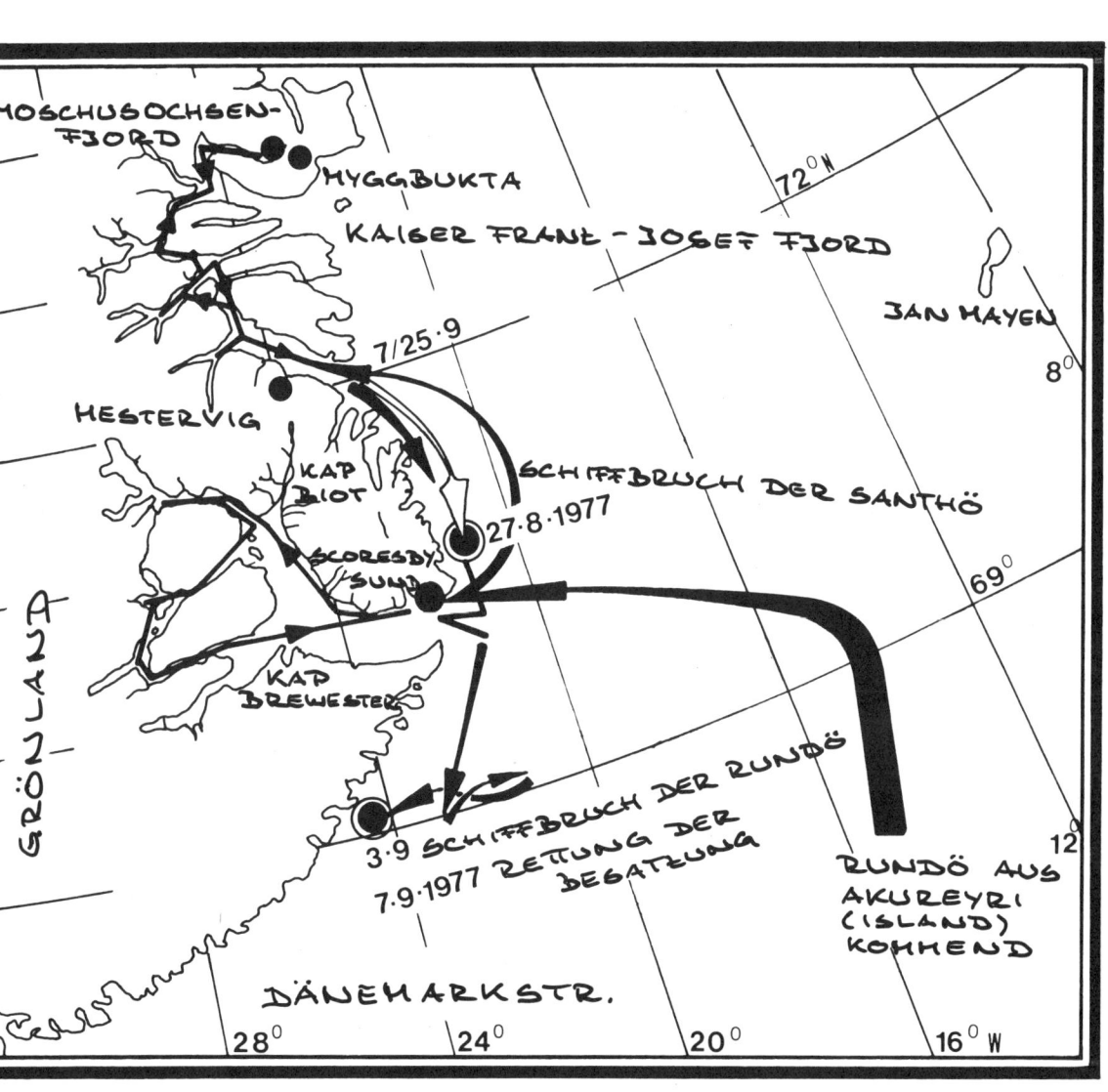

RUNDØ

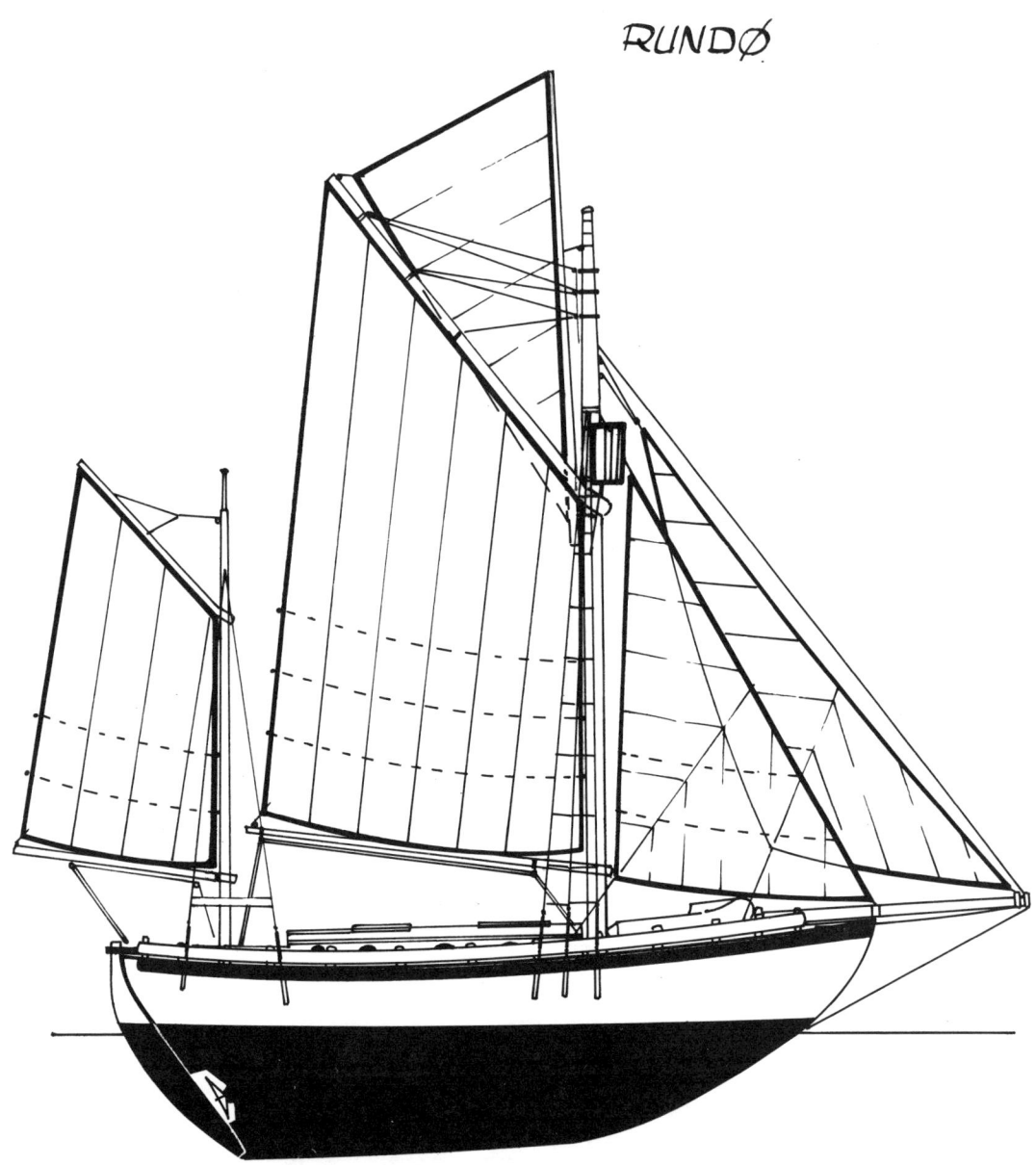

Entwurf: Colin Archer, erbaut 1925 in Norwegen
Holzketsch mit Gaffelrigg
Weißer Rumpf mit schwarzem Streifen, schwarzes Unterwasserschiff
Holzdeck, Kajütdach blau, braune Segel
Länge über alles: 13,50 m
Länge in der Wasserlinie: 11,30 m
Breite: 4,50 m
Tiefgang: 2,10 m
Wasserverdrängung: ca. 30 Tonnen
Ballast aus Gußeisen: ca. 4 Tonnen
Arbeitsbesegelung: ca. 110 m²

Die Eisverhältnisse sind äußerst günstig. Die *Rundö* stößt noch weiter nach Norden vor und erkundet mehrere Tage lang den König-Oskar-Fjord. Plötzlich zieht mit der diesen Breiten eigenen Heftigkeit schlechtes Wetter auf. Das Eis wird dicker. Die Funkstationen streiken: von jetzt an sind keine Eisberichte mehr zu bekommen. Auch die Eisbeobachtungsflüge werden eingestellt. Zu allem Überfluß blockiert dann auch noch Eis die Einfahrt in den Fjord. Peterson muß vom 7. bis 25. August warten, ehe er sein Boot möglichst nahe an der Küste und zusammen mit der *Santhö,* einem norwegischen Fischereischiff, aus dem König-Oskar-Fjord manövrieren kann. Dann zieht Nebel auf. Eine Weiterfahrt ist nicht möglich. Peterson macht die *Rundö* an einem Packeisstück fest, das mit einem Knoten Geschwindigkeit in südliche Richtung driftet. Das Packeis schließt sich um das Segelboot. Der Druck des Eises wird stärker.

Am 27. August stürmt es. Die *Santhö* wird vom Eis zerquetscht und sinkt. Ein über Funk herbeigerufener Hubschrauber rettet die Mannschaft. Jetzt ist die *Rundö* allein. Am 1. September überfliegt ein Flugzeug den Norweger und zeigt ihm den Weg zu offenem Wasser. Aber die Hilfe ist nutzlos, da die *Rundö* sich nicht aus ihrem Eisgürtel befreien kann. Am 3. September erreicht der Sturm Stärke 9. Das Eis ist ständig in Bewegung; mal läßt der Druck nach, mal nimmt er zu. Trotz des Sturms ist der Nebel hartnäckig. Unmöglich, Fahrt zu machen. Peterson beschließt, weiterhin an dem Packeisstück liegen zu bleiben. Aber das Eis nähert sich, keilt den verstärkten Rumpf ein und preßt das Boot noch fester zusammen. Nach vier bis fünf Minuten gibt der Rumpf nach. Die Spanten krachen, und die Planken werden eingedrückt. Über Funk meldet Carl Emil Peterson seine Notlage und räumt dann das Boot nach einem festgelegten Plan aus. In geordneter Reihenfolge werden Zelte, Funkgeräte, Lebensmittel und Überlebensausrüstung auf das Eis geschafft. Die Festmacher der Yacht reißen. Das Boot legt sich auf die Seite, läuft voll Wasser, ist verloren.

Am 7. September kommt gegen zehn Uhr Rettung aus der Luft. Trotz der Erfahrung Petersons, trotz der Vorsorgemaßnahmen, die er getroffen hat, und trotz der Robustheit des Bootes war das Eis stärker.

Dank

Eine Expedition, wie wir sie unternommen haben, wird nicht von einem Einzelnen bestritten, sondern von einer ganzen Mannschaft, die mit ihm für den Erfolg seines Unternehmens arbeitet. Ich möchte all denen danken, die dazu beigetragen haben, daß ich mein Ziel erreichen konnte. Mögen mir diejenigen verzeihen, die ich wegen der Vielzahl der Beteiligten im folgenden vergessen habe. Sie werden sich jedoch im Buch wiedererkennen.

Janusz Kurbiel

In Frankreich:
P. Albraan / R. Arpin-Pont / A. Bauwens / M. Branchu / M. Brument / M. Bugeau / G. Caroff / R. Celier / M. Chassery / B. & C. Cochois / P. Colin-Olivier / F. Colle / P. Cruiming / A. Dalibot / H. de Constantin / R. Degain / P. Dieulesaint / E. & P. Dauvergne / M. Delbos / H. Delestable / R. Dourver / J. F. Dreyfus / J. P. Duviallard / J. Fourny / C. Fevrier / P. Gallois / J. Guyon / J. C. Coïot / J. P. & F. Griziaux / J. & C. Hemard / P. Janson / M. Kervoelen / J. Laîné / C. de Lambilly / H. & J. C. Lancelin / C. & I. Lartigue / J. Lavabre / B. Liard / F. Maillard / M. Marti / B. & M. Melcion / M. Moreau / D. Nicollet / L. Paravisini / B. Perret / G. Pertin / J. & J. Pierrard / J. L. Pietre / C. Plessier / D. Puig / Y. Piel / M. Ralys / P. Raymond / F. de Rosieres / G. Rouillon / H. Rouvillois / J. Stulz / M. Terrise / Y. Torché / M. Uguen / G. Unger / L. Vergne / J. Vinceneux / J. J. Vigneron / A. Zuliani / La guilde europeenne du raid / La Capitainerie du Port de plaisance du Havre / Rank Xerox
Auf den Faröern: J. Hansen
In Grönland: P. Hammeken
Auf Island: W. & J. Thorsteinsson
In den Niederlanden: H. Eickhoff / M. Kaizer
In Polen: H. & Z. Calusinki / J. Liwska / J. Zalewski
In der Schweiz: A. Coeudevez / S. Kudelski / W. X. Moser / Mlle Ricou